光明社科文库
GUANGMING DAILY PRESS:
A SOCIAL SCIENCE SERIES

·政治与哲学书系·

高职院校思想政治工作
理论与实践探索

李增军｜主编

光明日报出版社

图书在版编目（CIP）数据

高职院校思想政治工作理论与实践探索 / 李增军主编. -- 北京：光明日报出版社，2022.11

ISBN 978 - 7 - 5194 - 7008 - 1

Ⅰ.①高… Ⅱ.①李… Ⅲ.①高等职业教育—思想政治教育—研究—中国 Ⅳ.①G711

中国版本图书馆 CIP 数据核字（2022）第 244773 号

高职院校思想政治工作理论与实践探索

GAOZHI YUANXIAO SIXIANG ZHENGZHI GONGZUO LILUN YU SHIJIAN TANSUO

主　　编：李增军

责任编辑：刘兴华　　　　　　　　　责任校对：乔宇佳
封面设计：中联华文　　　　　　　　责任印制：曹　净

出版发行：光明日报出版社

地　　址：北京市西城区永安路 106 号，100050

电　　话：010 - 63169890（咨询），010 - 63131930（邮购）

传　　真：010 - 63131930

网　　址：http：// book. gmw. cn

E - mail：gmrbcbs@ gmw. cn

法律顾问：北京市兰台律师事务所龚柳方律师

印　　刷：三河市华东印刷有限公司

装　　订：三河市华东印刷有限公司

本书如有破损、缺页、装订错误，请与本社联系调换，电话：010-63131930

开　　本：170mm×240mm

字　　数：314 千字　　　　　　　　印　　张：17.5

版　　次：2023 年 4 月第 1 版　　　　印　　次：2023 年 4 月第 1 次印刷

书　　号：ISBN 978 - 7 - 5194 - 7008 - 1

定　　价：95.00 元

编委会

前　言

党的十八大以来，以习近平同志为核心的党中央高度重视高校思想政治工作，围绕"培养什么人、怎样培养人、为谁培养人"这个根本问题，习近平总书记先后发表了一系列重要讲话，做出了一系列重要指示批示，系统、科学、全面、深刻地回答了事关新时代高校思想政治工作的一系列方向性、根本性问题，为学校思想政治工作提供了根本遵循，指明了前进方向。

近年来，围绕学习贯彻习近平总书记重要讲话和重要指示批示精神，落实全国教育大会和全国高校思想政治工作会议精神，衡水职业技术学院始终把立德树人作为根本任务，把思想政治工作作为学校各项工作的生命线，贯穿学校教育教学工作的全过程，立足校情、积极探索、守正创新，初步形成了以高质量党建引领学校高质量发展，以"双修双创型金蓝领"为人才培养目标，坚持思政课程和课程思政同向同行，构建全员、全过程、全方位的"三全育人"大思政格局。

本书系统梳理总结了我校在加强党的建设和思想政治工作方面的理论研究、管理实践、校园文化、教育教学成果等方面的创新做法和实践经验。全书立足探索新时代高等职业院校思想政治工作的创新发展，力求做到既有紧跟时代的思想政治理论研究，又有立足学校的思想政治工作实践；既能体现高等院校思想政治工作的一般性，又能体现高职院校的特殊性；既有发挥党建引领、文化浸润的深度融合，又有立足课堂教学、实践育人的教育探索；既有学校层面的整体谋划，又有系部处室的创新实践，比较全面地展现了我校推进学校思想政治工作的最新理论研究成果和实践探索成果，力求在理论上有高度、在实践上有厚度，以期一得之见，抛砖引玉，对做好新时代高等职业院校思想政治工作提供借鉴和参考。

本书在体系架构上主要分为"理论探索篇""谋篇布局篇""课堂教学篇""实践育人篇""校园文化篇""创新案例篇"六个部分，其中，"理论探索篇"收录了我们在报刊上发表的关于思想政治工作的理论文章，"谋篇布局篇"收录了学校对思想政治工作的顶层设计和工作部署，"课堂教学篇""实践育人篇""校园文化篇"系统展示了学校在课堂教学、实践育人和文化育人方面的做法和特色，"创新案例篇"总结了"一系一品"的思政工作亮点和品牌，每个篇章的内容既相对独立成篇，又具有内在逻辑联系。在具体内容安排上，全书从学理和实践层面，既探讨了高职院校党的建设、德育教育、思政课程、校园文化、学生管理、社会实践等专题内容，又立足高等职业院校思想政治工作实际，凝练了体现各系特点的思想政治工作创新案例，力求做到把握思想政治工作规律、创新思想政治工作载体、落实立德树人根本任务，用学校思想政治工作的鲜活生动实践回答新时代高等职业院校"培养什么人、怎样培养人、为谁培养人"这一时代之问。

本书的编写工作在学校党委的统一领导下进行，学校成立了《高职院校思想政治工作理论与实践探索》编委会，由笔者担任编委会主任，校党委副书记、院长李建广同志，党委副书记李洪来同志担任编委会副主任，校党委班子其他成员为编委会成员。编委会下设编辑部，由笔者担任主编，相关处室、系部负责同志为编辑部成员，具体负责本书的编辑工作。全书的总体设计、体系架构、内容安排和最终审定由笔者总负责。各篇章统稿工作分别由刘建平、郭佳玺、李兰秀、王二冬四位同志负责，具体分工为"理论探索篇""谋篇布局篇"由郭佳玺统稿，"课堂教学篇""创新案例篇"由刘建平统稿，"实践育人篇"由李兰秀统稿，"校园文化篇"由王二冬统稿。另外，刘建平协助笔者完成了全书的审稿工作。

本书在编写过程中得到了光明日报出版社的精心指导，得到了学校党委的鼎力支持，得到了学校相关处室、系部的密切配合，在此一并表示衷心的感谢。

由于我们水平所限且时间仓促，书中难免有疏漏、不妥之处，恳请高等职业教育界的同人与广大读者多提宝贵意见与建议，以便使我校思想政治工作理论研究更臻完善，实践探索更有成效，以期为推动新时代高等职业院校思想政治工作的改革创新贡献绵薄之力。

李增军

2022 年 6 月

目 录
CONTENTS

一　理论探索篇

以高质量党建引领高校高质量发展

习近平同志指出："办好我国高等教育，必须坚持党的领导，牢牢掌握党对高校工作的领导权，使高校成为坚持党的领导的坚强阵地。"① 我国高校作为中国特色社会主义大学，必须始终坚持党的领导这一最鲜亮的政治底色，以高质量党建引领高校各项事业高质量发展。

一、充分发挥高校党委的领导核心和政治核心作用

高校党委必须紧紧抓住加强党对学校的全面领导这个根本要求，履行管党治党、办学治校主体责任，坚持把方向、管大局、做决策、抓班子、带队伍、保落实，切实发挥领导核心和政治核心作用，始终坚持办学的正确政治方向。

（一）强化政治引领，坚决做到"两个维护"

党的政治建设是党的根本性建设，强化政治引领是高校党委的首要政治责任。要教育引导广大师生切实增强"四个意识"，坚定维护习近平总书记党中央的核心、全党的核心地位，坚定维护党中央权威和集中统一领导。高校党委要在方向性、原则性问题上把好大局，教育和带领广大党员干部和师生在政治上、思想上、行动上形成高度自觉，认真贯彻落实党中央各项方针政策和重大决策部署。要旗帜鲜明讲政治，带领党员干部不断提高政治判断力、政治领悟力、政治执行力。要严肃党内政治生活，加强党员干部的党性锻炼，站稳政治立场，保持政治警觉，坚决与各种政治信仰不牢靠、政治立场不坚定、政治方向有偏误的思想倾向和行为做斗争。

（二）强化思想引领，坚持党的创新理论武装

党的思想建设是党的基础性建设，强化思想引领是保持高校团结统一的基础性工程。要坚持把学习贯彻习近平新时代中国特色社会主义思想作为高校党

---

① 牢牢掌握党对高校工作的领导权［EB/OL］. 新华网，2016-12-14.

的建设的首要任务，以党委中心组学习创新为引领，建立健全党员师生理论学习机制，推动习近平新时代中国特色社会主义思想进教材、进课堂、进头脑。积极实施思想政治理论课教学质量提升工程，深入推进课程思政与思政课程同向同行，夯实铸魂育人主渠道。巩固马克思主义在意识形态领域的指导地位，牢牢把握意识形态工作的领导权、主动权，大力弘扬社会主义核心价值观，坚决阻击各种错误思潮渗透。通过教育武装，使党的创新理论转化为广大党员干部和全体师生的政治信仰和实际行动。

（三）强化方向引领，坚持扎根中国大地办大学

坚持办学的正确政治方向关乎"高校举什么旗、走什么路"这个根本问题，以及"培养什么人、如何培养人以及为谁培养人"这个重大使命，必须牢牢把握、坚定不移，必须一以贯之、毫不动摇。习近平总书记强调，我们的高校是党领导下的高校，这就决定了高校办学的政治方向，那就是扎根中国大地，办中国特色社会主义大学。高校党委履行把方向、管大局的职责，就是要牢牢把握社会主义办学方向，坚定不移地坚持为党育人、为国育才，以"四个服务"为发展目标，全面贯彻落实党的教育方针，始终保持和践行培养社会主义建设者和接班人的初心和使命，把立德树人根本任务落实到办学治校的全过程。

（四）强化组织引领，不断增强凝聚力、战斗力

加强组织引领，首先要抓好党委建设这个龙头，要强化政治担当，把党的领导贯穿办学治校、立德树人全过程，切切实实把高校这列"火车"带起来；要把住基层组织建设这个重心，持续加强基础工作、基本制度和基本能力建设，不断扩大先进支部增量、提升中间支部质量、加强后进支部转化变量，真正使基层党组织的动员力和组织力强起来；要扭住党员干部队伍建设这个关键，创新载体，搭建平台，让党务工作者增底气、强本事、有舞台，让广大师生党员做表率、立标杆、当头雁，积极作为，发挥好模范带头作用。

二、坚决执行党委领导下的校长负责制

党委领导下的校长负责制是党对高校领导的根本制度，是中国特色现代大学制度的重要内容，符合我国国情和高等教育发展规律，必须毫不动摇地坚持好、执行好、落实好。

（一）明确管什么：坚持党委全面领导

高校党委对学校工作实行全面领导，是全方位、全覆盖、全过程的领导，关键要抓好以下四个方面的落实：

一是坚定落实党管办学方向。全面贯彻落实党的教育方针，切实把好课堂教学、教材建设、学科（专业）建设、科研建设、师资队伍建设、社会服务等工作中的政治方向；坚持"四个服务"面向，推进教育教学和科研创新与经济社会发展同向同行；紧紧围绕立德树人这一根本任务，培养能够担当民族复兴大任的社会主义建设者和接班人。

二是坚定落实党管意识形态。牢牢把握意识形态工作领导权、主动权和话语权，层层分解任务，层层压实责任；坚持把马克思主义学院作为第一学院、思想政治理论课作为第一课程，推动理论研究与课堂教学深度融合，充分发挥"主渠道"的育人优势；加强阵地管理，以及高校融媒体平台，坚决阻断各种错误思潮和有害言论发声的渠道，筑牢建固意识形态的安全防线。

三是坚定落实党管干部人才。坚持科学培育和选人用人，构建符合高校特点的干部人才工作体系。做好干部人才发展规划，拓宽干部人才职业发展路径，打造合理的高素质干部人才梯队；坚持思想素质建设和业务能力培养双管齐下，促进年轻干部成长为学校事业发展的中坚力量；坚持厚爱与严管结合、激励与约束并举，推动干部勇于担当、干事创业；坚持"一把手"抓"第一资源"，党委班子凝心聚力抓人才工作，要特别注重与高端人才诚交、深交朋友，并为其施展才华创造有利条件和良好环境。

四是坚定落实领导改革发展。发挥总揽全局、协调各方的作用，切实扛起领导学校改革发展的责任。坚持抓改革、促创新，围绕学校近期和中长期奋斗目标，聚焦重点领域和关键环节，科学规划、全力落实，不断增强事业发展的生机活力；大力强内涵、提质量，着力提升引领内涵建设的本领，推动党的建设与事业发展深度融合、相互促进，把党的政治优势转化为高质量发展的机制优势；落实促和谐、保稳定，牢固树立依法办学理念，积极推进现代大学治理体系建设，确保学校政治稳定、和谐发展。

（二）明确怎样管：坚持党委集体领导

必须明确党委领导是集体领导，不是党委书记一个人说了算。民主集中制是党的根本组织原则和领导制度，坚持党委集体领导，必须坚持和贯彻执行民主集中制。一是健全党内民主和实行正确集中的工作机制。完善党委与行政议事决策制度，明确党委（常委、全委）会，以及校长办公会、校务会议的决策范围和议事规则，提高议大事、谋大事的能力。二是严格按照"集体领导、民主集中、个别酝酿、会议决定"原则研究决定重大事项，实行科学决策、民主决策、依法决策，坚决防止个人或少数人专断和议而不决。讨论决定涉及学校改革发展稳定、师生切身利益等"三重一大"事项，要深入调查研究，充分沟通酝酿，经党委集体研究决定。三是坚持集体领导和个人分工相结合的原则。党委集体决定的事项必须坚决执行，任何个人无权改变。领导班子成员要按照分工分头落实，积极主动、勇于担责，杜绝决而不行、推诿扯皮。四是健全完善相关具体的工作制度体系，保障民主集中制的贯彻落实无缝隙、无缺位、无死角。院系党组织要在学校党委的领导下，与行政共同决策院系重要事项，共同负责落实院系各项工作任务，把好政治关、方向关。

（三）明确谁来管：坚持党委领导和校长负责相统一

坚持党委领导下的校长负责制，党委领导和校长负责是不可分割的有机整体，二者之间存在一种相互依存、相互促进的辩证关系，其中党委领导是核心、校长负责是关键。一方面，党委领导是校长负责的基本前提和政治保障，校长负责的核心是对党委的决策负责，校长负责的真正落实要靠党委的坚强领导去推动；另一方面，实行校长负责是落实党委领导的重要基础，校长在党委领导下依法行使职权，本身就是党委全面领导的重要内容。学校党委的领导核心地位既要通过校党委的领导职责得到具体体现，也要通过校长依法独立负责地行使职权得以落实，如果没有这个基础，全面领导就会成为一句空话。在党委的支持下，校长全面负责教学、科研、行政管理工作，通过校长办公会议等具体途径，研究提交党委讨论决定的重大事项，落实党委的决议和部署，保障党委的各项决定全面贯彻落实。

三、不断提升基层党组织的政治功能和组织力

政治属性是党组织的根本属性，旗帜鲜明讲政治是我们党作为马克思主义政党的根本要求。增强基层党组织的政治功能，就要建强政治组织，加强政治教育，做好政治动员，切实发挥政治核心作用，不断提升其内在的组织整合和外在的凝聚能力，确保党的路线方针和决策部署在高校贯彻落实。

（一）持续提升党内政治生活质量

一是持之以恒地推进党内政治生活制度化、规范化、常态化。坚持利用好组织生活会制度、理论中心组学习制度、"三会一课"制度、民主评议党员制度、主题党日制度、谈心谈话制度等，推动制度落实常态化，促进每一名党员自觉形成"政治生物钟"。二是一以贯之地加强党员干部的党性锻炼。教育引导党员干部坚决做到"两个维护"，严守政治纪律和政治规矩，在政治立场、政治方向、政治原则、政治道路上同以习近平同志为核心的党中央保持高度一致。

三是常抓不懈地提升党员干部的政治素养。教育引导党员干部时刻保持政治警觉，提高政治敏锐性和政治鉴别力，增强斗争精神，善于从政治上观察、思考和处理问题，在重大原则问题和大是大非面前保持政治定力，把准政治方向，做到立场坚定、旗帜鲜明。

（二）创新优化基层党组织设置

一是坚持把基层组织建设作为最重要的基本建设。要持续抓好基层党组织的政治站位和政治担当，不断强化其发挥战斗堡垒作用的政治自觉和行动自觉。要建立和完善院系党政联席会议制度，发挥好院系党组织的政治核心作用。二是创新党组织的设置方式。主动适应高校管理模式、办学形式、教学科研实际的新发展、新变化，加强探索在新型教学机构、重大项目组、课题组、创新创业团队以及中外合作办学项目机构等建立党组织，实现党的组织全面覆盖。要特别注重深化拓展学生支部建设，推进党建融入学生的课堂学习、课外实践、科学研究和社团建设、公寓生活的全过程，通过与教师支部联建、选派党建指导员等方式，提升学生支部的组织力、凝聚力，让学生支部在学生工作中扛大旗、唱主角。三是强化党的一切工作到支部导向。深入推进教师、学生党支部标准化、规范化建设，建立健全"标准+责任"的党建工作体系，大力推动支部工作的示范创建和质量创优。

（三）选优配强基层党组织带头人

一是严格选任标准。要细化"双带头人"教师党支部书记、学生党支部书记的选拔任用标准和条件，确保把党性观念强、业务素质高、道德修养好的党员骨干教师和信念坚定、志向远大、品学兼优的党员学生选拔为党支部书记。二是压实政治责任。要求党支部书记在带头履行好基本职责的同时，自觉把工作重点聚焦到强化党支部政治功能、做好师生思想政治工作以及推进中心工作提质创优上来，努力把党组织的领导力和组织力转化为落实立德树人的强大合力。三是加强培养培训。建立健全师生党支部后备人才培养长效机制，及时把政治素质好的教师骨干和品学兼优的学生骨干培养发展为党员，把专业素质好的党员教师和学生培养发展为教学、科研、学习骨干，为基层党组织带头人队伍建设提供坚实的后备人才支撑。

（四）培养发挥时代先锋作用的党员队伍

一是坚持把政治标准摆在首位。科学设计师生入党教育培养体系结构，严把党员入口关，坚持吸收思想先进、行动积极并得到师生公认的优秀积极分子，在源头上保障党的组织肌体的纯洁性和先进性。二是健全完善"双培养"机制。

围绕"双培养"机制落实，创新抓手、载体和举措，使之成为学校建设和事业发展的主力军和骨干力量。三是加强新生力量培育发展。引导帮助青年学术骨干、学科（专业）带头人、拔尖领军人物和优秀学生等积极向党组织靠拢，及时把符合条件的青年教师和学生吸收入党，不断巩固和扩大党在高校的执政基础。四是坚持从严党员日常管理。完善民主评议党员制度，构建全过程、全方位党建质量评价体系，激发基层党员队伍的生机和活力。

四、推动全面从严治党责任落到实处

坚持全面从严治党是维护党的肌体健康、确保党对高校领导的重要保障，高校党委要切实履行主体责任，在"严"字上下真功夫、硬功夫，把党要管党、从严治党落实落细。

（一）提高政治站位，强化全面从严治党的政治担当

一要扛起管党治党的政治责任，切实把全面从严治党积极担当好、坚决落实好。二要树牢正确政绩观，把抓好党的建设作为办学治校的最大政绩，坚持党建工作和中心工作同谋划、同部署、同推进、同考核，将每个方面、每一环节的党建工作抓具体、抓深入、抓到位。三要严肃党内政治生活，坚决落实中央八项规定精神，驰而不息反对"四风"，大力营造良好的政治生态。

（二）扭住责任制这个"牛鼻子"，抓实党委这个关键主体

一是构建"大党建"格局。坚持党委、书记、有关部门和各基层党组织齐抓共建，形成一级抓一级、层层抓落实的党建工作格局，推动党建理念内化于心、外化于行。二是健全责任体系。明确主体责任、监督责任和领导干部"一岗双责"，既落实好党委主体责任，又落实好纪委监督责任；既落实好党委书记第一责任人责任，又落实好班子成员党建、业务"两手抓"。三是加强督导考核。严格基层党建责任述职评议考核制度，坚持述职评议与实地考核相结合，考准履职情况，列出问题清单。通过考核传导工作压力，推动问题解决。

（三）以钉钉子的精神，把管党治党要求落实落细

一是拧紧思想"总开关"。持续推进"两学一做"学习教育和"不忘初心、牢记使命"主题教育常态化、制度化，坚持不懈用习近平新时代中国特色社会主义思想武装党员干部头脑，在真学、真懂、真信、真用上狠下功夫，做到入脑入心，筑牢拒腐防变的思想道德防线。二是加大建章立制力度。坚持制度建设与思想教育同向发力、同时发力，坚决维护制度的严肃性和权威性，切实增强制度的执行力，使制度成为硬约束，使铁的纪律内化为全体党员干部的自我遵循和行为习惯。三是强化权力制约监督。推进监督工作的法治化、规范化建设，做实监督执纪"四种形态"，落实党务公开、校务公开制度，把党内监督与群众监督有机贯通，使各项监督制度形成合力，消除权力监督的真空地带。四是用好问责这个利器。建立健全内部问责长效机制，坚持从严问责、规范问责、精准问责，使失责必问、问责必严成为常态，以严格问责唤醒每一个党员干部的责任意识、自律意识，坚决同一切弱化党的纯洁性、先进性的思想和行为做斗争。

（本文于 2021 年 9 月 26 日发表于共产党员网。执笔：李增军）

全面加强高校意识形态工作

习近平总书记指出："意识形态工作是党的一项极端重要的工作，是为国家立心、为民族立魂的工作。"① 高校是党的意识形态工作的前沿阵地，担负着人才培养、科学研究、社会服务和文化传承的神圣职责，肩负着学习研究宣传马克思主义、培育和弘扬社会主义核心价值观、为实现中华民族伟大复兴的中国梦提供人才保障和智力支持的时代重任。深入做好意识形态工作是新时代赋予高校的一项庄严使命。

一、充分认识高校意识形态工作的极端重要性

（一）意识形态工作关系党和国家的生死存亡

意识形态工作关乎旗帜、关乎道路、关乎方向。加强意识形态工作是一项战略工程、铸魂工程、固本工程，对于巩固马克思主义在意识形态领域的指导地位、巩固全党全国人民团结奋斗的思想基础具有十分重要而深远的意义。

当前，我国意识形态领域的斗争错综复杂，有时甚至异常尖锐。从国际来看，西方敌对势力处心积虑，动用各种传播方式，不断加强文化扩张和意识形态的渗透。境外媒体也伺机而动，采取卑劣手段制造多种噪声和杂音，攻击否定党的领导和我国政治制度、发展道路。从国内来看，一些别有用心者推波助澜，极力鼓吹西方"宪政民主"、新自由主义、历史虚无主义等错误思潮，企图挑战马克思主义指导地位，削弱党的意识形态话语权。同时，随着改革开放的深入推进，社会主义核心价值观遭遇市场逐利性的挑战，拜金主义、享乐主义、极端个人主义在一定范围内滋生蔓延。此外，随着以互联网、移动通信技术为代表的新媒体、新技术广泛普及，社会生活日趋开放和多元化，人们的思想比以往任何时候都更加活跃，独立性、选择性、多变性显著增强，各种思想意识杂陈、各种力量竞相发声已成为常态。总之，多种因素并生作用，制约着意识

---

① 中共十八届三中全会在京举行 习近平作重要讲话 ［EB/OL］. 人民网，2013-11-13.

形态教育的说服力和实际效果。我们必须充分认识意识形态工作的重要性、长期性、复杂性和艰巨性，时刻绷紧意识形态这根弦，牢牢把握意识形态斗争主动权。

（二）高校是意识形态工作的前沿阵地

青年大学生正处在世界观、人生观、价值观的形成阶段，思维活跃，可塑性强，是各种社会思潮的易感易染群体，历来是各种意识形态传播的集散地和争夺的桥头堡。反思世界现代史，西方国家一直没有停止过对社会主义国家的意识形态渗透。早在 20 世纪，一些美国政客便提出"播撒下思想的种子，就会绽放和平演变的花蕾"，并把这种演变寄托在未来青年一代身上。所以，他们对社会主义国家的文化扩张和思想渗透往往以大学校园为突破口，将青年师生作为重点演化对象，有针对性地推销和兜售西方价值观念。一个惨痛的历史教训至今发人深省，即面对西方在意识形态领域的争夺，苏共选择放弃与退缩，最终使世界第一个社会主义大厦轰然倒塌在西方"和平演变"的战略面前。

前事不忘，后事之师。中华人民共和国成立以来，中国共产党对西方"和平演变"战略始终保持高度警惕和政治定力，大力培养和造就以青年大学生为重点的拥护党、拥护社会主义的一代又一代新人，构筑起了一道西方敌对势力难以逾越的壁垒。特别是党的十八大以来，以习近平同志为核心的党中央深刻总结社会主义国家意识形态建设的历史经验，极为重视意识形态工作，既做出对意识形态工作的全面部署，又对高校意识形态工作予以特别关注，把高校作为传播、维护、建设社会主义意识形态的重要阵地，把加强高校意识形态工作提升到关系能否坚持党对高校的领导、能否坚持社会主义办学方向、能否落实立德树人的根本任务、能否培养社会主义事业合格建设者和可靠接班人的战略高度。

（三）"培养什么人"是高校的首要问题

大学是人才培育和成长的摇篮，也是人才连接社会的纽带。"培养什么人"始终是高校的首要问题。这个命题蕴含并强调了高等教育的本质、方向和人才培养的终极目标。

习近平总书记在党的十九大报告中提出，要"培养担当民族复兴大任的时代新人"，这一重要思想为新时代高等教育培养什么人、怎样培养人、为谁培养人指明了方向。在全国教育大会上，习近平总书记再次强调："我国是中国共产党领导的社会主义国家，这就决定了我们的教育必须把培养社会主义建设者和接班人作为根本任务，培养一代又一代拥护中国共产党领导和我国社会主义制度、立志为中国特色社会主义奋斗终身的有用人才。"① 在清华大学出席相关活动时，习近平总书记又明确提出，教育就是培养中国特色社会主义的建设者和接班人，而不是旁观者和反对派。

学习贯彻习近平总书记的系列重要讲话精神，高校必须始终坚持立足中国大地，办社会主义大学，坚持以"培养什么人"这个首要问题拷问和校正办学的目标和方向，牢牢掌握意识形态阵地，谋划设计和把握大学的治理结构、教学体制、办学定位和服务面向，积极践行"培养担当民族复兴大任的时代新人"的重托。

二、准确把握高校意识形态工作的根本任务

（一）坚持马克思主义在意识形态领域的指导地位

党的十九届四中全会《决定》强调，要坚持马克思主义在意识形态领域指导地位的根本制度。马克思主义是中国共产党立党的理论基础和指导思想，也是我国高等教育最鲜亮的思想底色。高校作为意识形态工作的前沿阵地，坚持马克思主义的指导地位事关把牢社会主义办学方向，事关落实立德树人的根本任务，具有很强的政治性、战略性、全局性和现实性。青年大学生正处在世界观、人生观、价值观形成的关键时期，思想活跃而敏感，但缺少足够的理论辨析能力和独立思考能力，缺乏实践历练，政治上还不够成熟，容易受到外界特别是一些错误思潮的影响。由此可见，高校要以大力实施"青年马克思主义者培养工程"为推手，切实抓好马克思主义的理论教育，引导学生不断深化对马克思主义历史必然性和科学真理性、理论意义和现实意义的认识，帮助他们学会运用辩证唯物主义和历史唯物主义的立场、观点和方法观察世界、分析世界，坚定马克思主义信仰和信念，矢志不渝地做马克思主义的忠诚信奉者和坚定实践者。

（二）坚持用习近平新时代中国特色社会主义思想武装师生

回顾历史，中国共产党之所以能够历经艰难曲折而不断发展壮大，重要原因之一就是始终重视理论武装和思想建党，使全党保持思想统一、意志坚定、步调一致和强大战斗力。习近平新时代中国特色社会主义思想是当代中国的马克思主义、21世纪的马克思主义，是引领党和国家事业不断从胜利走向新的胜利的强大思想武器和行动指南。坚持用习近平新时代中国特色社会主义思想武

---

① 习近平出席全国教育大会并发表重要讲话［EB/OL］. 中国网国情中心，2018-09-11.

装全党、教育人民，对于统一思想认识、明确前进方向、凝聚奋进力量实现社会主义现代化和中华民族伟大复兴具有重大现实意义和深远历史意义。

青年学生是国家的未来，民族复兴的伟大梦想终将在一代代青年人的接力奋斗中变为现实。高校必须坚持不懈地抓好习近平新时代中国特色社会主义思想进课堂、进教材、进头脑，在学懂、弄通、做实上下功夫，引导学生增强"四个意识"，坚持"四个自信"，做到"两个维护"；引导学生坚定正确的政治方向，坚定听党话、跟党走的人生追求；引导学生积极投身新时代中国特色社会主义伟大事业，在实现中国梦的生动实践中放飞青春梦想，在为人民利益的不懈奋斗中实现人生价值。

（三）坚定共产主义远大理想和中国特色社会主义共同理想

习近平总书记在庆祝中国共产党成立 95 周年大会上指出："坚持不忘初心、继续前进，就要牢记我们党从成立起就把为共产主义、社会主义而奋斗确定为自己的纲领，坚定共产主义远大理想和中国特色社会主义共同理想，不断把为崇高理想奋斗的伟大实践推向前进。"① 习近平总书记在全国教育大会上的讲话中特别强调，高校培养社会主义事业建设者和接班人，要在坚定理想信念上下功夫，教育引导学生树立共产主义远大理想和中国特色社会主义共同理想。

青年学生的信仰、信念和人生价值理想与追求与党的事业兴衰息息相关。今天，面对多元社会思潮的冲击，一些大学生出现了价值缺失和信仰错位，特别是一些错误腐朽的思想观点沉渣泛起，甚至一些封建迷信、现代迷信也在广泛流行，使得信仰争夺战日趋激烈和复杂化，共产主义信仰在当代大学生中的地位受到空前挑战和强烈冲击。面对这一严峻态势，加强对大学生的共产主义信仰教育刻不容缓，必须把理想信念教育提升到人才培养的战略地位，引导他们始终保持在人生追求上的共产主义理想定力，引导他们深刻认识中国特色社会主义制度的显著优势，深刻认识中国共产党强大的国家治理能力，深刻认识国家治理体系强大的生命力，不断增强中国特色社会主义的道路自信和制度自信。

（四）坚持培育和弘扬社会主义核心价值观

社会主义核心价值观是马克思主义立场、观点、方法的高度概括和集中体现，也是社会主义意识形态的本质和灵魂。加强社会主义核心价值观教育，抢

---

① 习近平出席庆祝中国共产党成立 95 周年大会并发表重要讲话［EB/OL］. 央广网，2016-07-01.

占意识形态前沿阵地的制高点，其意义重大而深远。

当代大学生是一个胸怀理想、富有朝气、最具梦想的青年群体，树立正确的世界观、人生观、价值观应是青年学生成长成才的基本支柱和精神底色。但在社会现实中，各种错误思潮给青年学生带来极大的负面影响，对其意识形态的认知产生冲击，制约着社会主义核心价值教育的说服力和实际效果。高校要把社会主义核心价值观融入教育教学、社会实践、校园文化和学校管理，坚持不懈抓牢、抓实、抓细，引导学生做社会主义核心价值观的坚定信仰者、积极传播者和模范实践者。要认真落实《新时代公民道德建设实施纲要》，强化教育引导和实践养成，培养学生的社会公德、职业道德、家庭美德和个人品德，大力提升道德素质，促进学生全面发展。要大力弘扬中华优秀传统文化和革命文化、社会主义先进文化，弘扬以爱国主义为核心的民族精神和以改革创新为核心的时代精神，不断厚植学生中国特色社会主义的文化自信。

三、牢牢掌握党对高校意识形态工作的领导权

（一）坚持和加强党对高校的全面领导

党政军民学，东西南北中，党是领导一切的。习近平总书记指出："办好我国高等教育，必须坚持党的领导，牢牢掌握党对高校工作的领导权，使高校成为坚持党的领导的坚强阵地。"① 高校党委要充分发挥领导核心作用，认真履行管党治党、办学治校的主体责任，牢牢把握社会主义办学方向。要进一步提高政治站位，将意识形态工作纳入党委班子、领导干部目标管理责任，与教学科研工作同部署、同落实、同检查、同考核，从而提升政治能力，涵养政治生态。

坚持以政治建设为统领，着力打造高素质的领导班子和干部队伍。加强党的创新理论武装，坚定理想信念，做马克思主义的坚定信仰者和忠实维护者。领导干部要发挥"头雁效应"，做到以上率下。坚持突出政治功能，深入推进高校基层党建高质量发展。落实支部书记"双带头人"培育工程，坚持"像培养学术骨干一样培养党支部书记"。完善支部设置、政策保障、平台支撑、工作激励、考核评议五大机制，激发基层支部活力。坚持完善制度体系，推动"两学一做"学习教育和"不忘初心、牢记使命"主题教育常态化、制度化。把"不忘初心、牢记使命"作为高校党建的永恒课题和党员干部、广大师生的终身课题，健全党员教师践行意识形态工作职责的长效机制。

---

① 牢牢掌握党对高校工作的领导权 [EB/OL]. 新华网，2016-12-14.

（二）牢牢把握立德树人这个根本任务

当今中国最鲜明的时代主题就是建设中国特色社会主义伟大事业，实现"两个一百年"奋斗目标，以及实现中华民族伟大复兴的中国梦。国无德不兴，人无德不立。立德树人责任重大，使命光荣，承载着中华民族伟大复兴的责任担当和使命召唤，是新时代社会主义中国走向"强起来"的重要基石。高校必须站在民族未来的战略高度，牢记立德树人的庄严使命，始终把准这个根本出发点和落脚点，坚守立校之本，强化使命担当。

要坚持以学立德。发挥课堂教学主渠道作用，既要重视思想政治理论课建设，又要深化课程思政改革创新，聚焦学生从"专业成才"到"精神成人"，构建以思政课程为核心的大思政课程体系，将思想政治教育与专业教育相融合，在传授专业知识的过程中，帮助学生掌握正确看待世界、思考问题的方式和方法。坚持以文养德。以红色文化、传统文化培育社会主义核心价值观；利用校内论坛、媒体平台弘扬主旋律，凝聚正能量；传承大学精神，以校训、校风涵育学生的品格和情操；推进文明校园创建向纵深发展，系统优化人才成长的环境。强化实践养成。搭建社会实践大平台，推进教室小课堂与社会大课堂深度融合，有计划、有导向地组织学生赴基层进行实践锻炼，引导他们更好地了解国情、社情、民情。

（三）着力构建"三全育人"体系

中共中央、国务院《关于加强和改进新形势下高校思想政治工作的意见》提出，要坚持全员、全过程、全方位育人。围绕这一基本要求，高校要把立德树人作为根本任务，融入教育教学的全过程和各环节，构建和形成"三全育人"的长效机制。

明确目标，把紧"方向盘"。引导广大教师切实增强落实立德树人根本任务的责任意识和担当意识，强化思想和行动共识，始终把准"三全育人"鲜明导向，坚持以把学生培养成具有正确的世界观、人生观和价值观，以及坚实的专业技能和良好的科学文化素养的高素质人才为根本目标。抓住关键，打造"大熔炉"。遵循教育的内外部规律，在完善体制机制上下功夫，使"三全育人"有机融入学校制度规范体系，成为全面工作的价值准绳和基本遵循。推动学校各项教育工作、育人元素、校内外资源整合协同，实现政策导向向育人环节倾斜、教师精力向育人环节汇聚、有效资源向育人环节聚集的良好局面。

精心谋划，绘好"施工图"。围绕人才培养目标，精心规划育人项目，细化在各个育人要素中实施立德树人工作的具体操作步骤和环节，明确实施内容、载体、路径和方法，形成具有指导性、实践性、可落地的"路线图"，切实发挥全员育人、全过程育人和全方位育人同心、同向、同行的协同作用，使立德树人全方位推进、全员参与，实现有序、有效和深入开展。

（四）切实加强师德师风建设

落实立德树人，教师是关键。习近平总书记多次强调教师的职业道德建设，要求广大教师把立德树人作为自己的根本任务，争做"四有"好教师、当好学生的引路人。树人先立师，立师必须坚持师德师风第一标准，持续用力，构建师德师风建设新生态。

强化思想政治建设。坚持把政治标准和政治表现作为人才选聘、职称评审、导师遴选、岗位考核、评优评先的首要标准，落实师德"一票否决"。加强教师的思想政治工作，坚持"信仰"本位，保持马克思主义鲜亮底色，切实系好职业生涯"第一粒扣子"。完善教师荣誉体系。抓好典型示范引领，组织开展向全国优秀教师、全国劳动模范学习活动，凝聚正能量。开展学校"教书育人标兵"评选活动，加强先进事迹宣传，讲好身边的师德故事。设立育人奖、教学奖等，强化正向激励。通过多种手段和载体，引领和激发教师教书育人的成就感和使命感，积极践行"德高为师，身正为范"。健全体制机制保障。坚持绩效考核和正向激励相结合原则，结合院校实际，建立健全教师立德树人行为引导机制、立德树人履职情况考评机制、失范必究落实机制等，使教师在"立何德、育何人、如何育"等基本问题上形成明确认知和强烈认同，把立德树人转化为内心信念，把崇高师德内化为价值追求，不断提升和完善自己，真正成为学生成长发展的指导者和引路人。

（五）开辟线上、线下两条战线

在当今这个移动互联网时代，舆论生态、媒体格局、传播方式发生了深刻变化，网络成为信息传播的主渠道，从意识形态建设的新阵地变为前沿阵地。高校要顺应新变化，推动新变局，牢固树立"学生在哪里，意识形态的阵地就建在哪里"的理念，坚持导向为魂、网络为先、内容为王，积极推动工作方法和手段创新，使网络空间的意识形态工作和现实空间一样，像空气无处不在、无时不有，直抵学生的指端和心间。

基于构建"互联网+意识形态工作"新模式，要把推进内容建设、规范网络行为、丰富平台载体、强化综合治理作为加强网络空间意识形态建设的重要抓手，坚持立破并举、治管结合，着力打造天朗气清、绿色文明的网络空间。着力加强网络内容建设。统筹各网站、新媒体和客户端，以学生喜闻乐见的形式和话语阐释马克思主义的思想、观点，宣传习近平新时代中国特色社会主义思想和社会主义核心价值观等，同时注重掌握校园舆情动态，有序引导师生客观、理性、全面地看待各种问题，努力形成网上正面舆论导向。着力培养文明自律网络行为。整合学校网络资源，建立意识形态研究中心和教育基地，有针对性地开展网络素养教育培训。建立网络意识形态工作规程，加强对网络信息的监控和管理，从源头上阻断非主流意识形态信息的不良传播及影响。着力打造意识形态工作的现代风格和亲和力。深刻认识互联网的传播规律和特点，主动把握数字媒体向智能媒体跨越发展的新态势、新趋势，发挥高校科技创新优势，积极做好新技术的开发和利用工作，打造新型传播平台，坚持大屏、小屏并重，推动意识形态工作的传统优势同现代信息技术高度融合，不断增强意识形态工作的鲜活度，保持意识形态工作的生命力，牢牢把握意识形态工作的主动权。

（本文刊登在《学习与研究》2020年第10期。执笔：李增军）

有的放矢做好高职思政工作

高校思想政治工作关乎社会主义办学方向、立德树人根本任务、意识形态领域斗争。高职院校既有普通高等教育的一般性，又有职业教育作为类型教育的特殊性。要把握高职院校的特点和实际，研究高职院校思政工作规律，有的放矢地做好高职院校思想政治工作。

一、坚持德技并修

高职院校作为高技能人才培养的摇篮，落实立德树人根本任务就是要做到德技并修。不仅要把德技并修作为高职院校的人才培养目标，还要建立德技并修的育人机制和评价体系。要牢牢把握培养德智体美劳全面发展的社会主义建设者和接班人的根本要求，始终把准德育工作的正确方向，把培养学生的政治素养、道德品质和综合素质作为首要任务。要紧紧抓住培养知识型、技能型、创新型劳动者大军的要求，加强对学生专业技能和职业精神的教育，培养应用型、高素质、高技能人才。要大力发展"产教融合、校企合作"的办学模式和"工学结合、知行合一"的育人机制，把德技并修贯穿人才培养的全过程。

二、夯实理论基础

高职院校的学生相比传统高校学生一般学业基础较差、学习动力不足，思想理论水平和学习接受能力较低。如果能在就学期间接受系统的马克思主义理论培养，对学生的成长成才将至关重要。目前高职学生政治理论课程安排主要是毛泽东思想和中国特色社会主义理论概论，在此基础上，应当进一步加强两个方面的理论学习：一个方面是要加强马克思主义基本理论的学习，教育和引导学生坚定理想信和马克思主义信仰，树立共产主义远大理想，加强辩证唯物主义和历史唯物主义的学习，掌握科学的思想方法和思维方式；另一个方面是要加强对习近平新时代中国特色社会主义思想的学习，持续不断推进新思想进教材、进课堂、进头脑工作，引导学生坚定中国特色社会主义的道路自信、理论自信、制度自信和文化自信。

三、强化价值引领

习近平同志指出："青年的价值取向决定了未来整个社会的价值取向，而青年又处在价值观形成和确立的时期，抓好这一时期的价值观养成十分重要。这就像穿衣服扣扣子一样，如果第一粒扣子扣错了，剩余的扣子，都会扣错。"①要把社会主义核心价值观融入教书育人的全过程，积极倡导富强民主、文明和谐、自由平等、公正法治、爱国敬业、诚信友善，教育和引导高职学生树立正确的世界观、人生观和价值观。要认真落实《新时代公民道德建设实施纲要》，强化教育引导和实践养成，培养学生的社会公德、职业道德、家庭美德和个人品德，大力提升学生的道德素质，促进学生全面发展。要培养学生崇尚英雄、尊重模范的意识，发挥先锋模范的师范引领作用。要大力开展各种形式的文明创建活动，引导学生勤学、修德、明辨、笃实。

四、实施文化浸润

习近平同志指出："加强高校思想政治工作，要注重文化浸润、感染、熏陶，既要重视显性教育，也要重视潜移默化的隐性教育，实现入芝兰之室，久而自芳的效果。"② 高职学生文化素养较低，更需要加强文化浸润，发挥文化的教化和涵养作用，以文化人、以文育人，以文化浸润心灵、以文化塑造灵魂。要推动中华优秀传统文化融入高职教育教学，增强学生的文化自信和自觉，以传统文化的品格培育学生道德高尚的人格，以传统文化的精神塑造学生自强不息的灵魂。要加强对学生的革命文化教育，从红船精神、井冈山精神、长征精神、延安精神、西柏坡精神、香山精神到雷锋精神、"铁人"精神、"两弹一星"精神、焦裕禄精神，再到航天精神、奥运精神、抗震救灾精神、塞罕坝精神、北斗精神，这是我们党在各个历史时期形成的精神追求、精神品格和精神力量，也是培养学生不竭的政治资源和精神源泉。要加强对学生社会主义先进文化教育，坚定学生对中国特色社会主义文化的自信，加强对学生党史、国史、改革开放史和社会主义发展史的学习教育，弘扬以爱国主义为核心的民族精神

---

① 习近平在北京大学师生座谈会上的讲话（全文）［EB/OL］. 中国政府网，2014-05-05.
② 习近平在全国高校思想政治工作会议上强调　把思想政治工作贯穿教育教学全过程［EB/OL］. 共产党员网，2016-12-08.

和以改革创新为核心的时代精神。

五、弘扬工匠精神

习近平同志指出："要在全社会弘扬精益求精的工匠精神，激励广大青年走技能成才、技能报国之路。"① 从高职人才培养的目标和定位出发，高职院校的思想政治工作必须把培养学生的职业道德、职业素养、职业精神和劳动精神放在突出位置，其核心则是工匠精神的培树和弘扬。工匠精神的内涵包括精益求精、用心用情、持续专注、守正创新、追求卓越。精益求精就是认真负责、一丝不苟、严谨细致，用心用情就是爱岗敬业、全心投入、甘于奉献，持续专注就是持之以恒、执着坚持、保持定力，守正创新就是坚守传承、锐意革新、创新创造，追求卓越就是追求极致、敢于超越、匠心筑梦。工匠精神应该成为高职学生的核心竞争力，作为高职院校思想政治工作的重要内容，纳入全员、全过程、全方位育人体系。

（本文于 2020 年 9 月 1 日刊登在《中国教育报》。执笔：李增军）

---

① 习近平. 弘扬精益求精的工匠精神　激励广大青年走技能成才技能报国之路［EB/OL］. 人民网，2019-09-24.

着力培养高职学生的核心素养和关键能力

习近平总书记在全国教育大会上的重要讲话中明确提出"培养德智体美劳全面发展的社会主义建设者和接班人"这一根本任务，并以"六个下功夫"凝练概括出社会主义建设者和接班人应当具备的基本素质和精神状态，即在坚定理想信念上下功夫、在厚植爱国主义精神上下功夫、在加强品德修养上下功夫、在增长知识见识上下功夫、在培养奋斗精神上下功夫、在增强综合素质上下功夫。这"六个下功夫"对于高职院校的教育教学工作来说，具有极强的时代感和针对性，为高职教育进一步深化改革、创新发展、培养和造就一大批知识型、技能型、创新型高素质技能人才指明了前进方向，提供了科学指南。

当前，我国正在从制造大国向制造强国迈进，由"中国制造"向"中国智造"转型发展。面对新时代中国特色社会主义建设对知识型、技能型、创新型产业大军的客观需求，作为高等职业院校，要深入学习贯彻习总书记的重要讲话精神，主动迎接新挑战，勇于担当培育产业链中高端人才的历史使命，以提升关键能力、发展核心素养为根本目标，在培养新时代高智、高技创新人才的实践探索中，不断迈出新的步伐。

一、始终坚持立德树人根本任务和核心价值观引领

以党的十九大精神和习近平总书记关于教育的重要论述为指导，立足我国社会进入中国特色社会主义新时代的实际，坚持以人为本、立德树人，牢牢把握"培养德智体美劳全面发展的社会主义建设者和接班人"的根本要求，始终把准德育工作的正确方向。把学习贯彻习近平新时代中国特色社会主义思想作为高职生思想政治教育的主线，引导学生深刻认识这一重要思想的历史地位、丰富内涵、精神实质和实践要求，不断增强"四个意识"，厚植"四个自信"。坚持不懈地运用马克思主义的立场、观点和方法，塑造学生的世界观、人生观、价值观，特别是通过教育引导、以文化人和实践养成，把社会主义核心价值观融入教育教学全过程，引导学生正确认识新时代、新使命、新责任，坚定理想

信念，牢固树立爱国主义精神，不断提升品德、修养、境界，自觉做一名社会主义核心价值观的坚定信仰者和自觉践行者，在实现中国梦的伟大实践中放飞青春梦想。

二、始终重视思想方法的科学训练和思维方式的培养塑造

高职院校要主动适应培养新时代知识型、技能型、创新型劳动者的客观要求，积极转变教育理念，走出"唯技为重、技能至上"的认识误区和理念误区。以授人以渔为着眼点，加强思想方法的科学训练和思维方式的培养塑造，提升学生的批判性思维能力和终身学习能力。完善课程体系，根据高职培养目标对学生关键能力和核心素养的强调，进行课程的结构性调整，对应不同专业和不同学段，开发不同的教材，综合运用思维教学模式和策略，研究制定从宏观的课程标准到微观的教学管理等一系列政策机制。提升教师素质，鼓励和支持教师以校企合作为平台、以学术创新为抓手，围绕教学改革开展创新研究，营造批判性思维的氛围环境。改革教学方式，采用问题式、讨论式、项目式等方式方法，突出教学的探究和创新特征，激发学生的创造热情；鼓励学生慎思明辨、标新立异，不拘泥已有论断，通过独立思考和实践，完成从知识接受者到知识创造者的转变。创新评价体系，改变评价和考试的方式，把核心素养特别是其中的创新能力作为重要的评价内容与考试内容，发挥"指挥棒"的导向作用，促进学与教更多关注创新素质的培育。

三、始终抓好"双创"生态构建和创新创业能力提升

一般来说，学生的关键能力包括认知能力、合作能力、创新能力和职业能力。在这四种能力中，创新能力排在最高端，应当将其作为关键能力培养的着力点。构建"双创"教育体系，将创新创业教育纳入各专业人才培养方案，打造必修课、选修课和辅导培训"三位一体"的创新创业课程链，使"双创"教育与专业教育拧成一股绳。搭建"双创"实践平台，开发各专业实验实训室的项目研发和孵化功能，面向全体学生开放；创建大学生创业孵化基地、科技园，为其提供创新创业实战平台。创新"双创"运行模式，建立"众创空间""孵化器""加速器"，为学生开展"双创"活动提供专业辅导、资金扶持、技术支撑、市场拓展等全方位的支持和服务。找准"双创"活动载体，以专业教学为依托，搭建创新创业技能大赛舞台，以赛促学、以赛促创，不断将双创实践推向新的高度。建立"双创"动力机制，完善基于创新创业学业管理的学分制，为大学生创新创业提供政策支持和制度保障，使学生在创新创业、践行奋斗的

砥砺和奉献中实现人生价值，创造美好人生。

四、始终彰显工匠文化育人特色和职业素养培育

健全和完善校企合作培养机制，以深化现代学徒制培养模式改革、加强生产性实训基地建设、推进职教集团化办学为主要抓手，大力实施校企双主体育人，使学生在企业生产和管理实践中，接受企业文化、企业家精神的熏陶，做到躬行践履、知行合一，实现从专业知识、技能到职业素养、精神的高度融合。实施劳模工匠进校园，邀请知名企业家、技能大师、能工巧匠和劳动模范、优秀毕业生举行报告、座谈，通过面对面交流，使学生深刻领悟"劳动光荣、技能宝贵、创造伟大"的丰富内涵，并通过树立榜样和标杆，引导和陶冶学生爱岗敬业、精益求精、砥砺奋进、追求卓越的职业品格。推进综合素质评价，紧密结合专业教学内容，引导学生正确理解和把握职业精神的根本特质，不断升华对职业理想、职业道德、职业责任、职业品质的认知。

（本文于 2018 年 12 月 27 日刊登在《光明日报》。执笔：李增军）

让工匠精神涵养职业教育的时代品质

习近平同志强调，要大力弘扬劳模精神、劳动精神、工匠精神，激励更多劳动者特别是青年一代走技能成才、技能报国之路，培养更多高技能人才和大国工匠，为全面建设社会主义现代化国家提供有力人才保障。这一重要论述不仅对在全社会培育工匠精神提出了明确要求，也为职业教育发展指明了方向。

一、工匠精神的时代背景

我国自古就有崇尚和弘扬工匠精神的优良传统，其中一些工艺技术水平曾在世界上长期处于领先地位。如万里长城、故宫、赵州桥等许多宏大壮观的工程建造和丝绸、瓷器、雕刻等精美制品都是古人工匠精神的物质固化。中华人民共和国成立以来，我们党在带领人民进行社会主义现代化建设的进程中，更是坚持大力弘扬工匠精神，并取得了无数令世界瞩目的伟大创造，如"两弹一星"、载人航天工程、高铁、大飞机等的设计与制造同样是工匠精神结出的丰硕成果。

再看国外，举世闻名的有追求精密精致的瑞士手表、讲求严谨严密的"德国制造"、注重细节成败的日本管理，等等。正是由于对工匠精神的尊崇和持守，才造就了这些国家名企辈出、品牌迭现。有资料显示，全球寿命超过200年的企业中，日本首屈一指，拥有3100多家；德国次之，为830多家。这些企业长盛不衰的不二秘诀就在于它们不约而同地把工匠精神作为企业发展的灵魂和命脉。一部产业发展史证明，只有注重培育工匠精神的企业，才能长盛不衰，立足强手之林。

当前，在全球范围内，以云计算、大数据、智能制造为代表的第四次工业革命正在推动国际产业结构发生重大而深刻的调整和演进。在这种时代背景下，能否锻造出一流高素质工匠型产业大军既决定着制造业的未来，也决定着"中国制造"的未来。当下，中国正由"制造大国"奋勇迈向"制造强国"，转型升级的鼓点催促和激发着中国职业教育厚植工匠精神的土壤，加快培养大国工匠的步伐。

二、工匠精神的内涵

习近平同志在全国劳动模范和先进工作者表彰大会上把工匠精神概括为"执着专注、精益求精、一丝不苟、追求卓越"，科学界定了工匠精神的基本内涵和时代特征。如何理解和把握？我们认为，通俗一点说，就是两个字：讲究。

何为讲究？略举一例，做以形象化的说明。在英国首都伦敦有一条古老的街道，名叫萨维尔街，两百多年来，这里一直是以男装定制闻名于世。裁缝店为会员定制衣服有一个不成文的规矩：制作两件套西装，大部分工艺必须靠手工完成，而且手工时间不能少于 150 个小时；必须提供 2000 种面料供顾客选择，并保存每一位顾客的定制材料。以上例子体现的就是讲究，这是一种把事情做到极致的劲头，是一种真正把顾客视为"上帝"的职业态度和职业修养。

三、工匠精神对职业教育的意义

意义之一：工匠精神是职业教育的灵魂。习近平总书记在党的十九大报告中提出，要"建设知识型、技能型、创新型劳动者大军，弘扬劳模精神和工匠精神，营造劳动光荣的社会风尚和精益求精的敬业风气"。面对新时代的发展要求，职业教育需要为社会提供两个公共产品：一是在全社会传播、培育和弘扬工匠精神，二是培养和提供大量的工匠型技术技能人才。前者是价值导向，是灵魂、是根本，后者是培养目标，是着力点、是落脚点，这就是职业教育要担当的时代使命。

意义之二：工匠精神是职业院校的学生应当具备的核心素养。当前，我国职业教育的发展已进入一个新时期、新阶段、新起点。提高职业院校人才培养质量，一是看职业素养，二是看职业技能，二者中，职业素养特别是工匠精神有着更为重要的作用。大量的企业调研证明，企业人才需求更看重学生的职业素养和职业道德精神。由此可见，在人才培养过程中，职业院校要始终坚持把工匠精神作为职业素养培育的核心品质来对待，教育和引导学生树立"执着专注、精益求精、一丝不苟、追求卓越"的精神和品德，努力成长为新时代"德技并修"的高素质技术技能人才。

四、以工匠精神为核心素养的职业院校学生的基本素质结构

一要有踏实肯干的态度。要让学生真正懂得，在这个充满创业创新机遇的时代，更需要一种脚踏实地的"匠心"，需要一种不投机取巧的拙朴。当年风靡全世界的阿甘精神就是目标坚定、专注执着、默默奉献、埋头苦干。任正非在谈到华为人的精神时曾这样说过，华为没那么伟大，华为的成功也没什么秘密！华为为什么成功？华为就是最典型的阿甘，阿甘就一个字"傻"！华为就是阿甘，认准方向朝着既定目标，脚踏实地，认真负责，傻干、傻付出、傻投入，从而闯出了5G技术领先全球的新境界、新天地。

二要有严谨细致的作风。严谨细致是一个人能够成就一番事业的重要法宝。譬如，新一代"长征五号"运载火箭是目前我国设计运载能力最大最强的火箭。这种火箭发动机的每一个焊接点对焊接技术人员都是一次全新的挑战，而难度最大的就是喷管的焊接，喷管上有数百根空心管线，管壁的厚度只有0.33毫米。高凤林一丝不苟、心细如毫发，通过3万多次精密的焊接操作，将焊接停留的时间从0.1秒缩短到0.01秒，把它们编织在一起，成功解决了防止气孔沙眼发生焊漏的难题，成为火箭发动机焊接的"中国第一人"。

三要有持续专注的定力。这对学生将来的职业生涯发展非常重要。回顾产业发展史，有很多工匠倾其一生进行钻研，专心做好一件事。在我国贵州钢绳股份有限公司二分厂二钢绳车间，有一名技术员叫周家荣。他从一个农村娃进厂当工人，一干就是三十多年，三十年来持续干了一件事，就是在生产钢丝绳上搞钻研、做文章，不断取得突破和创新，其工艺技术达到了国际领先水平。如今，在世界排名前100座的大桥中，有40多座使用的是他们团队生产的产品。

四要有追求极致的品质。以日本人若林克彦的传奇故事为例，他是哈德洛克工业株式会社的创始人。当年他还是公司一名小职员时，有一次参加在大阪举行的国际工业品展览会，看到了一种防回旋的螺母。他带了一些回去作为样品进行研究，研究发现这种螺母是用不锈钢钢丝做卡子来防止松动的，结构复杂，价格高，而且不能保证绝不会松动。到底怎样才能做出永远不会松动的螺母呢？小小的螺母让若林克彦彻夜难眠。他反复钻研和试验，通过在螺母中增

加榫头，发明了永不松动的螺母，并靠着这一工艺创新而独步世界市场。

五要有讲求效率的观念。工匠精神是一种讲求效率的精神。我们处于一个重先机、快节奏，既讲求质量，也讲究效率的时代。从一定意义上说，效率就是市场、就是机遇、就是生产力、就是竞争力。虽然慢工出细活是一个普遍的道理，但也不能慢工不出活，更不能延误工时，耽搁工期。有些事可以"慢揭锅"，但一定要"紧烧火"。遇事要区分轻重缓急，特别是急事不能拖，更不能延误大事、要事。否则，有些事一旦拖延就会错过时机，也就失去了其应有的价值和意义。

六要有核心技艺的绝活。我们搞科研讲求创新目标，就是要创造核心技术。工匠也要有"核心技艺"，即自己的独门绝活，这样才会有核心竞争力，正所谓"一招鲜，吃遍天"。这是老百姓常说的一句俗语，原意是指厨师要有一道招牌菜肴，走到哪里都会有人来吃。后引申为拥有一门独特出色的技艺，并把这项特长做到极致，这样就会有良好的口碑和很好的收获。反之，就会一事无成，用老百姓的话来说就是"样样都会，床上无被"。

七要有团结协作的意识。团结协作是人与人之间良好的道德行为，是一切事业成功的重要基础，也是工匠精神的应有之义。习近平总书记曾讲过，懂团结是真聪明，会团结是真本领；团结出凝聚力，出战斗力，出新的生产力，也出人才。可见团结对事业成功和个人成才的重要性。职业院校要教育学生懂团结、讲团结、会团结，善于将自己融入集体和团队中去，通过自己的努力在所负责的工作领域发挥积极作用。

五、职业院校学生工匠精神的培育路径

在历史中沉淀、在实践中锤炼、在传承中创新自是必不可少的方面。但是，一条更为重要的途径是，作为技术技能人才培养摇篮的职业教育，要主动适应时代之需，培厚工匠精神的土壤。

（一）要用工匠精神抓好环境建设，强化环境育人

校园环境由承载校园历史、精神和文化的各种物质载体构成，是学校整个教育工作的重要组成部分，具有全方位、多层次、立体化的育人功能。完善的基础设施、优雅的学习环境、浓郁的今风古韵会对学生产生一种熏陶、感染、激励和牵引的作用；环境固化为一种文化形态后，蕴含着学校的精神文化和共同价值观，可以促使学生产生价值认同感和归属感，形成爱校乐学的向心力和

凝聚力；高品位的校园环境往往显示出一种艺术文化的魅力，特别是自然景观，一草一木、一水一石都能带给学生以美的享受和精神上的愉悦。总之，良好的校园环境能够寓精神激励于潜移默化之中，产生"润物细无声"的浸润效应。

用工匠精神打造校园化境，首先要讲究净化。整洁雅静的环境本身就是一种暗示与引领，就是一种无声的教育，"破窗效应"恰恰从相反的角度证明了环境对人的行为的教化作用。其次要讲究绿化。要运用景观生态学的理念打造校园环境，通过草坪绿地、乔灌树木、花坛喷泉、假山池塘等复层绿化以及各种色彩的和谐搭配，为学生提供休憩观赏与活动娱乐的场所。三要讲究美化。要把审美教育的作用融入环境建设，用带有文化艺术品位的景观景点营造富有特色的审美空间，让学校成为花园与公园一体、绿化与美化兼容的园林式校园。四要讲究文化。这是校园环境的内核与灵魂。在净化、绿化、美化的基础上，更要注重打造承载学校历史与人文底蕴的文化标识，特别是要把校训、校徽、校标和先进的企业文化理念等元素融入环境建设，实现从物质层面向精神层面的升华。通过赋予静态的物质以教化的美学联想与哲理思考，达到使用功能、审美功能与教育功能的和谐统一。

（二）要用工匠精神抓好队伍建设，践行言传身教

培养学生的工匠精神，其关键是打造一支"工匠之师"，落脚点是干部教工以身作则、言传身教。具体来说涉及四个方面：首先，一个干部就是一面旗帜。职业院校的各级领导干部在治校理政中，要处处坚持更高标准、更严要求、更高标杆，切实增强"四个意识"，坚定"四个自信"，做到"两个维护"，在改革发展中特别是在攻坚克难的关键时刻，走在前列、干在实处、当好表率。各层管理人员要树立"规范、细节、质量、科学"的工作理念，凡事都要讲究尽职尽责、尽心尽力、一丝不苟；讲究在细节上下功夫，并将其贯穿管理工作的各个环节和全过程，追求极限极致和完善完美；讲究规范化、高效率，养成动循矩法、雷厉风行的作风；讲究科学理性，既埋头实干，又会干巧干，坚决反对蛮干乱来。任课教师要坚持教书育人，把以德立身、以德立学、以德立教落在实处，努力做一个善于塑造学生品格、品行、品位的"大先生"；要坚持言传身教，自觉践行"德高为师，身正为范"，处处为人师表，用自己的真才实学和人格魅力在传道授业解惑中启发学生、引导学生、感染学生。后勤人员要积极践行服务育人理念，着力提高工作能力及服务水平，以严谨的工作作风、优质的细节服务和良好的精神面貌为学生的学习、生活提供高质量的服务保障。通过全校全员凝聚育人合力，实现工匠精神的全方位、全过程渗透和培育，积极引领学生工匠精神的养成。

（三）要用工匠精神抓好文化建设，实施以文化人

职业教育不能只重视专业知识和技术技能的传授，还必须重视文化的润泽与涵养。文化是看重分析、判断、良心、质量、真理、善恶、标准、规范的，其终极目标指向的是培养学生做一个高素质且全面发展的人。而工匠精神是职业文化的核心和灵魂，我们的职业教育必须将工匠精神融入校园文化体系建设。工匠精神培育的实质是以文化人，文化育人的特点在于"润物细无声"般的浸润与渗透。在校园文化建设中，职业院校要坚持以工匠精神培育为切入点，围绕立德树人这一主线开展内容丰富、形式多样的校园活动，特别是要将企业文化和工匠精神融入以文化人，在教育教学中尊重与推崇职业精神，提倡与坚持规范操守，用工匠精神指引学生人生追求的价值取向，领悟"劳动光荣、技能宝贵、创造伟大"的深刻内涵，陶冶爱岗敬业、精益求精、砥砺奋进、追求卓越的职业品格，从而达到躬行践履、知行合一，实现从专业知识、技术技能到职业素养、职业精神的高度融合和不断升华，努力成长为一个技艺精湛、具有现代工匠精神的专门人才。

（四）要用工匠精神抓好主渠道建设，创新课程系统

职业教育要实现"大国工匠"的培育目标，必须构建起与之相应的课程体系，这是主渠道。首先要加强思想政治工作，整体优化思政课建设，同时积极探索"课程思政"的有效途径，扎实实施教学改革，推进"教材体系""教学体系"向"信仰体系"转化，把"铸魂工程"融入教学全过程，落实落细。其次是按照培养知识型、技能型、创新型优秀职场人才的目标定位，依据其可持续发展的能力和素质要求，进一步完善面向职场的课程体系，大体应当包括三种类型，即专业课程、通识教育课程和创新创业课程。这三类课程不是简单的机械叠加，而是要实现充分的有机融合，也就是要保持目标同向、达到内容互补、实现相互渗透。专业课程一般分为三个层面，即基础通用课程、专业平台课程和岗位导向课程。专业课程建设要坚持以工匠精神培育为导向、以技术技能培养为主线，通过学生的发展聚焦、能力递进、素质贯通，实现从宽口径职业领域到专门化就业岗位的系统培养。通识教育旨在克服单纯专业教育的局限性，引导学生广泛涉猎不同知识领域，达到文理兼修、交叉选课，促进人文素质与科学素质的交融，以及学生的人格健全、身心和谐、心智丰盈、全面发展。创新创业课程要着眼全覆盖、成体系，从双创基础课到专业融入课，再到实践实战课，依次递进、有机衔接，同时既要重视挖掘已有专业课程的创新创业内涵，更要加强对建设更多与数字化时代相适应的创新创业金课的谋划，不断强化学生创新精神、创新人格和创新创业素质的培养。最后是优化人文课程建设，

加强学生人文素质的培养，通过帮助学生完善知识结构，引导他们了解历史、认识社会、体悟人生，不断提升人文情怀和道德素养，塑造美好的心灵和品格。

（本文是 2019 年 6 月 18 日在"中国梦·大国工匠"衡水大讲堂上的发言。执笔：贾海明、李增军）

党委书记在高校治理中角色定位的思考

"培养什么人"是教育的首要问题。高校担负着为中国特色社会主义事业培养合格建设者和可靠接班人的崇高使命，高校党委书记是高校的第一责任人，必须牢牢把握中国特色现代大学治理结构的重要特点，做懂教育的政治家和讲政治的教育家。具体来说，就是要围绕执行好党委领导下的校长负责制，落实好党委办学治校的主体责任，主要抓好以下几方面工作：

一、抓党建，充分发挥党委领导核心作用

高校党委书记必须紧紧抓住加强党对学校的全面领导这个根本要求，切实发挥党委领导核心和政治核心作用。一是要强化政治引领。引导广大师生切实增强"四个意识"，坚定"四个自信"，做到"两个维护"，在方向性、原则性问题上把好大局。二是要强化思想引领。把学习贯彻习近平新时代中国特色社会主义思想作为高校党的建设的首要任务，推动习近平新时代中国特色社会主义思想进教材、进课堂、进头脑。三是要强化组织引领。持续加强基础工作、基本制度和基本能力建设，使基层党组织的动员力和组织力强大起来，充分发挥基层党组织的战斗堡垒作用。四是要强化全面从严治党。在"严"字上下真功夫、硬功夫，把党要管党、从严治党落实落细。

二、把方向，全面贯彻落实党的教育方针

办学方向是立校之本、办学之要。作为高校党委书记，必须坚持社会主义办学方向，站在使党的事业后继有人的高度，扎根中国大地办大学，努力培养中国特色社会主义合格建设者和可靠接班人。一是要贯彻"四为"方针。为党育人、为国育才，办好人民满意的教育，引导学生正确认识世界和中国发展大势，增强"四个自信"，教育学生在社会主义现代化建设中体现自我价值，实现个人梦想。二是要落实立德树人的根本任务。将立德树人作为立身之本，把思

想政治工作贯穿教育教学全过程，着力构建"三全育人"工作体系，不断提升思政工作实效。三是要提高办学适应性。紧密对接国家重大战略，深度融入区域经济发展，不断加强产教融合、校企合作，持续完善人才培养体系，为实现中国特色社会主义事业提供源源不断的高素质技术技能型人才。

三、抓队伍，增强凝聚力和向心力

高校党委书记要贯彻落实习近平总书记关于干部队伍建设、教师队伍建设的重要思想，按照新时代"好干部""好教师"的标准，努力建设一支政治过硬、本领高强的干部教师队伍。一是要抓班子团结统一。坚持党委领导和校长负责相统一的原则，正确处理好和校长之间的关系，在领导班子自身建设中发挥模范带头作用，通过经常性沟通，及时交流工作情况，带头增进班子团结，带头做党委领导下的校长负责制的维护者和践行者。二是要抓干部队伍建设。通过科学培育和选人用人、厚爱与严管结合、激励与约束并举，思想素质建设和业务能力培养双管齐下，打造一支忠诚、干净、有担当的高素质干部队伍。三是要抓教师队伍建设。通过不断加强师德建设、提升教师素养和创新能力、完善高校教师管理制度、优化分配制度和服务体系、培养支持青年教师成长，培育一批有理想信念、有道德情操、有扎实学识、有仁爱之心的"四有"好教师。

四、谋发展，改革创新担当作为

党委对学校发展是全方位、全覆盖、全过程的领导，党委书记必须深刻把握高校党委全面领导的内涵和要求，当好"领航员"，推动改革发展提质增效。一是强化顶层设计。要站在服务国家战略、服务区域发展的高度，明确学校发展定位，全面擘画"十四五"时期乃至更长时间的发展蓝图。二是强化战略谋划。要围绕综合改革整体谋划、协调关系，聚焦重点领域和关键环节改革，不断增强事业发展的生机与活力。三是强化内涵提升。要提升引领内涵发展的能力，推动党的领导与事业发展有机融合、相得益彰，切实把党的领导优势转化为内涵发展优势。四是强化人才培养。要对标"双高"要求，加强教育教学工作，积极"修炼内功"，寻不足、找差距、补短板，全面提高人才培养质量和办学适应能力。

五、保稳定，底线思维守土尽责

和谐稳定是高校事业发展的基本保障。高校党委书记必须守土有责、守土负责、守土尽责，善于从源头化解矛盾，确保校园稳定和谐，为服务党和国家工作大局多做贡献。一是维护国家政治安全。要树立总体国家安全观，系统谋划，综合施治，有效防范各类风险叠加共振。二是落实意识形态责任制。坚持把马克思主义学院作为第一学院、思想政治理论课作为第一课程，不断加强宣传思想阵地建设和管理，牢牢把握意识形态工作领导权、主动权和话语权。三是落实安全生产责任制。紧绷安全生产这根弦，夯实责任、逐级压责、层层传导，对各类事故隐患抓早、抓小、抓苗头，防微杜渐、防患未然。

六、建机制，提升治理能力和治理水平

高校治理体系和治理能力现代化直接关系"培养什么人、如何培养人、为谁培养人"的根本问题。高校党委书记必须全面领导建立现代化治理机制，规范学校各项规章制度的建立和执行，在依法治校实践过程中实现管理育人的双进步。一是完善制度体系建设。重视并加强章程建设，并以章程为基准建立一套完整的制度体系，让学校的管理都能依法有据，减少学校管理的随意性，从而提升治校理政的效率效果。二是完善治理结构建设。要完善以党委领导、校长负责、教授治学、民主管理为基本架构的治理结构，促进党的领导坚强有力，行政体系运行高效、规范、科学、廉洁，学术委员会、专业建设委员会等学术权力机构的作用积极发挥，干部职工内生动力全面激发，逐步形成多元共治的格局。

七、抓保障，提升师生幸福感和满意度

提升师生群众的幸福感和满意度是检验治理成效的标尺。高校党委书记必须把保障和改善民生作为一项职责和使命。一是要统筹办学资源。要积极主动向上争取项目资金，不断加快学校办学条件改善，为学校提升教育教学质量打下坚实的物质基础。同时，统筹兼顾优化资金使用结构，提高各项资金使用效益。二是加强后勤保障。要想师生之所想、急师生之所急，了解掌握师生的问题和困难，针对性做好改进和服务，不断提高后勤保障水平和服务一线能力。三是深化职称改革。要遵循高校教师的成长规律，深化高校教师职称制度改革，健全完善符合高校教师不同岗位特点的人才评价体系和事中事后监管体系，不断释放和激发高校教师的创新创造活力。四是加强信息化建设。要整合资源支撑校务治理，对接需求服务教学科研，通过信息化提升，为学校管理、服务、育人提供有力支持。

八、育文化，全面推进以文化人、以文育人

校园文化是一个学校办学理念和精神以及管理水平的集中展示，高度重视和加强校园文化建设也是高校党委书记发挥高校党委领导核心作用的具体体现。一是要促进文化育人作用的发挥。要通过校园文化建设，把学校发展历程中经过时间洗礼、历史积淀而形成的校风、校训等有机融入办学理念，从而提升文化育人的作用和成效。二是要促进校园环境的改善。要不断改善校园环境，一方面为师生营造舒适、安静的学习生活空间和氛围；另一方面发挥校园环境"隐形"的教育作用，让校园的一花一木、一砖一瓦都成为教育的载体，发挥育人的功能。三是要促进学术氛围的营造。要开展好各类学术活动，加强学术文化建设，培育良好的师德师风和教风学风，引导大学回归学术本位，引导教师回归育人初心，热爱教学、研究教学、潜心教书育人。四是要促进创新意识的养成。要多措并举强化科教融合发展和科技成果转移，通过加强创新文化建设，激发师生的创新精神、推动师生的创新实践。

九、保落实，确保学校党委各项决策部署落地生根

一分部署，九分落实。校党委书记既要善于正确做决策，更要善于推动抓落实。一是要充分发挥一把手作用。切实带好头，当好"施工队长"，既要冲锋在前，又要真抓善管，重要工作亲自部署、重大问题亲自过问、重点环节亲自协调。二是要着力构建工作落实的体制机制。要通过建章立制形成刚性的制度约束、严格的制度执行、有力的监督检查、严厉的惩戒机制，让各项工作变成掷地有声的落实行动。三是要充分发扬钉钉子精神。既有"功成不必在我"的精神境界，又有"功成必定有我"的历史担当，干事创业一抓到底、久久为功。

十、抓自身，充分发挥表率作用

党委书记在班子里是"班长"，要清醒认识岗位和身份的特殊重要性，增强自律意识、标杆意识、表率意识，始终坚持以身作则、模范带头，以自身的全面过硬当好班子和单位建设的排头兵、领头雁。一是要带头提高政治能力。要把握政治方向、保持政治定力，不断提高政治判断力、政治领悟力、政治执行力。二是要带头提升工作本领。善于学习、善于总结、善于借鉴，积累经验、创新方法，引领干部职工开阔眼界、创先争优。三是要带头恪守组织原则。严格按党章、党纪、党规办事，拍板做决策真正出以公心，自觉接受组织和群众

监督，确保经得起群众和历史的检验。四是带头保持清正廉洁。严格落实中央八项规定及其实施细则精神，坚决反对和抵制特权思想和特权现象，净化朋友圈，永葆清正廉洁政治本色。

（本文是 2021 年 4 月 29 日在全国职业院校校长治理能力提升专题培训班上的发言。执笔：李增军）

充分发挥劳动教育在职业院校的育人作用

劳动教育是中国特色社会主义教育制度的重要内容，直接决定社会主义建设者和接班人的劳动精神面貌、劳动价值取向和劳动技能水平。职业院校作为培养高素质技术技能人才的主阵地，必须充分发挥劳动教育的育人作用，培育学生精益求精的工匠精神和敬业乐业的职业精神，引导学生崇尚劳动、尊重劳动，感受劳动成果的来之不易，进而更好地报效国家、奉献社会。

一、深刻理解职业院校开展劳动教育的意义

职业教育与劳动教育联系紧密，甚至可以说离开了劳动，就不会有真正的职业教育。因为职业教育是一种类型教育，目的在于面向生产、建设、服务、管理等一线培养高素质劳动者和技术技能人才，与劳动的距离最近、直接接触劳动最多。另外，劳动教育是一种功能教育，目的在于培养学生正确的劳动价值观和良好的劳动精神面貌。一线劳动者的劳动观如何决定着国家产业发展的现状和未来，对实现"两个一百年"奋斗目标和中华民族伟大复兴的中国梦至关重要。由此可见，在职业院校中开展劳动教育更为现实、更有必要。一是要通过劳动教育，让学生树立马克思主义劳动观。使他们明白劳动没有贵贱，任何职业都很伟大，都能出彩。二是要通过劳动教育，强化学生日常生活管理。帮助学生养成良好的生活习惯，提高学生自强不息的意识和能力。三是要通过劳动教育，培育学生的劳动精神。让他们感悟"幸福是奋斗出来的"的深刻内涵，促进其勤俭节约、艰苦奋斗、爱岗敬业。四是要通过劳动教育，弘扬精益求精、追求卓越的工匠精神，不断提高学生的技术技能水平。

二、正确认识劳动教育在职业院校的深刻内涵

劳动教育是职业教育的应有之义，长期以来，职业院校在人才培养、课堂教学、实训实习、社会实践等方面都直接对接着劳动教育。但职业院校不能简单地用技术技能培养代替劳动教育，而应当在理念上加强对"劳动精神"的认

识。因为职业教育侧重的是技术技能教育，目的是提高劳动者的素质，解决的是劳动技能和劳动效率的问题。而劳动教育侧重的是劳动观教育，目的是解决"劳动是什么、为什么劳动、为谁劳动"的问题。如果职业教育不注重劳动教育，就会变得只有皮囊而没有灵魂，变为纯粹的技术教育；而如果职业院校的劳动教育不融入职业教育，就会与培养大国工匠、能工巧匠的人才培养目标相脱离，成为单纯的理论教育。因此，职业院校要从提高劳动教育的效果出发，紧紧抓住劳动教育的灵魂，促进劳动教育科学性和实践性的统一，使学生真正从劳动教育中全面成长成才。一是要强化说明讲解。通过劳动必修课和劳动实践，围绕什么是劳动、为什么劳动、为谁劳动等有重点地进行讲解，让学生明白劳动的意义和价值。二是要淬炼规范操作。要结合实习实训，加强对学生每个操作环节的监控，引导学生每个步骤、每个细节都要严格遵守规范，避免主观随意。三是要注重项目实践。设计"劳动+专业"的课程模块，让学生通过劳动实践经历劳动全过程，完成真实任务、综合任务，从而提升劳动能力。四是要经常反思交流。在项目或者课程后组织学生分享体验和收获，从而端正劳动态度、养成劳动习惯、增强劳动情感，避免劳动体会仅仅停留在表面。

三、准确把握职业院校进行劳动教育的途径

职业院校是开展劳动教育的重要阵地，必须积极探索有效对策和具体措施，使劳动教育的内涵在人才培养中得到充分体现。一是要将劳动教育融入人才培养全过程。围绕学生综合发展，在公共基础课中强化马克思主义劳动观、劳动安全和劳动法规教育。在专业课中有机融入和渗透劳动精神，培养学生"干一行，爱一行"的敬业精神和"专一行，精一行"工匠精神。二是要突出综合素质培养。将劳动教育融合学生课堂教学、专业实训、课外活动、顶岗实习、社会实践各方面，丰富学生的劳动体验，深化学生的劳动价值理解，提高学生的劳动能力。三是要强化劳动文化养成。通过举办劳动文化节、专业技能竞赛、"大国工匠进校园"、优秀毕业生分享会等活动，让师生近距离接受劳动教育熏陶，观摩劳模精湛技艺，聆听劳模故事，使劳动光荣、技能成才的劳动教育观念深入人心。

四、充分发挥职业院校开展劳动教育的优势

职业院校具有实施劳动教育的先天优势。一方面"劳动光荣、创造伟大"的社会氛围正在逐步形成，极大鼓地舞了我国劳动人民的士气；另一方面，职业院校有大量的劳动教育实践场所，专业教师中"双师型"教师具有丰富的劳

动实践经验，专科课中实践教学环节占一半以上，且本身教学内容中就有劳动元素。高职院校必须利用好这些先天优势，在实施好自身劳动教育的同时，展示职教风采、回馈社会。一是要建立健全开放共享机制。可以向社会广泛开放劳动教育实践资源，充分利用现有综合实践基地、生产性实训基地向普通中小学和普通高等学校提供所需要的实践服务。二是可以向普通学校提供劳动课程服务。拿出各自的优势专业、特色专业，结合地方普通大中小学的劳动教育需要，主动联系当地幼儿园、中小学和大学，根据这类学校劳动教育的特点，设计相应学龄段学生的劳动课程，并为这些学校开展劳动教育提供课程设计、师资培训等服务。三是可以向社会展示职业学校的师生风采。派出自己的教师甚至优秀的学生到对应的普大中小学担任劳动课教师，以提升师生"劳动光荣"的成就感，展示职业精神，展示办学成效，塑造普通学校师生"技能宝贵"的切身感受，从而提高职业院校在全社会的教育地位和声望。

（本文于 2022 年 5 月 11 日发表在《河北工人报》。执笔：李增军）

二　谋篇布局篇

努力开创全校思想政治工作新局面

习近平总书记在全国高校思想政治工作会议上发表的重要讲话，从全局和战略的高度深刻回答了事关我国高等教育事业发展和高校思想政治工作的一系列重大问题。讲话高屋建瓴、思想深刻、内涵丰富，具有很强的政治性、思想性和针对性，是指导做好新形势下高校思想政治工作的纲领性文件，对于办好中国特色社会主义大学、推进党和国家事业发展具有重大而深远的意义。我们一定要认真学习领会习近平总书记的重要讲话精神，深刻理解、牢牢把握加强和改进高校思想政治工作的重大意义、根本方向、目标任务和基本要求，全面开创全校思想政治工作新局面。

一、深刻认识加强和改进高校思想政治工作的重大意义，进一步增强做好思想政治工作的责任感和使命感

高校思想政治工作既是我国高校的鲜明特色，又是办好我国高校的独特优势。加强和改进高校思想政治工作是一项重要的政治任务和战略工程，事关党对高校的领导，事关全面贯彻党的教育方针，事关社会主义事业后继有人，也事关学校事业的长远发展。具体来说，具有以下四方面重大意义：

（一）加强和改进高校思想政治工作是培养社会主义事业建设者和接班人的迫切需要

育才造士，为国之本。习近平总书记在全国高校思想政治工作会议上强调，我国高等教育肩负着培养社会主义事业建设者和接班人的重大任务，必须坚持正确政治方向。高校的思想政治工作解决的就是"培养什么人、如何培养人以及为谁培养人"这个根本问题。我们培养的人是为人民服务、为中国共产党治国理政服务、为巩固和发展中国特色社会主义制度服务、为改革开放和社会主义现代化建设服务的接班人。面对社会上的各种杂音噪声、风吹草动，面对敌对势力对高校人才渗透争夺的挑战，高校的思想政治工作只能加强，不能削弱，只能前进，不能后退。要始终坚持把立德树人作为中心环节，把思想政治工作贯穿教育教学全过程，实现全程育人、全方位育人。

（二）加强和改进高校思想政治工作是巩固马克思主义指导地位的迫切需要

马克思主义是我们立党立国的根本指导思想。能否坚持马克思主义指导地位事关高校的正确办学方向。习近平总书记指出，"一所高校一旦在办学方向上走错了，在培养人的问题上走偏了，那就像一株歪脖子树，无论如何都长不成参天大树"。① 高校作为孕育思想、传播理论的地方，也是意识形态工作的前沿阵地、抵御敌对势力渗透争夺的重要战场。当前国际国内形势深刻变化，社会思想文化和意识形态领域的情况更加复杂，马克思主义指导思想面临多样化社会思潮的挑战。在国际上，西方国家加紧对我国进行意识形态渗透和西化分化，以公益慈善、学术交流等形式在高校抢滩登陆，同我国争夺阵地、争夺师生、争夺人才，威胁我国意识形态安全。国内各种社会思潮影响着我国主流意识形态的权威认同，极"左"极"右"干扰加剧，有的以反思改革为名否定改革开放，有的企图动摇四项基本原则，有的宣扬历史虚无主义、戏说党史国史，各种思想观点在高校交会，各种价值观念在高校碰撞。特别是 2017 年将召开党的十九大，经验表明，每当国内有大事，境内外敌对势力就较为活跃，在这样的时间节点，意识形态领域问题往往易发多发，各种猜测、谣言可能增加。针对复杂的形势，我们必须从加强和改进高校思想政治工作入手，不断巩固马克思主义在高校的指导地位，把高校建成学习研究传播马克思主义的坚强阵地，确保寸土不让、片瓦不丢。

（三）加强和改进高校思想政治工作是培育践行社会主义核心价值观的迫切需要

学校教育，育人为本；德智体美，德育为先。大学时代是人的价值观形成和确立的关键时期。用社会主义核心价值观教育学生，引导他们扣好人生的第一粒扣子是高校思想政治工作的使命所在。高校不是封闭的孤岛，也不是脱离社会的"象牙塔"。社会思潮的多样性、市场经济的逐利性、新媒体传播的开放性和网络空间的虚拟性都深刻影响着广大师生的价值观念。有的高校师生理想信念淡化、价值取向多元化、集体观念弱化、学习目的功利化，在一定程度上存在拜金主义、享乐主义以及诚信缺失等问题和倾向。这些现象和问题严重影

---

① 习近平出席全国教育大会并发表重要讲话［EB/OL］. 中国网国情中心，2018-09-11.

响着广大青年学生的健康成长，影响着他们一生的方向和道路。我们必须把社会主义核心价值观贯穿办学育人全过程，引领知识教育、引领师德建设，让青年一代从理想信念、思想道德、行为方式上辨得清是非、经得起考验，自觉去庸俗、远低俗、不媚俗，做社会主义核心价值的坚定信仰者、积极传播者、模范实践者。

（四）加强和改进高校思想政治工作也是我们加快建设省级优质专科高等职业院校的迫切需要

近年来，我校全面贯彻党的教育方针，积极抢抓国家、省市重大战略实施机遇和高等职业教育改革发展机遇，解放思想，转变观念，确立了"扬长补短"发展理念、"一体两翼"发展战略和"五个坚定不移"发展路径。在实践中，我们坚持以改革统领全局，即面向发展抓改革，探索有开拓力、凝聚力的职教办学思路；面向市场抓改革，构建有融合力、生命力的校企合作模式；面向需求抓改革，开展有想象力、创造力的创新创业实践；面向就业抓改革，培养有学习力、竞争力的实战技术技能；面向未来抓改革，打造有影响力、品牌力的特色高职院校，凝练办学特色，集聚办学优势，打造核心竞争力，闯出了一条跨越发展的新路子，实现了办学水平、人才培养质量和综合办学实力的全面提升。但是，作为一所具有近百年办学历史的院校，目前我们还缺少高水平的教学团队和省内一流的学科专业。这当中既有办学投入、师资建设方面的原因，也有思想政治工作方面的问题，如在一定程度上存在重教书、轻育人，重智育、轻德育等现象，在很大程度上影响和制约了学校的发展。我们要实现从一般院校向全省优质专科高等职业院校迈进，必须主动适应教育改革发展的新形势、新要求，一手抓"优质高职"建设，一手抓思想政治工作，做到两手抓、两手都要硬，为加快推进省级优质专科高等职业院校建设提供有力的思想政治保证。

二、高点定位，精心谋划，进一步明确学校思想政治工作的目标任务

当前和今后一段时期，我校加强和改进思想政治工作的总体要求是深入学习贯彻习近平总书记系列重要讲话精神和治国理政新理念、新思想、新战略，全面贯彻党的教育方针，坚持社会主义办学方向，立足地方经济建设，面向京津冀协同发展办学，以立德树人为根本，以理想信念教育为核心，以社会主义核心价值观为引领，切实抓好各方面基础性建设和基础性工作，切实加强和改善学校党的领导，全面提升思想政治工作水平，牢固树立政治意识、大局意识、核心意识、看齐意识，坚定不移维护党中央权威和党中央集中统一领导，为实现"建设经济强市、美丽衡水"，培养又红又专、德才兼备、全面发展的高素质技术技能人才。围绕这一目标要求，我们要认真学习贯彻习近平总书记在全国高校思想政治工作会议上的重要讲话精神，切实把握好以下几个问题：

（一）要始终坚持"四个服务"这个根本方向

习近平总书记的重要讲话对高校思想政治工作给予了充分肯定，指出这些年来高校思想政治工作更加积极主动，呈现出持续加强改进、不断向上向好的态势，高校思想政治工作功不可没。强调高等教育要坚持社会主义办学方向，为人民服务，为中国共产党治国理政服务，为巩固和发展中国特色社会主义制度服务，为改革开放和社会主义现代化建设服务。指出我们的高校是党领导下的高校，是中国特色社会主义高校，要始终坚持不懈传播马克思主义科学理论，坚持不懈培育和弘扬社会主义核心价值观，坚持不懈促进高校和谐稳定，坚持不懈培育优良的校风和学风，这是我们举办高等教育的根本方向。根本方向是不能动摇的，这是中国特色社会主义高校的命脉所系。我们要在这个方面进一步统一思想，提高认识，不断增强坚持正确办学方向的坚定性、自觉性和历史责任感。

（二）要时刻牢记立德树人这个根本任务

党的十八大指出，"坚持教育为现代化建设服务，为人民服务，把立德树人作为教育的根本任务，培养德智体全面发展的社会主义建设者和接班人"。习近平同志指出，"坚持把立德树人作为中心环节，腰杆硬、底气足地把思想政治工作贯穿教育教学全过程，实现全程育人、全方位育人"。①"立德树人"抓住了教育的本质要求，明确了教育的根本使命，进一步丰富了人才培养的内涵。我们一定要把这个根本任务体现到学校工作的方方面面，坚定不移地执行好、落实好。

（三）要全面落实党的领导这个根本保证

加强党对高校的领导是这次全国高校思想政治工作会议之"魂"。习近平总书记的重要讲话深刻阐明了坚持党对高校的领导，加强和改进高校党的建设是办好中国特色社会主义高校的根本保证。习近平总书记指出，办好我国高等教育，必须坚持党的领导，牢牢掌握党对高校工作的领导权，使高校成为坚持党的领导的坚强阵地。我们要深刻领会总书记的讲话精神，不断加强和改进学校

① 习近平在全国高校思想政治工作会议上强调 把思想政治工作贯穿教育教学全过程 ［EB/OL］. 共产党员网，2016-12-08.

党的建设工作，保持政治定力，落实主体责任，不断提高党建工作的科学化水平；要抓好政治领导和思想领导，保证学校始终为培养德智体美全面发展的社会主义事业建设者和接班人的坚强阵地。

（四）要不断强化改革创新这个根本动力

习近平总书记在讲话中深刻阐明了改革创新是办好中国特色社会主义高校、加强和改进高校思想政治工作的根本动力。提出要遵循思想政治工作规律，遵循教书育人规律，遵循学生成长规律，不断提高工作能力和水平。特别是着眼环境条件的发展变化，把握高校育人的关键环节，对推进高校思想政治工作改革创新提出了明确要求。改革创新是加强和改进高校思想政治工作的根本动力，是我国高等教育事业发展的根本动力，也是我校跨越发展再提速、再提升的根本动力。我们务必要在根本动力这个问题上深化认识，统一思想，以改革创新的精神做好思想政治工作，更加注重联系高等职业教育实际、更加注重贴近师生思想实际开展工作，加强新媒体思想政治工作载体建设，强化实践育人、文化育人，在服务引导中加强思想教育，不断推动思想政治工作理念创新、手段创新、工作创新。

三、高举一面旗帜、实施两大工程、加强三项建设，以改革创新的精神推动思想政治工作实现新突破

（一）高举一面旗帜

学习贯彻习近平总书记重要讲话精神，加强和改进学校思想政治工作，要始终坚持社会主义办学方向这面旗帜管总，全面贯彻党的教育方针，把立德树人作为根本任务，坚持不懈地传播马克思主义科学理论，坚持不懈地培育和弘扬社会主义核心价值观，坚持不懈地促进学校和谐稳定发展，坚持不懈地培育优良校风学风。

（二）实施两大工程

1. 思想政治工作改革创新工程

一是推进思想政治工作内容创新。内容创新要基于当代大学生特别是高职院校学生的特点和高职院校人才培养目标。当代高职学生有以下几个突出特点：第一，学习基础较差，自主学习能力较低；第二，有一定形象思维能力，但理论思维能力较弱；第三，注重物质享乐，忽视精神追求；第四，张扬个性，个人主义，缺乏集体主义和社会责任；第五，面对就业和各种社会压力，普遍存在焦虑感。就高职院校人才培养目标来看，我们的定位应当体现在以下几个方面：第一，政治素质。要有坚定的理想信念，树立正确的世界观、人生观、价值观。第二，思维方式。要有辩证思维的能力、坚强的意志和品格、乐观向上的人生态度、理性平和的健康心态、经得起风浪的心理素质。习近平同志指出，大学生要学会运用正确的立场观点方法分析问题，养成历史思维、辩证思维、系统思维、创新思维的习惯。第三，人文素养。要有传统文化底蕴，有较高的道德情操和自身修养。第四，创新精神。要有创新意识、创新思维和创新能力。第五，职业品格。要具有精益求精、专心致志的工匠精神。基于以上分析，对于思想政治工作内容创新，我们要按照习近平总书记"四个讲清楚"的要求，对传统思想政治课程进一步丰富内容、创新形式，同时要拓展对学生传统文化、红色文化的教育，社会主义核心价值观的教育和培养，创新创业教育、职业道德和职业精神的培养以及心理素质的锻炼和提升。

二是推进思想政治工作载体创新。新的历史条件要求我们在进行思想政治教育时必须与时俱进，不断创新思想政治教育的载体、手段和方法，努力把主渠道延长、把主阵地拓宽。各任课教师要切实担负起学生健康成长指导者和引路人的责任，紧密结合专业特点，把思想教育有机融入课程教学，坚持思想引领、价值观塑造与专业知识传授有机融合，自觉做到与思想政治理论课同向同行。实施"课堂五分钟"思想教育，讲理想、讲道德、讲纪律，谈形势、谈国情、谈人生，开展灵活多样的思想政治教育。要扎实推进第二课堂建设，充分发挥其在培养学生创新意识、激发潜能、人格塑造等方面的重要作用。要大力开展文明校园创建活动，以健康高雅、丰富多彩、充满活力的系列主题活动实施以文化人、以文育人。要加强创新创业基地建设，深入开展以"德、能、信、创"为主题的创新创业教育。要开辟校外思想政治教育基地，聘请道德模范作为兼职教师，进一步丰富思想政治教育资源。要广泛开展各类社会实践活动，支持学生参加志愿者行动，引导学生在实践中汲取养分、丰富思想。要善于运用互联网开展思想政治工作，创新网络思想政治教育的内容和形式，把校园网络建设成为培育和弘扬社会主义核心价值观的新阵地。

三是推进思想政治工作评价体系创新。为此，我们要认真贯彻落实中央《党委（党组）意识形态工作责任制实施办法》和省委《党委（党组）意识形态工作责任制实施细则》《河北省党委（党组）意识形态工作责任制"三办法两清单"》的有关要求，建立问题清单、任务清单，推动各项工作得以落实。要健全完善大学生思想政治工作评价体系，坚持定性分析和定量分析相结合、工作评价和效果评估相结合，特别是注重将创新成果纳入评价内容，推动思想政治工作制度化。要实行系（部）党总支（支部）书记抓思想政治工作和党的建设年度述职评议考核制度，对履行责任不力、思想政治工作和党的建设长期薄弱的部门，追究党组织和党员领导干部的主体责任、监督责任和领导责任。

2. 思想政治工作品牌建设工程

一是打造校园文化品牌。校园文化对大学生的思想观念、价值取向和行为方式有着重要的潜移默化的影响。优秀的校园文化可以塑造人的思想品格、提升人的人文修养、陶冶人的道德情操。推进校园文化建设改革创新能使大学生在日常生活和各种活动中感受到思想和文化的力量，起到春风化雨、润物无声的效果。校园文化建设不仅体现在硬件上，更体现在软件上；不仅要打造具有时代气息的文化景观，更要注重提炼和塑造学校的精神气质，弘扬古今中外的优秀经典，使校园环境的使用功能、审美功能、教育功能达到和谐统一。为此，我们要大力推进"三学三提"主题读书活动，不断创新载体，提升质量，促进"书香校园"建设；要通过校训、校歌、校风的凝练和传扬，让青年学生感受先辈创业的艰辛历程，培养知恩感恩、追比先贤的精神品质；要通过开展文明课堂、文明寝室、文明竞赛等活动，培育学生尊师重教、注重礼仪、团结互助、友爱他人的思想品德；要充分发挥共青团、学生社团、学生自治组织的作用，组织开展形式多样、健康向上、格调高雅的校园活动，打造新颖独特、学生积极参与的主题活动品牌，大力培育具有时代特征和学校特点的"衡职精神"，不断优化和提升育人环境。

二是打造党的建设品牌。把学校办成优质高等职业院校，必须坚持党的领导，大力营造真重视、真支持、真落实的浓厚氛围。从学校党委到系党总支、基层党支部，要积极迅速行动，实现三级联动，把从严治党的体系牢固建立健全起来，把责任延伸落实下去，把活动正常开展起来。一是要切实发挥好校党委的领导核心作用，坚持和完善党委领导下的校长负责制，校党委对学校工作实行全面领导，对党的建设全面负责，履行管党治党、办学治校的主体责任，严格执行和维护政治纪律、政治规矩，认真落实好党建工作责任制。二是要切实发挥各系党总支的政治核心作用，履行政治责任，保证党的路线方针政策及上级党组织决定的贯彻执行，把握好教学科研管理等重大事项中的政治原则、政治立场、政治方向。三是要切实发挥好基层党支部的战斗堡垒作用。学校基层党组织建设主要看学生党支部和教师党支部。其中教师党支部最为关键，如果这个支部的战斗堡垒作用发挥不好，将对学校思想政治工作的成效产生重要影响。因此，要进一步优化教师支部设置，选优配强教师支部书记；要扎实推进教师支部书记"双带头人"培育工程，努力探索把有条件的党务工作者培养成为学术带头人，把行政系统主要负责人、专业带头人培养成基层党组织负责人，逐步实现基层党组织负责人是懂政治的业务工作者、基层行政系统负责人是懂党建的行政领导者。四是要切实发挥好党员队伍的先锋模范作用。要带头坚定理想信念，把理想信念体现到修身律己、干事创业的方方面面。要带头严守政治纪律和政治规矩，增强政治定力，保持对党绝对忠诚的政治品格。要带头树立和落实新发展理念，坚持解放思想、与时俱进、崇尚创新。要带头攻坚克难、敢于担当，以撸起袖子加油干的精神做好本职工作，争当改革发展的促进派和实干家。要带头遵守廉洁自律各项规定，自觉做到知敬畏、明底线、守规矩。

三是打造社会实践品牌。实践育人是思想政治工作的重要途径。要把实践育人纳入学校教育教学总体规划，制定专门的实践教学大纲与规范，提高实践教学比重，开辟学生的第二课堂。要不断创新和完善产教融合、校企合作等育人模式，积极推广"院校+基地"实践教学，特别是加强创新创业基地、实习实践基地建设，不断拓展学生锻炼成长的平台。大力组织开展"体验省情市情服务群众"、大学生"三下乡"等社会实践系列活动，引导学生在生产、服务一线锻炼成长。要探索建立学校思想政治教育校外基地，依托基地开展形式多样的大学生思想政治教育活动。要将国防教育列入学校工作计划和教学计划，把大学生军事训练和军事理论课作为必修课，强化学生的国防意识。建立健全志愿服务制度，组织学生广泛开展社会公益活动，把志愿服务纳入学分制体系。

（三）加强三项建设

1. 思想政治工作队伍建设方面：强化三支队伍

一要切实抓好教师队伍建设。高校的思想政治工作，学生是主体，教师是主导。为天地立心，为学生立命是教师的初心。传道者自己首先要明道信道。要健全完善教师政治理论学习制度、教学科研工作制度，认真落实习近平总书记提出的教书和育人、言传和身教、潜心问道和关注社会、学术自由和学术规范"四个统一"的要求。大力实施"专业技能与素质提升工程"，建立中青年教师社会实践和校外挂职制度，推动下企业锻炼和到京津冀高校学习培训，在实践中吸取养分、丰富新知，不断提升师德素养和职业素养。深入开展向李保国、黄大年同志学习活动，组织评选学校"最美教师"，不断激发广大教师教书育人、立德树人的主人翁意识，自觉以德立身、以德立学、以德施教，处处为人师表。完善教师评聘考核体系，建立健全师德师风建设责任机制和监督机制，把思想政治表现和课堂教学质量作为首要标准，实施"一票否决"。建立思想政治教育特聘导师师资库，选聘党政机关和企事业单位党员领导干部、专家学者、道德模范、最美人物以及老干部、老战士、老教师、老模范参与学校思想政治工作或党务工作。

二要切实抓好辅导员队伍建设。全面加强学校思想政治工作，迫切需要广大干部教师尤其辅导员教师更有作为、更有担当，这就要求我们进一步创新举措，不断提高辅导员队伍的职业化、专业化和科学化水平。为此，首先要在深化理论武装上下功夫。通过岗前、网络和专题等多种培训形式，完善辅导员校内培训体系。同时注重选派优秀辅导员参加国家和省级各类培训班、国内高校岗位交流和基层挂职等活动。搭建辅导员工作坊、辅导员沙龙等学习交流平台，为辅导员交流心得、分享经验、开展研讨、增进情感建立渠道。要强化职业能力培养，提高辅导员将实践经验转化为理论成果的科研能力，鼓励辅导员申报研究课题和精品项目，参加国家及省内的辅导员工作优秀论文评选活动，推进辅导员和思想政治教育课教师之间的协同创新。要把举办辅导员职业能力大赛作为强化辅导员队伍建设的重要载体和抓手，通过实施"以赛带训、以赛带练、以赛促建"，发挥大赛的示范、激励和引领功能，引导辅导员不断提高自身素质。要大张旗鼓地开展"我最喜爱的辅导员"评选活动，做好省级优秀辅导员年度人物推选工作，广泛宣传优秀辅导员事迹，提高辅导员的职业认同感和自豪感，努力将辅导员培养成一专多能的学生管理专家和思想政治教育能手。

三要切实抓好党政干部队伍建设。要抓住中层领导班子和领导干部思想政治建设这个根本，坚持党性教育这个核心，突出主旋律，完善学习制度和载体，多渠道、多角度为中层领导干部提供理想信念、宗旨意识、综合素质等培训教育，常补精神之"钙"，打牢思想基础。要构建选人用人的科学机制，认真贯彻执行《党政领导干部选拔任用工作条例》，严格规范选人用人程序、标准和条件，创新干部培养方式，优化中层干部班子配备，打好干事创业的组织基础。要加强干部队伍作风建设，改进工作方法，以师生满意作为检验中层领导干部工作成效的标尺，构建密切联系师生的工作机制，提升服务师生的工作质量；创新工作方法，坚持重心下移，开展服务型党组织创建活动。要坚持培养和锻炼并重，通过搭台阶、补阅历、强素质，把中层干部打造成为一支善于做党建工作、意识形态工作、教育管理工作、学生工作的骨干力量。要强化中层领导班子和领导干部在思想政治工作中的主体责任，党政班子主要负责人是第一责任人，各班子成员要自觉履行"一岗双责"，以高度负责、敢于担当的精神抓好思想政治工作，真正做到守土有责、守土负责、守土尽责。

2. 思想政治工作机制建设方面：完善三种机制

一是构建大思政工作机制。高校思想政治工作不仅是高校宣传部门和思想政治理论课教师的事，也是各个处室系部、全体教师的共同责任。我们一定要增强构建大思政工作机制的自觉意识，充分动员各级党组织、各个处室系部、每一名教师，协同演奏好思想政治工作这首交响乐。学校党委是思想政治工作的责任主体，要努力把思想政治工作贯穿教学管理和人才培养全过程，建立健全统一领导、权责清晰、齐抓共管、分工明确、运转有序的工作机制；要充分发挥基层党组织的重要作用，推动形成专业教师、学工战线、群团组织分工负责、协调配合，共同做好思想政治工作的生动局面；虽然其他课程不是专门进行思想政治教育的，但事实上也渗透着思想政治教育的内容，越是有效的教育，越应当是让受教育者在不知不觉中接受教育，专业课教师要做到知识传授和价值引领同频共振。

二是健全思想政治工作激励机制。要以建立科学、全面、准确的考评机制为目标，进一步明确政策导向、完善配套措施。当前需要重点抓好的几个考评制度是：辅导员思想政治工作考评、教师思想政治工作考评、基层党组织思想政治工作考评等。要重视和加强党建工作、思想政治工作的研究，校级科研课题立项及有关评奖要向加强党建、思想政治工作倾斜。通过完善思想政治工作激励机制，整体推进党政干部和共青团干部、思想政治理论课教师、辅导员和班主任以及心理咨询教师等队伍建设，吸引更多教师特别是优秀青年教师兼职从事学生教育管理服务工作。各职能处室机关干部和管理人员同样要自觉发挥好管理育人、服务育人作用，不断改进工作，提高服务质量，用良好的工作形象、工作态度和工作作风参与到大学生思想政治教育过程中来。

三是完善思想政治工作保障机制。做好思想政治工作既要靠教育人、引导人，也离不开关心人、帮助人；既要靠讲好道理，也要靠办好实事。要通过各种保障机制的构建，切实解决师生在学习、工作、生活中遇到的实际问题，让学生能够安心学习，使教师能够更好地从事教学和研究工作，把更多精力投入教书育人中去。同时，要健全和完善各种配套机制，增加对思想政治工作的经费投入，并将有关经费安排列入年度预算。此外，要严肃政治纪律，强化监督机制，切实贯彻"学术研究无禁区，课堂讲授有纪律"原则，决不允许突破政治底线、法律底线和道德底线的现象在课堂上出现。

3. 思想政治工作平台建设方面：建好三个阵地

一是加强思政课主阵地建设。思政课建设要联系学生思想实际，认真把握习近平同志提出的"四个认识"，即正确认识世界和中国发展大势、正确认识中国特色和国际比较、正确认识时代责任和历史使命、正确认识远大抱负和脚踏实地。思政课要在改进中加强、在创新中提高。要实施课程体系和教育教学创新计划，健全课堂教学管理办法，完善课程设置管理。深化教学改革，创新教学方法和考核评价方法，注重以问题为导向开展专题式教学，增强思想政治理论课的吸引力和感染力。强化课程实践，科学设计实践教学的主题和方案，将思想政治理论课实践教学纳入教学计划，落实学时、学分，健全考评机制，打造成长课堂。党委书记、校长带头上好思想政治理论课，包括系党总支书记、主任，每学期至少为学生讲一次思想政治理论课，并纳入领导干部年度考评体系。通过全面优化课堂教学管理，努力将思政课建设成为校级以上优质课程和网络共享课程。要改变思政课呆板、说教的传统形象，努力增强亲和力和针对性，以及新鲜感、代入感和获得感，讲理论要"接地气"，让基本原理变成生动道理，变"有意义"为"有意思"，变"说教"为"说理"，切实增强思政课对学生的吸引力和感染力。

二是加强创新创业基地建设。坚持将"校内大学生创业孵化基地""衡水湖生态旅游文化创意园""衡水衡武交通运输职业教育集团——交通运输类专业人才培养（培训）基地"整体打造，"省级大学生创业示范园""省级科技企业孵化器""国家级众创空间"协调发展，不断优化学生创新创业发展环境。以构建创新创业教育生态系统为着力点，把创新创业教育纳入人才培养方案，与专业教育拧成一股绳，不断强化学生"德、能、信、创"的养成教育，推动创新创业教育从"眼中有技"向"眼中见人"转变，从"单纯培养技能"向"重品德、塑精神"转变。坚持多层面构建创新创业培训竞赛体系，举办创业大讲堂、创业论坛、创业沙龙等系列活动，加强对大学生创新创业技能的系统化辅导和培训；举办大学生创业知识竞赛、创新创意竞赛、创业技能竞赛等系列活动，组织和支持学生参加全国和省级创新创业大赛，打造我校的创新创业教育特色和品牌。

三是加强网络媒体阵地建设。以数字化校园建设为推手，加大网络开发应用和建设投入，推进思想政治工作传统优势与新媒体、新技术有机融合，提升新媒体运用的能力和水平。改善资源配置，积极推进校务微博、班级微博、校园微信公众号等建设，打造学校新媒体阵地集群。通过建设网络思想政治教育新阵地，形成课上课下、线上线下两个阵地相互呼应、协同运作的新平台，形成网上、网下思想政治教育的新合力。

四、加强领导，厘清责任，推动思想政治工作落深、落实、落小

习近平同志在全国高校思想政治工作会议上对加强高校党的领导做出了一系列重要论述。他指出，"我们的高校是党领导下的高校，是中国特色社会主义高校""办好我国高等教育，必须坚持党的领导，牢牢掌握党对高校工作的领导权，使高校成为坚持党的领导的坚强阵地"。他提出，要"坚持党管办学方向""坚持党管高校改革发展""坚持党管干部原则""高校党委对学校工作实行全面领导，承担管党治党、办学治校主体责任，把方向、管大局、做决策、保落实"。习近平同志的重要讲话为我们办好学校指明了方向，也为做好学校思想政治工作提供了重要遵循。

（一）学校层面：坚守主体责任

学校党委要抓好政治领导，保证学校正确的办学方向，掌握学校思想政治工作的主动权，担负起思想政治工作的主体责任。党委书记作为主要负责人，履行思想政治工作和党建第一责任人的职责；校长作为法人代表，在党委领导下组织实施党委有关决议；班子其他成员履行"一岗双责"，结合分管工作抓好思想政治工作和党建工作。要构建党委统一领导、党政群齐抓共管、宣传部统筹协调、各处室系部紧密配合的思想政治工作格局。要健全完善思想政治工作制度，建立学校思想政治工作联席会议制度，定期听取专门汇报，定期召开工作会议，要建立校领导联系系部、班级制度，探索建立"名誉班主任"制度。要加强思想政治工作队伍建设，落实专项工作经费，加大思想政治工作的保障力度。要深入学习和把握高等职业教育发展规律、优质院校建设规律和中国特色社会主义大学办学规律，遵循思想政治工作规律、教书育人规律和学生成长规律，配齐建强思想政治工作队伍，积极发挥共青团的桥梁纽带作用和学生会、学生社团的拓展提升作用，不断完善教书育人、管理育人、服务育人、文化育人、实践育人格局，坚持不懈地传播马克思主义科学理论，培育和弘扬社会主义核心价值观，促进学校和谐稳定发展，培育优良校风学风。

（二）系部层面：夯实工作基础

系部党组织要发挥政治核心作用，在重大问题上把好政治关，确保党的路线方针政策和校党委重要决策部署在系部贯彻执行。要强化系部书记、主任的责任意识，夯实系部思想政治工作"党政一把手"责任制。要进一步选优配强系（部）党总支（党支部）书记，严格执行系党政联席会议制度，制定实施目标管理与过程管理相结合、创新成果评价与绩效评价相结合的思想政治工作评价考核体系，全面实施系党总支书记抓思想政治工作、党的建设述职评议考核制度及责任追究制度，实行问题清单、任务清单、责任清单式监督检查制度，不断提高党总支服务师生、团结师生、引领师生的能力。党支部是分布在教研室、教学科研团队、学生班级的"火车头"，也是党委联系和团结师生、做好思想政治工作的组织依托和基础保障，要树立"一切工作到支部"的鲜明导向，抓在经常、严在平时，健全完善"三会一课"等工作制度。建立教师党支部"双带头人"培养工程，把党的工作做到师生的心坎上。

（三）教师层面：牢记育人使命

广大教师是学生健康成长的指导者和引路人，责任重大，责无旁贷。要学习陶行知先生，把"为一大事来、做一大事去"的崇高信念作为我们的自觉追求，把立德树人、教书育人当作一辈子的使命和责任。要坚持教育者先受教育，自觉做一名先进文化的传播者、党执政的坚定支持者，按照习近平总书记提出的"四个统一"要求，全面加强自身建设，不断增强思想政治工作的看家本领。要增强责任意识，处处为人师表，用自己的真才实学和人格魅力在传道授业解惑中启发学生、引导学生；要加强自身学习，潜心研究学问，不断提高学识学养；要加强师德师风建设，坚持以德立身、以德立学、以德施教；要坚持以人为本、以学生为本，贴近学生的思想实际、生活实际、成长实际，开展春风化雨式的思想教育，引领学生铸就理想信念、掌握丰富知识、锤炼高尚品格，以高尚人格、精湛学养、敬业态度、担当精神无愧于"人类灵魂工程师"的光荣称号。

（本文根据李增军同志 2017 年 8 月 25 日在全校思想政治工作会议上的讲话整理）

深入推进"三全育人"综合改革

"培养什么人、怎样培养人、为谁培养人"是习近平总书记始终高度重视的问题。全国高校思想政治工作会议以来，习近平总书记提出一系列重要论断，多次强调"实现全员全程全方位育人"。这要求我们立足学生全面发展，遵循教书育人规律，不断深化"三全育人"综合改革，把立德树人根本任务落到实处。

一、提高站位，找准方位，深刻把握"三全育人"综合改革的重大意义

"三全育人"工作本质上就是加强党对学校工作的全面领导，把校内外各方力量调动起来，把一切育人元素整合起来，紧紧围绕立德树人根本任务，促进学生德智体美劳全面发展，培养担当民族复兴大任的时代新人，培养社会主义建设者和接班人。"三全育人"综合改革是教育领域深化改革的一项重大创新举措。全员、全过程、全方位育人的目标强调了教育的本质属性，体现了职业教育立德树人的内在要求，契合了新时代全面发展型人才培养的客观需要，激活了职业院校实现内涵式发展的资源要素，具有重大的理论和现实意义。

（一）推进"三全育人"综合改革是高校落实立德树人根本任务的战略要求

党的十八大以来，习近平总书记高度重视高校党建和思想政治工作，做出一系列重要论断。他在出席全国教育大会、全国高校思想政治工作会议、学校思想政治理论课教师座谈会发表的重要讲话中多次强调，教育的根本任务是立德树人，高校的立身之本在于立德树人。大学生正处于人生的"拔节孕穗期"，最需要的就是精心引导和栽培。我们必须要把立德树人作为根本任务，将其融入育人各环节、各领域，实现全员、全过程、全方位育人体系，引导广大学生践行社会主义核心价值观，自觉拥护党、拥护社会主义，成长为中国特色社会主义建设者和接班人。

（二）推进"三全育人"综合改革是培养高素质技术技能人才的客观需要

近年来，我校立足学生全面发展，遵循教书育人规律、学生成长规律和思想政治工作规律，以理想信念教育为核心、以社会主义核心价值观为引领、以全面提高人才培养能力为关键，确立"双修双创型金蓝领"人才培养目标；加强组织领导，建立健全党委统一领导、党政群团齐抓共管、专兼职队伍结合、各部门相互协作的领导体制和工作机制；成立"两院三中心"，搭建大思政工作创新平台；坚持"课堂五分钟"，实现思政课程和课程思政同频共振；实施"浸润工程"，将以文化人落实到每个细节；开展"三学三提"主题读书活动，建设高素质政工干部和教师队伍；落实党建主体责任，增强思想政治工作的引领力和凝聚力等，形成了以学校育人为主、学生家长与合作企业紧密配合、时间上相互衔接、空间上全面覆盖的大思政格局。但我们也要清醒地看到，对标新时代高素质技术技能人才培养的更高要求，面对新时代青年更加个性化、多元化的成长需要，学校还有不少需要改进和提高的地方，比如，"人人、事事、时时、处处"的"三全育人"格局有待完善；思想政治教育的针对性、有效性还需进一步加强；等等。对此，我们必须大力推进"三全育人"综合改革，强化问题导向，找准症结所在，厘清工作思路，下大气力加以解决。

（三）推进"三全育人"综合改革是学校创建省级优质校的现实需求

当前我校正处于省级优质校建设的关键时期，提升办学内涵、提高人才培养质量、增强高素质人才培养能力是重中之重和当务之急。做好新时期的育人工作，要自觉服务学校省级优质校创建的大局，严格对标优质校建设标准，聚焦"双修双创型金蓝领"人才培养目标，进一步创新工作理念与工作机制，将贯彻党的教育方针与学校特色、学生实际有机结合起来，全面提升思想引领、成才引导、成长保障、日常管理服务等各项工作的专业化、科学化与现代化水平，切实建强一流育人队伍，打响特色育人品牌，开创我校创建省级优质校的新局面。

二、紧扣重点，以知促行，积极实施"三全育人"十大工程

培养社会主义建设者和接班人是教育的根本任务，要完成这一根本任务，就必须抓住"立德树人"这一核心，调动一切力量和资源服务育人工作。鉴于此，学校制定了《"三全育人"综合改革工作实施方案》，明确了"三全育人"的"十大工程"。

　　一是统筹推进课程育人。建立完善课程标准审核和教案评价制度。坚持用好课堂教学主渠道，充分挖掘和运用各门学科各门课程蕴含的思想政治教育资源，使各类课程守好一段渠、种好责任田，与思想政治理论课形成同向同行的协同效应。二是着力加强科研育人。深化科教协同和产学研协同育人，加强创新创业平台建设，培养师生的科学精神和创新意识，引导师生积极参与科技创新团队和科研训练，及时掌握科技前沿动态，培养集体攻关、联合攻坚的团队精神和协作意识。三是扎实推动实践育人。坚持知行合一，推动学校教育同生产劳动和专业实践相结合，推动理论学习、创新思维与社会实践相统一，搭建实践育人平台，培育实践育人品牌，健全实践育人机制，增强实践育人实效。四是深入开展文化育人。注重以文化人、以文育人，深入开展中华优秀传统文化、革命文化、社会主义先进文化教育，充分发挥校园文化的浸润、感染、熏陶作用，坚定文化自信，推动中国特色社会主义文化繁荣兴盛。五是创新推动网络育人。加强校园网络文化建设与管理，推动思想政治工作的传统优势同信息技术高度融合，守护好网络精神家园。整合网上教育教学资源，建设集课堂支撑、教学互动、自主学习、学生教育于一体的网络新媒体，努力打造指尖上的思想政治教育平台。六是注重发挥心理育人。坚持育心与育德相结合，加强人文关怀和心理疏导，深入构建教育教学、实践活动、咨询服务、预防干预、平台保障"五位一体"的心理健康教育工作格局，着力培育学生理性平和、积极向上的健康心态，促进学生心理健康素质与思想道德素质、科学文化素质协调发展。七是切实强化管理育人。把规范管理的严格要求和春风化雨、润物无声的教育方式结合起来，促进教育治理能力和治理体系现代化，强化科学管理对道德涵育的保障功能，大力营造治理有方、管理到位、风清气正的育人环境。八是不断深化服务育人。把解决实际问题与解决思想问题结合起来，围绕师生、关照师生、服务师生，把握师生成长发展需要，提供靶向服务，增强供给能力，积极帮助解决师生工作学习中的合理诉求，在关心人、帮助人、服务人中教育人、引导人。九是全面推进资助育人。加强资助工作顶层设计，建立资助管理规范，完善勤工助学管理办法，构建资助对象、资助标准、资金分配、资金发放协调联动的精准资助工作体系。把"扶困"与"扶智""扶志"结合起来，培养学生自立自强、诚实守信、知恩感恩、勇于担当的良好品质。十是积极优化组织育人。健全和完善党委领导下的校长负责制，学校党委自觉担负起管党治党、办学治校、育人育才的主体责任。把组织建设与教育引领结合起来，强化各类组织的育人职责，充分发挥育人功能，形成多方育人合力。

三、全面统筹，扎实推进，不断深化"三全育人"综合改革

推进"三全育人"综合改革必须落实落细学校《"三全育人"综合改革工作实施方案》，全面统筹推进"十大工程"。全校师生员工要从培养社会主义建设者和接班人的高度，切实增强推进"三全育人"综合改革的使命感和责任感，把握全局、抓住关键，高起点谋划、高标准建设、高质量推进，推动构建"三全育人"工作格局，形成"三全育人"工作的强大合力。

一要突出"全"的理念。"三全育人"是全员育人、全过程育人、全方位育人。"全员育人"就是要学校每一位干部、教师、员工都承担起育人的责任；"全过程育人"就是从学生入学到毕业的整个过程，学校每个部门、每个环节的工作都负有教育的职责；"全方位育人"就是指学校各个领域的各项工作、各个岗位及其人员都担当着育人的义务。我们的学生在哪里、涉及哪里，育人的使命就在哪里。推进"三全育人"综合改革就是要全校教职工一盘棋，人人守好一段渠、种好责任田，做到工作"全协同"；将立德树人贯穿教育教学和学生成长成才全过程，实现机制"全贯通"；全面统筹办学治校各个领域、教育教学各个环节、人才培养各个方面的思政资源和要素，推进资源"全融合"，营造育人全担当、全作为，全周期、全天候，全方位、全覆盖的良好氛围。

二要构建"大"的格局。"三全育人"体系的构建就是要对各自为政、各自为战的思政工作机制体制进行改革创新，实现高效互动互补，人人、事事、时时、处处育人的良好格局，从而产生思想政治工作的协同效应。学校"三全育人"综合改革必须坚持育人导向，强化思想政治工作的核心地位，本着一体化的思维，以"十大工程"建设为基础，着力打破课堂教学与日常教育的界限，打破思政课程与专业课程的分离，打破专业的壁垒，打破教育、管理、服务、科研之间的割据，打破部门之间的藩篱，全面统筹办学治校各领域、教育教学各环节、人才培养各方面的育人资源和育人力量，从体制机制完善、项目带动引领、队伍配齐建强、组织条件保障等方面进行系统设计，实现各项工作同向同行、互补共享、融汇共进、连贯紧扣，构建目标一流、理念先进、定位精准、内容完善、重点突出、运行科学、保障有力、成效显著的思想政治工作体系，形成党委统一领导、党政齐抓共管、宣传部门牵头协调、各处室系部协作落实、全员协同参与、学生作用主动发挥的大思政工作格局。

三要把好"育"的导向。"三全育人"的主体是人，对象是人，出发点和落脚点也是人。改革的根本目的是强化育人功能的发挥。推进学校"三全育人"

综合改革必须聚焦培养德智体美劳全面发展的社会主义建设者和接班人这个根本，抓牢思想政治工作体系建设这个关键，坚持立德树人，从教育教学全过程和各个方面、各个环节，引导广大学生树立正确的世界观、人生观和价值观，坚定理想信念、学习丰富知识、练就过硬本领、锤炼高尚品格。教师要将知识传授和思想引导有机结合起来，做到教书和育人相统一、言传和身教相统一，做到德高为师，身正为范；管理人员要不断优化制度流程，不断改进工作作风，围绕学生、关照学生、服务学生；服务人员要立足岗位实际，把解决实际问题和解决思想问题相结合，给学生提供良好的学习生活保障。要以"十大育人"工程为抓手，切实把知识传授、服务保障、管理规范和修身立德、滋养心灵有机地融为一体，不断提高学生的思想水平、政治觉悟、道德品质、文化素养。

四要抓细"实"的举措。"三全育人"综合改革是一项重大政治任务和战略工程，全校各单位要明确目标任务，对照我校《"三全育人"落实指标体系及测评细则》，对各自负责的工作进行全面的盘点梳理，明确重点、查找短板、补齐不足，细化"三全育人"综合改革实施方案，确定路线图、绘好时间表、定下任务书，力争在改革创新方面蹚出新路子、创出新经验。要将促进学生成长成才作为工作上的关键点和切入点，要始终遵循思想政治工作规律、教书育人规律、学生成长规律，始终着眼学生成长成才需求，想学生之所想，急学生之所急，把准学生脉，找准学生需，在升学深造、创新创业、高质量就业等方面出实招、下实功，切实将各条线、各部门育人的涓涓细流汇聚成推进育人的合力。要搭设更好平台、争取更多机会、帮助更广学生，拓展素质能力、提升发展层次，切实提高工作的亲和力和针对性，做到教育教学更有温度、思想引领更有力度、立德树人更有效度。笔者相信，只要我们坚定信念，肯下大功夫、肯花大力气，用真心、爱心、真情、全情去服务、去育人，我们的学生就一定会成长成才，立德树人工作就一定会再上新台阶。

四、立足实际，守正创新，积极打造"三全育人"衡职特色

推动"三全育人"综合改革，虽然我们没有现成的经验可学、没有成功的模式可鉴，需要在干中学、在学中干，但这也给我们提供了出新招、走新路、开新局的大好机遇。

（一）紧扣阵地建设，打造全链条育人载体和平台

习近平总书记指出"做好高校思想政治工作，要因事而化、因时而进、因势而新"①，我们必须深刻理解，紧紧抓住思想政治工作这一生命线，使各项工作与思政课保持同向同行、同频共振。

一是要发挥课堂教学主渠道作用，促进"思政课程"到"课程思政"全覆盖。要以打造校级优质课程为目标，完善思政课建设机制，统筹协调思政课教学资源，不断提升思政课建设水平。班子成员要带头上好"示范课"。各系部要将"课程思政"教育纳入年度工作考评体系。各专业要将思想政治教育纳入人才培养方案，保持各门课程与思政课同频共振。要坚持"课堂五分钟"课堂思政教育，开展灵活多样的思想政治教育，使社会主义核心价值观教育有机融入专业体系、课程体系、话语体系和教材体系建设各方面，贯穿教学全过程。

二是要加强第二课堂建设，促进第二课堂与思政课协同育人。要以加强第二课堂建设为重要抓手，创新和改进工作举措，强化育人功能。重视社会调查、志愿者服务、社团活动、教育实习的组织管理，将其有机纳入德育体系。设立实践学分，将实践育人融入学生党建、专业教学、社团活动、社会服务、就业指导等各个环节，实现延伸主渠道、拓展主阵地。要积极打造社团活动品牌，成立更多像"习近平新时代中国特色社会主义思想艺绘社"这样的社团，充分发挥学生社团的育人功能。要继续组织类似"通语明智"推普脱贫社会实践这样的实践活动，为服务区域经济社会贡献衡职力量。

三是要用好互联网第三课堂，促进网上、网下同频共振。要针对学生群体的具体特点，积极推动思想政治工作联网上线，着力构筑新媒体教育阵地。要加强网络话语表达体系建设，充分利用"衡职大思政"官方微信平台，开设微党课、微语专题、校园文化品牌展示等栏目，实现理论话语和学生生活话语对接、重大事件和重要节点联动宣传、课堂内外和线上线下同频共振，形成更加生动活泼、更接地气、更适应学生群体的网络教育生态。

四是要加强创新创业教育，促进双创教育与思政课相得益彰。要坚持将"双创"教育和"双创"实践纳入大思政格局、纳入人才培养方案、融入学分体系，与专业教育拧成一股绳。强化学生"德（思想品德）、能（技术技能）、信（自信诚信）、创（创新创业）"综合素质能力的养成教育。积极打造"双创"实践平台，建优建强省级"大学生创业孵化示范园"、省级"科技企业孵化器""省级双创示范基地"和"国家级众创空间"，为大学生成长成才提供坚实的支撑平台。

---

① 习近平在全国高校思想政治工作会议上强调 把思想政治工作贯穿教育教学全过程
[EB/OL]. 共产党员网，2016-12-08.

（二）紧扣学校实际，让省级优质校建设更有灵魂

当前，学校发展进入了新阶段，我们要坚持以习近平新时代中国特色社会主义思想为指引，紧跟高职教育的主导价值取向和主流理念，高举促进学生全面发展的旗帜，注重内涵转型和精细化发展，注重提升人才培养的效率与效益，始终坚持把立德树人、学生中心、多元发展等作为创新发展的根本目标和核心任务，向学生精准提供优质的教学资源和教学服务，彰显培养优秀双创技能人才的价值追求。

一是要健全校企协同育人机制。在推动课程育人协同与育人主体协同的同时，持续推动校企育人协同。积极拓展"双课堂"教学平台，扎实推进现代学徒制，不断强化创新创业教育，建立健全企业多元参与、学生个性发展的培养机制。要加大校企合作力度，校企联合制订人才培养方案、开发课程资源、共建实训基地、互聘人员师资、共评培养质量，形成校企全方位、全过程、全员协同的育人机制。

二是要持续深化教育教学改革。要对标优质校建设标准，以精准实施专业设置与产业需求、课程内容与职业标准、教学过程与生产过程"三个对接"为切入点，持续深化产教融合，推动"协同育人"人才培养模式改革，推进专业链、人才链融入企业产品链、价值链。要推动校企深入合作，联合开展现代学徒制试点、订单培养、顶岗实习，联合承接生产性实习实训项目，强化学生的专业技能训练和职业素质提升。

三是要构建德技并修育人模式。要坚持育人为本、德育为先，把培育和践行社会主义核心价值观融入教育教学全过程，实现育人与育才有机统一；要依据区域经济发展现状和产业转型升级对人才类型和素养的新要求，探索以"工匠精神"为重心，融合企业文化、校园文化、中华优秀传统文化、革命文化、社会主义先进文化的文化育人模式，形成常态化、长效化的职业精神培育机制。

四是要强化师德师风建设。要坚持把师德师风建设摆上重要日程，贯穿教学、管理、服务工作全过程。严把选聘考核晋升思想政治素质关，将师德师风作为评价教师素质的第一标准，打造有理想信念、有道德情操、有扎实学识、有仁爱之心的教师队伍，构筑师德师风高地。

（三）紧扣关键环节，充分发挥学校育人品牌的协同效应

我们立足办学实际，已经打造了具有高辨识度、高影响力的"三全育人"品牌。要继续夯实前期基础，充分发挥品牌工作的协调效应。

一是加强"两院三中心"建设。要充分利用"两院三中心"有效整合学校

思政教育资源，凝聚思政工作合力，在学生价值养成、专业素质培养、创新思维和创业能力引导上实现持续升级增效。"马克思主义学院"要着眼加强推进思政课程与课程思政的改革创新，全面推进思想政治工作，打造马克思主义教学、研究、宣传和人才培养的坚强阵地，建强建好学校思想政治工作的坚强战斗堡垒，不断提升思想政治工作的科学化、规范化、现代化水平。"创新创业学院"要着眼开发和构建双创特色课程体系，搭建以"大学生创业孵化基地""衡智众创空间""校企协同创新中心"为支撑点的双创实践平台，培养学生的创新思维和创新创业精神与能力。"三中心"要形成鼎足之势，从不同方位围绕大学生思政教育改革创新开展理论研究，为构建大思政格局提供智力支撑。"马克思主义知识点研究中心"要积极开展创新理论研究，推动新思想和十九大精神进教材、进课堂、进头脑。中华文化自信研究中心要充分利用学校"河北省红色冀文化暨优秀传统文化双创联盟"牵头单位作用，扎实开展红色校史文化研究。河北职教双创研究中心要瞄准双创教育模式创新，开展理论探索，形成更多的双创研究成果。

二是要大张旗鼓地组织开展"三学三提"主题读书活动。要积极开展以学时政，提升政治素质；学经典，提升人文素养；学业务，提升工作能力"三学三提"主题读书活动，促进全校干部教师自觉把参与读书活动作为一种价值追求、责任担当和工作态度，坚持把自我提升摆进去，把育人职责摆进去，把做好工作摆进去，形成在阅读中汲取新知，把握规律，掌握并正确运用科学的教书育人方式方法的良好风气。

三是深化"浸润工程"，将以文化人落实到每个细节。要将中华传统优秀文化纳入课堂教学，开设选修课，举办经典讲座。充分利用全国第一个农村党支部纪念馆（安平县台城特别支部纪念馆）、阜城革命历史纪念馆等我市爱国主义教育基地，深化革命文化教育，提升革命传统教育质量。利用我国改革发展的伟大成就、重大事件、重大活动等，组织开展主题教育，引导学生树立和践行以爱国主义为核心的民族精神和以改革创新为核心的时代精神。推动落实与中国人民解放军 91959 部队衡水舰签订的《军民共建协议》，拓展国防教育和爱国主义教育的实践路径。邀请冀派内画、武强年画等非物质文化遗产传承人、艺术大师进校园，举办专题讲座，培养学生的工匠精神。

四是要坚持传承弘扬学校近百年办学积淀的红色文化基因。要发掘、研究冀师红色文化，传承发扬红色基因，引导师生从红色校史文化中汲取正能量，将校史红色基因与新时代思想元素相连接，实现"衡职精神"的时代重塑。要大力推进"爱衡职、做贡献"主题教育党建品牌建设，强化爱校教育。定期举行年度先进典型评选表彰和集中展示活动，让师生学有榜样、做有标杆，塑造向上向善的校园新风。广泛开展文明校园创建，建设美丽校园，大力推进展（主题文化展）、馆（校史馆）、廊（校园文化长廊）、墙（校园文化主题墙、橱窗）建设，切实增强师生的文化认同与文化自信，筑牢师生共同的精神家园。

（本文根据李增军同志 2020 年 5 月 22 日在学校"三全育人"综合改革座谈会上的讲话整理）

切实加强领导班子自身建设

今天是省委、市委对我校班子调整后的第一次党委会，新班子要有新气象、新规矩、新作为，班子建设是学校发展的核心，我们的自身建设水平关系全校的工作大局，关系全校师生对我们的期待。在此，我就新领导班子自身建设提六点要求，与同志们共勉，也算一次和班子成员的廉政谈话。

一、要把政治建设放在首位

习近平总书记指出，高校的书记校长既要做政治家，又要做教育家。虽然我们离这样的目标还有很大差距，但每一名班子成员都要向这样的方向去努力，向这样的标准去看齐。作为政治家，我们要扎根中国大地，办好中国特色社会主义大学，培养出中国特色社会主义合格建设者和可靠接班人。要提高政治站位，不断强化"四个意识"，坚定"四个自信"，做到"两个维护"，要善于从政治上思考问题，从政治上谋划工作；作为教育家，我们要贯彻好党的教育方针，担负起学校的领导者、组织者、推动者的责任和使命，把办好有特色的职业教育作为我们崇高的职业追求，练好办学治校的基本功，把中央的要求落到实处。我们要努力成为懂教育的政治家、讲政治的教育家。

二、要把知行合一作为目标

我们要树立终身学习的理念，做到学以致用、知行合一。要用党的创新理论武装自己，深入学习习近平新时代中国特色社会主义思想，做到内化于心、外化于行。要注重理论和实践的结合，既要钻研业务，又要大胆实践。职业教育面临着新的形势、新的问题，也有很多新的要求，2019 年国家出台了《国家职业教育改革实施方案》，现在正在修订《职业教育法》，有很多东西需要我们去认识和学习。我们要学以致用，向实践求真知，在实践中巩固和完善知识体系，在干中学、学中干。要创新学习载体，用好学习平台。要充分发挥党委理论学习中心组引领带动作用，不断提高班子整体的政治水平和业务水平；要用好"三学三提"读书品牌，并将其作为制度长期坚持下去，不断提升全校教职工的政治能力、业务能力和综合素质。

三、要把班子团结作为生命

这些年，我们的工作取得了一些成绩，在教职工中树立了威信，这主要得益于我们班子的团结。如果我们不团结，便不会有现在的荣誉，以及有现在的成绩，更不会有连续的班子考核优秀，所以说团结是我们的生命线。团结出凝聚力、出战斗力，团结出干部、出人才。抓好班子团结，以下几点非常重要：一是要认真执行党委领导下的校长负责制。党委领导是集体领导，要坚持民主集中制原则，充分发挥党内民主；校长负责是对党委决策负责，要支持校长依法独立行使职权，推动党委决策部署落地落实。要不断完善落实党委领导下的校长负责制的制度和办法。二是要思想多沟通，遇事多商量。前两年，我们已经制定了《校级领导班子沟通协调制度》，要认真坚持和执行。书记与校长之间、班子成员与班子成员之间要勤沟通、多商量。要不断完善我们的沟通机制，落实好沟通协调制度。按照规定，党委会和校长办公会都要双周召开一次，每周五，办公室要收集好相关会议议题报党委书记和校长，每周一，书记、校长要交流思想，安排一周工作。对于党委会议题，党委书记要向校长征求意见；对于校长办公会议题，校长也要向党委书记汇报。三是要有大格局。我们都是一定层次的领导干部，境界要高一些，胸怀要宽一些。要以克人之心克己，以容己之心容人。要学会换位思考，要站在对方的立场去思考问题。四是要秉持原则和底线。我们所说的团结不是无原则的一团和气，而是坚持原则、恪守底线基础上的团结，只有这种团结才能经得住考验，才能行稳致远。

四、要把干事创业作为追求

既然组织把我们放到了这个位置上，那么我们就应肩负起组织的信任，肩负起教职工的期待。我们一定要强化责任意识，做到守土有责、守土负责、守土尽责。我们能否担当作为，就是要看我们能否带领学校实现跨越式发展。这几年，我们之所以得到了教职工的信赖，是大家看到我们在埋头干大事，没有偷懒耍滑。我们的发展步伐在加快，我们的社会影响力在扩大，比如，"创新创业工作""股份制混合所有制办学""党建思政工作"等在全国全省都产生了一定影响。但我们的基础、我们内涵建设的水平，我们心里一定要有数。我们的专业建设、管理水平都还处于很低的水平，这些短板、难题都亟待我们去破解，我们要有担当，把干事创业作为追求，在用心谋事上强化担当意识、在打造优势特色上历练担当精神、在啃硬骨头上练就能担当的宽肩膀，勇挑重担、不辱使命，继续坚持"扬长补短"发展理念、"一体多翼"发展战略，扎实开展"爱衡职、做贡献"主题教育实践活动，带领学校迎难而上，实现跨越发展。

五、要把以上率下作为方法

笔者认为，以上率下有两层含义：一是要率先垂范。作为校领导，我们要带头干，我们要求下面干好的，自己就要先干好，我们不能当甩手掌柜，要坚持打铁必须自身硬，以身作则、亲身践行。二是要讲究方法。事无巨细，如果凡事都揽在自己身上，也会极大地影响工作效率，这就要处理好领导带头和发挥好下属积极性的关系，这是一种方法，也是一门艺术。作为书记、校长，要发挥好副职的积极性；作为班子成员，要发挥好分管部门的积极性，只有这样，才能把每个人的作用充分发挥出来，才能发挥团队效应。

六、要把纪律和规矩作为底线

从严治党、党风廉政建设有一系列要求，这些都是红线，都是高压线，我们碰不得。一旦在这方面出了问题，我们所做的所有工作都将归零，我们一定要守住底线，筑牢廉洁自律的思想防线，确保自己不出问题，确保队伍不出问题。作为学校，我们也有很多廉政风险点，如果把握不好，就可能酿成大错，导致终身遗憾，大家要自守一片心灵净土，保持原色原味人生，不以私情废公事、不拿原则做交易，真正做一名无愧于时代要求、无愧于组织嘱托、无愧于师生期待的合格领导干部。

（本文根据李增军同志 2020 年 4 月 26 日在新班子调整后第一次党委会上的讲话整理）

把学校党建工作提高到一个新水平

党的十八大以来，习近平总书记先后做出一系列重要论述，深刻阐明了加强高校党建工作的方向性、根本性问题，为推进高校党的建设提供了根本遵循。当前，我校进入爬坡过坎的关键时期，新形势下，我们必须深刻认识加强党建工作的重要意义、准确把握新时代党建总要求、精心抓好党建工作、不断提升党建成效，以高质量党建引领学校高质量发展。

一、认清形势，统一思想，主动适应党建工作新常态

"欲筑室者，先治其基。"高校党建工作是党的建设新的伟大工程的重要组成部分，加强高校党建工作是确保高校始终作为坚持党的领导的坚强阵地的必然要求，是贯彻立德树人根本任务，培养更多有理想、有本领、有担当的合格建设者和接班人的重要保障。近年来，我们积极应对各种困难和挑战，合心合力、攻坚克难，学校各项工作都取得了长足进展。比如，我们获得了国家级众创空间、河北省第一批双创示范基地，等等。这些成绩的取得与我校党建工作强有力的保障密不可分。但我们也要清醒地认识到，随着党组织标准化、规范化建设的深入实施，我校党的建设面临着新形势。一是上级有新要求。党的十八大以来，中央先后制定、修订了一系列党内法规制度，印发了《中国共产党支部工作条例（试行）》《关于新形势下党内政治生活的若干准则》等文件，从严管党、治党成为新常态。教育部出台一系列具体落实措施，加强党对教育工作的全面领导，纵深推进教育系统全面从严治党。省市委以及教育主管部门对进一步抓好学校党建工作也提出了具体要求。这些任务和要求是我们做好学校党建工作的重要遵循和依据。二是发展有新需要。当前，我校进入爬坡过坎的关键时期，面临着繁重的发展任务，省级优质校建设、交通运输学院建设、人员总量管理试点跑办、产教融合、校企合作等都面临着较大难题，学校正处在"船到中流浪更急、人到半山路更陡"的艰难阶段。这对学校党建工作提出了新的更高要求。我们要牢牢把握大局大势，充分发挥党委把方向、管大局、

做决策、保落实的领导核心作用，强化基层党组织的政治功能和服务功能，教育引导党员干部增强"四个意识"，坚定"四个自信"，做到"两个维护"，推动学校各项事业高质量发展。三是工作有新考验。当前，我校党建工作还存在一些薄弱环节，比如，部分基层支部书记抓党建工作的责任意识尚需加强，从严从实管理党员干部还有差距，基层组织建设规范化、标准化水平还不够高，等等。前不久，中共中央印发《中国共产党支部工作条例（试行）》，为我们的党建工作提供了基本遵循。新形势下，我们必须切实增强抓好党建工作的责任感，不断提升党建工作标准化、规范化水平，为学校发展提供坚强有力的组织保障。

二、突出重点，统筹推进，着力彰显党建工作新作为

面对当前党建工作的新形势、新任务，我们必须坚持目标引领、问题导向，聚焦中心任务，精准发力，全面提升和充分发挥基层党组织的组织力，推动学校党建工作全面进步、全面过硬。前不久，我们印发了《关于落实党建工作重点任务安排意见》，各级党组织一定要认真学习领会，抓好贯彻落实，全面推动党建重点工作落地见效。

（一）旗帜鲜明讲政治，不断加强党的政治建设

一是要在方向性、原则性问题上把好大局。各党总支、支部要教育引导广大师生切实增强"四个意识"，坚定"四个自信"，做到"两个维护"，教育和带领广大党员干部和师生在政治上、思想上、行动上形成高度自觉，认真贯彻落实党中央各项方针政策和重大决策部署，落实省市委工作安排。二是要切实发挥党委领导核心作用。坚持和完善党委领导下的校长负责制，坚持民主集中制原则，认真贯彻落实学校《党委会会议议事规则》《校长办公会议事规则》《校级领导班子成员沟通协调制度》《关于校领导工作分工实行 AB 角工作制》等各项制度，保证党的路线方针政策、上级党组织决定以及校党委工作安排不折不扣贯彻执行。三是要把政治建设摆在首位。严格执行《关于新形势下党内政治生活的若干准则》，严肃党内政治生活，用好批评与自我批评武器，增强党内政治生活的政治性、时代性、原则性、战斗性，营造风清气正的政治生态。坚守对党忠诚的政治品格，严守政治纪律和政治规矩，确保令行禁止、步调一致。

（二）着力深化理论武装，不断加强党的思想建设

一是要建立学习型党组织。坚持以党委理论中心组学习为引领，加强对马克思主义特别是习近平新时代中国特色社会主义思想的理论学习，让理论中心

组成为引领全校高质量发展的引擎。积极推动"两学一做"学习教育常态化、制度化，扎实开展"不忘初心、牢记使命"主题教育，促进干部职工守初心、担使命，找差距、抓落实。大张旗鼓地组织开展"三学三提"主题读书活动，不断提高干部职工的政治素质、人文素养和工作能力，以"三学三提"开创奋进发展新境界。二是要加强师生思想政治工作。切实加强和改进新形势下师生的思想政治工作，加强党史、四史教育，弘扬民族精神和时代精神，提高爱党爱国意识。充分发挥"两院三中心"研究阐释作用，深入推动习近平新时代中国特色社会主义思想"三进"工作。充分挖掘各门课程蕴含的德育资源和思想政治教育元素，将其融入渗透教育教学全过程，着力推动"思政课程"向"课程思政"转变。三是要深化意识形态工作。充分认识意识形态工作的极端重要性，严格落实意识形态工作责任制，牢牢掌握意识形态工作的主动权。要做好对校刊、宣传橱窗、电子屏等传统媒体以及门户网站、微信公众号等新媒体的管理和审核，确保正确政治导向。加强对课堂、论坛、讲座、网络等意识形态领域的管理，严密防范网络意识形态渗透，对学校举办的报告会、座谈会等，各主办单位要把好政治关。健全防范和抵挡宗教向校内渗透的机制，形成严防宗教向校内渗透的工作体系。

（三）强化基层党组织建设，不断构筑坚强战斗堡垒

一是加强系部党建工作。各系部党组织要健全系部党组织集体领导，党政分工合作、协调运行的工作机制，规范系部党组织会议和党政联席会议制度，完善系部党组织议事决策规则。制定并认真落实"一会一报"和"一事一报"制度，严把教师引进、课程建设、教材选用、学术活动等重大问题的政治关；制定师生党支部工作考核评价办法，推动党的建设各项任务落到师生支部、取得实际成效。二是推动基层党支部标准化建设。要制定师生党支部建设标准，推进党支部规范化建设，充分发挥师生党支部的战斗堡垒作用。每年，各系党总支要对所属师生支部换届情况进行梳理，按规定建立提醒督促机制，抓好党支部按期换届。要建立后进党支部常态化整顿机制，每年要摸排出一批相对后进党支部进行整改提升，实现晋位升级。三是创新党组织活动内容和方式。要主动探究新时代党建工作新模式，推动"三个课堂"建设。以系为单位，每月相对固定时间，全面推行支部主题党日活动，推动"三会一课"等组织生活经常化；加快打造"智慧党建"，充分利用"学习强国"平台，利用微信、微博、校园公众号等新媒体，让党员教师随时随地参加学习、接受教育；充分发挥校党委宣讲团的重要作用，努力提升宣讲实效，进一步提高党员学习适切性。四

是强化党组织书记考核评议。建立党组织书记述职制度和党建工作考核制度，持续推进学校各级党组织书记抓党建述职评议考核全覆盖，师生党支部书记向系党总支述职，系部党组织书记向学校党委述职，述职评价作为评先评优、干部选用的重要依据。

（四）加强干部党员培养，不断发挥先锋模范作用

一是加大干部培养力度。要建立健全优秀年轻干部发现培养选拔制度，制订并落实年轻干部队伍建设规划；建立健全容错纠错机制，切实为敢于担当的干部撑腰鼓劲。二是选优配强基层党组织书记。积极与市委组织部协调，对我校基层党组织设置进行调整，突出政治强、业务好、品行优、在师生中有威望的要求，进一步选优配强党总支、党支部领导班子。三是强化党务工作队伍建设。全面实施教师党支部书记"双带头人"培育工程，力争三年内使教师党支部书记普遍成为"双带头人"。注重从优秀辅导员、优秀大学生党员中选拔学生党支部书记。每年对党支部书记进行一次全员培训，强化党的基本知识、纪律规矩和党建工作方法的学习提高。四是加大党员发展力度。制订党员队伍发展规划，坚持把政治标准放在首位，严把党员发展质量关，重视在优秀青年教师中发展党员，实行年度发展党员计划单列，建立校、系两级领导班子成员、党员专业带头人联系优秀青年教师制度，成熟一个发展一个。做好在学生中发展党员工作，将"推荐优秀团员作为入党积极分子人选"作为重要渠道，重视发展少数民族学生入党。

（五）推进人才队伍建设，不断释放人才队伍活力

一是强化以德为先。坚持教育者先受教育，把师德师风作为评价教师队伍素质的第一标准，构建以师德师风为重点，集政治素养、品德素养、专业素养、职业素养于一体的教师专业发展和评价体系，引导教师以德立身、以德立学、以德施教，做"四有"好教师。二是强化人才引进。加大师资引进力度，修订学校《引进高层次人才暂行办法》，在解决数量不足的同时，兼顾量与质的平衡，千方百计引进一批博士和行业领军人才，以及高层次、高技能人才。紧扣地方产业发展方向，贯彻"不求所有、但求所用"的人才理念，从知名企业引进高水平技术骨干来校任教。三是强化改革评价。以立德树人成效为根本标准，突出教育教学实绩，构建人才分类管理和多元评价体系；改进教师评价，突出质量导向、贡献导向，规范教师聘用和职称评聘条件设置。建立完善的人才管理、考核、奖惩及流转机制，从而吸纳、培养和造就一批有真才实学的有识之士。

（六）持续抓好群团建设，不断增强群团组织的先进性

一是充分发挥智力荟萃的优势。延展"爱衡职、做贡献"主题教育实践活动影响，搭建群团组织、党外人士参政议政平台，拓宽建言献策渠道，充分发挥党外人士的优势作用，推动决策民主化、科学化。二是充分利用联系广泛的特点。工会、妇联要团结动员广大教职员工发挥主力军作用，依法维护职工权益，做实做细送温暖工作，更直接、便捷地联系服务教职工，组织丰富多彩的工会活动，进一步增强基层工会活力。三是加强思想政治引领和价值引领工作。推进共青团改革，加强学生组织、社团建设，引导学生听党话、跟党走，培育和践行社会主义核心价值观。要继续深化"一系一品"品牌项目，不断丰富校园文化生活，全面提升学生的综合素质。

（七）深化党风廉政建设，不断推进全面从严治党走向纵深

一是深化全面从严治党。紧紧围绕新时代党的建设总要求，坚持标本兼治、统筹推动，坚定不移将全面从严治党要求贯穿学校改革进展全过程，强化不敢腐的震慑，扎牢不能腐的笼子，增添不想腐的自觉，全面形成风清气正的良好教育政治生态和育人环境。二是加强党风廉政建设。各级党组织要认真贯彻落实中央八项规定及其实施细则精神，锲而不舍反"四风"，对公款吃喝、违规出国、滥发津补贴、学术造假等问题露头就打，坚决克服形式主义、官僚主义。领导干部要带头加强调查研究，带头廉洁自律，发挥"头雁效应"，推动形成党风正、校风清、学风好的校园生态。

（八）筑牢校园安全屏障，为学校发展奠定良好基础

一是抓好政治安全。坚决筑牢政治安全防线，提高政治敏锐性和政治鉴别力，消除各类政治安全隐患。要落实好意识形态工作责任制，确保学校意识形态安全。二是抓实安全稳定。要认真落实安全稳定"一岗双责"，提高安全隐患的排查和处置力度，确保消防安全、食品安全、实验室安全、校园周边环境安全。三是抓好安全教育。增强师生安全意识和自我防护能力，完善处置各类突发事件的应急预案，提高处置突发公共事件的应急能力，以实际行动构筑平安校园。

三、强化领导，加强保障，不断开创党建工作新局面

事业成败，关键在党。学校各级党组织和党员领导干部要树立"在党言党、在党为党、在党爱党"的理念，把党建工作放在重要位置，扎实开展党的建设各项工作，不断提高党建工作水平，以高质量党建引领学校高质量发展。

一是强化责任抓党建。各党总支、支部要强化"主业意识"，把抓好党建作为"最大的政绩"。党组织书记要强化"主角意识"，树立抓好党建是本职、不抓是失职、抓不好是不称职的理念，以发展成绩来检验党建成效。组织部要牵头抓总，及时研究解决党建工作中的问题和难题，层层压实责任，狠抓工作落实。

二是突出重点抓党建。党的建设包括方方面面，政治建设是本，思想建设是魂，组织建设是体，作风建设是形，纪律建设是尺，制度建设是矩，廉政建设和反腐败斗争是鞭。各级党组织要抓住党建的重点，不断推动六项建设，促进党建工作全面过硬。

三是创新举措抓党建。学校各级党组织要经常思考总结，提炼完善好的经验和做法，形成好的工作模式，不断提高党建工作的质量和效率，着力打造工作亮点。要注重新媒体、新技术的应用，充分发挥"三微一端"作用，提高党建工作的吸引力和覆盖面。

四是强化保障抓党建。学校将为每个系配备 1 名专职副书记，至少配备 1~2 名专职组织员，专心专责抓党建。健全党务干部常态化培训机制，抓好任职培训、业务培训和专题培训，确保党务干部每年至少参加 1 次集中培训。保证师生党支部活动经费和场所，落实党务干部职务职级"双线"晋升等有关要求，健全保障激励机制，使他们干事有动力、待遇有保障、发展有空间。

（本文根据李增军同志 2019 年 12 月 27 日在学校党建工作交流会上的讲话整理）

坚定不移推动全面从严治党向纵深发展

习近平总书记指出："勇于自我革命，从严管党治党，是我们党最鲜明的品格。"这一重要论述凝结着我们党管党治党的宝贵经验，深刻揭示了我们党作为马克思主义政党的本质属性，指明了新时代推进党的建设新的伟大工程的根本方向。全校各级领导干部、全体教职员工要进一步提高政治站位，以巨大的勇气、坚定的决心、有力的举措进行自我革命，坚定不移推进学校全面从严治党向纵深发展。

一、要进一步提高认识，准确理解全面从严治党的总体要求

一是要深刻认识全面从严治党的新形势。2019 年 1 月，习近平总书记在十九届中央纪委三次全会上发表重要讲话，总书记以"五个必须"深刻总结了改革开放 40 年来中国共产党进行自我革命的宝贵经验，用"六项任务"为全面从严治党指明了方向。习近平总书记指出，坚持党的领导，全面从严治党，是改革开放取得成功的关键和根本，2019 年是中华人民共和国成立 70 周年，是全面建成小康社会、实现第一个百年奋斗目标的关键之年，全面从严治党必须适应新形势，抓住新机遇，展现新气象。我们应该看到，当前尽管反腐败斗争取得了压倒性胜利，但反腐败斗争形势依然严峻复杂。我们要始终保持清醒头脑，坚定政治定力，增强忧患意识，从巩固党的执政地位这一大局出发，把抓好党建作为最大的政绩，把全面从严治党作为推动我校各项事业不断向前发展的重要保证，持续推进全校党风廉政建设和反腐败工作向纵深发展，努力营造风清气正的校园政治生态。

二是要准确把握全面从严治党的新要求。习近平总书记强调"全面从严治党，核心是加强党的领导，基础在全面，关键在严，要害在治""从严治党靠教育，也靠制度，二者一柔一刚，要同向发力、同时发力"，使管党治党从宽松软走向严紧硬。落实这一要求，首先要牢牢把握"加强党的领导"这个核心，把加强党的领导贯穿管党治党全过程，贯穿党管干部、选人用人、树好导向上来。

其次要牢牢把握"全面"这个基础，按照"管全党、治全党"的要求，面向全校党员和组织实现无盲区、全方位、全覆盖。再次要牢牢把握"严"这个关键，把严的要求贯彻到管党治党各环节，做到真管真严、敢管敢严、长管长严。最后要牢牢把握"治"这个要害，把思想建党和制度治党有机结合起来，全方位扎紧制度笼子，用制度管党治党、管权治吏，以严格之"治"、认真之"治"、及时之"治"推动管党治党全面走向严紧硬。

三是要着力解决全面从严治党的新问题。以问题为导向，聚焦突出问题是我们推进全面从严治党的重要方法。当前，管党治党中一些深层次的问题尚未根本改变，党风廉政建设和反腐败工作形势依然严峻复杂。就我校情况来看，一些党员干部对全面从严治党的认识还不够深刻；少数党组织落实全面从严治党、党风廉政建设主体责任的意识不够强，抓党风廉政建设的自觉性不够高；在日常管理监督方面做得不够，不注重抓早抓小，少数党员干部的纪律和规矩意识仍较为淡薄；有些党员干部勇于担当精神不够，不作为、慢作为、怕作为的问题不容忽视；等等。对这些问题，我们要高度重视，拿出刮骨疗毒的勇气，敢于较真碰硬，切实采取措施，认真加以解决。

二、要进一步加强政治建设，牢牢把握全面从严治党的首要任务

党的政治建设是党的根本性建设，决定党的建设方向和效果。将政治建设放在学校党的建设及各项建设的首位，就是要求我们时刻保持清醒的政治头脑，切实从思想上、行动上牢固树立"四个意识"，坚定"四个自信"，做到"两个维护"，坚决在思想上、政治上、行动上同以习近平同志为核心的党中央保持高度一致。

一是要以政治建设为统领，全面强化党的政治领导。校、系两级党组织要充分发挥把方向、管大局、做决策、保落实的作用，把每个环节的党建工作抓具体、抓深入、抓出成效来，并最终落脚在人才培养质量的提升上。教育部将2019年确定为教育系统"支部建设年"，我们要贯彻落实好党组织和党的工作"两个全覆盖"任务，增强基层党组织政治功能。要深入实施"对标争先"建设计划，提升教师党支部书记"双带头人"培育工程质量，切实把基层党组织建设成为学校教书育人的坚强战斗堡垒。

二是要提高政治站位，在大是大非面前不糊涂。要教育引导党员干部在大是大非面前态度鲜明、立场坚定、对党忠诚，善于从政治上研判形势、分析问题，做到一切服从大局、一切服务大局。要守住政治纪律和政治规矩的底线，把握政治方向，保持政治定力，提升政治能力。牢牢把握意识形态安全主阵地，

从政治安全的高度加强对论坛、报告会的管理，落实好纪念五四运动 100 周年期间"五个严防"的要求。

三是要全力配合，做好市委巡察工作。学校各级、各部门要高度重视，正确对待，精心准备，严格按照市委巡察要求，充分发挥巡察利剑作用，进行全面的政治体检。要在程序上、操作上进一步规范我校的办学行为，以巡察为契机，把握学校健康发展的机会，建立健全巡察整改长效机制，推动完善全面从严治党向纵深发展。

三、要进一步坚持标本兼治，推进全面从严治党向纵深发展

坚持标本兼治是管党治党的一贯要求。早在改革开放之初，邓小平同志就提出反腐败既要靠教育，又要靠法制等重要思想。1997 年，党的十五大第一次明确提出"坚持标本兼治"。2004 年，中共十六届四中全会正式提出"坚持标本兼治、综合治理，惩防并举、注重预防"。党的十八大以来，习近平总书记不仅继承和坚持我们党的这一重要思想，而且结合新的实际，进一步丰富其科学内涵。过去，我们讲标本兼治，主要是就反腐倡廉尤其反腐败斗争而言的，习近平总书记把这一方针拓展到整个党的建设领域，标本兼治的范畴从反腐倡廉扩大到全面从严治党，使其有了更为充实的思想内容和更加广阔的实践空间。

一是要坚持标本兼治，注重"治标"有抓手。回顾十八大以来管党治党的历程，一个重要经验就是"从治标入手，同时抓好治本工作"。在腐败现象滋生蔓延、反腐败斗争形势严峻复杂的情况下，党中央明确提出要从治标入手，以治标为主，用治标为治本赢得时间、创造条件。按照这一思路，我们党集中整风肃纪，强力惩治腐败，使党内政治生活呈现新的气象。当前，虽然反腐败斗争取得了压倒性胜利，但我们也要清醒地认识到反腐败斗争的形势依然严峻复杂，我们要继续在"治标"上不松劲，坚持猛药去疴、重典治乱，对那些敢于触碰纪律"红线"特别是违反政治纪律、政治规矩的党员干部严肃问责，使全体党员知敬畏、存戒惧、守底线。要紧盯"关键人、关键事、关键岗位、关键时间节点"，把纠正"四风"和作风纪律专项整治往深里抓、往实里做，严格执纪，做到力度不减、节奏不变，紧盯老问题，关注新动向，坚决防止反弹回潮。

二是要坚持标本兼治，注重"治本"见实效。治标是为了治本，治本才能巩固治标的成效。在反腐败斗争取得压倒性胜利的情况下，我们要更加注重治本工作，实现正本清源、固本培元。要把加强思想政治建设放在首位，围绕"培养什么人、为谁培养人"的问题，以"立德树人"为根本任务，深入贯彻落实全国高校思想政治工作会议和学校思想政治理论课教师座谈会精神，理直

气壮做好学生思想政治工作，教育引导我校广大师生员工补足精神之钙，筑牢思想之魂，做到本根不摇，元气充足。要坚持共产党人价值观，不断坚定和提高政治觉悟，在公和私、义和利、是和非、正和邪、苦和乐等问题面前能够做到心明眼亮，找到自己行为的准星。要依靠文化自信坚定理想信念，不忘初心、坚守正道，不断提升人文素养和精神境界，去庸俗、远低俗、不媚俗，做到修身慎行、怀德自重、清廉自守，永葆共产党人的政治本色。

四、要进一步聚焦学校中心工作，落实管党治党重点任务

大家知道，全面从严治党是习近平新时代中国特色社会主义思想"四个全面"战略布局的重要方面，它是具体的而不是抽象的，是联系的而不是孤立的，不能空对空。推动全面从严治党从宽松软走向严紧硬需要经历一个艰难的过程，需要借力有效的载体和抓手，需要和学校的业务工作相结合，同部署、同研究、同落实，要以更高的标准、更严的要求、更实的作风，坚定不移把管党治党各项任务抓实、抓细。结合新形势、新要求，我们要重点把握好以下四个方面：

一是要抓好上级精神的贯彻落实。党中央、省市委、省市教育主管部门召开了一系列重要会议，对全面从严治党工作提出了新部署、新要求，我们要结合学校实际，认真学习，深刻领会，不折不扣地抓好贯彻落实。要与"爱衡职、做贡献"主题教育实践活动结合起来，与"三学三提"主题读书活动结合起来，与年初制定的"1345"总体发展思路结合起来，切实把我校全面从严治党工作贯彻落实到各个具体环节中去。

二是要严肃党内政治生活。全校各级党组织要认真学习贯彻《新形势下党内政治生活的若干准则》，使之成为广大党员干部的行动指南和生活准则。把贯彻党内政治生活准则同执行廉洁自律准则、纪律处分条例、巡视工作条例、问责条例等党内法规贯通起来，把制度的力量释放出来。严格执行民主集中制，认真落实好"三会一课"、民主生活会、领导干部双重组织生活、民主评议党员、谈心谈话等组织生活制度，不断提高党内政治生活质量。

三是要提升党内监督水平。明确党内规范，强化党内监督，严明党的纪律，健全校党委主体监督、校纪委专责监督、党委工作部门职能监督、下级基层党组织日常监督和党员民主监督的党内监督体系，促进形成既有集中，又有民主；既有纪律，又有自由；既有统一意志，又有个人心情舒畅，生动活泼的政治局面。

四是要坚持不懈正风肃纪。要有底线思维和红线意识，进一步加强作风建设、落实中央八项规定及其实施细则精神要求，开展群众身边腐败和作风问题

专项整治，深化纠正"四风"和作风纪律专项整治。要把纠正教学、科研、管理、服务等工作上的"四风"问题往深里抓、往实里做，促进校风学风和师德师风的不断提高。认真落实《学校领导班子成员联系基层工作制度》，切实解决师生关心关注的热点、难点问题。严格执行考勤制度，优化工作流程，规范办事程序，提升机关服务意识和工作质量。

五、要进一步压实责任，努力交上全面从严治党的优秀答卷

一分部署，九分落实，全面从严治党，关键靠担当。全校各级党组织要把管党治党各项工作作为分内之事、应尽之责，主动作为，敢于担当，切实担负起自身职责，推动全面从严治党落到实处。前一段时间，陕西秦岭北麓违建别墅案例提醒所有领导班子和党员干部，对党中央的决策部署如何落实、落实得怎么样、有没有监督各个层级落实下去，这是要认真对待的，千万不能当儿戏。

一是要落实党委主体责任。党委主体责任是一个横向到边、纵向到底的责任体系。从横向来看，包括党委领导班子的集体责任、党委主要负责人的第一责任、班子成员的领导责任和职能部门的具体责任；从纵向来看，就是基层党组织要对校党委负责，一级抓一级、层层抓落实。全面从严治党是各级党组织的职责所在，各级党组织书记要对照责任清单，抓住关键点发力，对党建工作亲自部署、亲自过问、亲自协调、亲自督办。要把全面从严治党、党风廉政建设与业务工作同安排、同部署，同检查、同考核。各级班子成员要认真履行"一岗双责"，按照分工对职责范围内的党风廉政建设承担领导责任，层层传导压力、层层抓好落实。

二是要落实纪委监督责任。党章赋予了纪委的权威地位和重要职责，这既是信任，也是责任。校纪委要以当仁不让的使命感、舍我其谁的责任感、只争朝夕的紧迫感，切实把管党治党的政治责任担当好。要紧紧围绕监督执纪问责，深化"三转"成果，密切联系实际，转变理念思路，践行"四种形态"，确保全面从严治党、党风廉政建设和反腐败工作取得新成效。要开展好市纪委"大体检，大提升"活动，推动我校纪检监察工作高质量发展。要抓好自身队伍建设，提高业务能力，认真贯彻执行《监督执纪工作规则》，用具体行动和实际成效回应广大师生的关切和期盼。

三是要落实各单位和职能部门应尽责任。全面从严治党、党风廉政建设是一项系统工程，没有"局外人"和"旁观者"。近几年，校党委出台了一系列文件，如校党委《落实党风廉政建设主体责任和监督责任清单》《加强纪委对同级党委班子成员监督的暂行办法》《贯彻落实中央八项规定实施细则的实施办

法》等，进一步明确了校党委、校纪委和党委工作部门、各有关单位在全面从严治党、党风廉政建设中的职责和任务。各部门和单位要严格按照文件规定的职责要求，抓好贯彻落实，切实形成党委统一领导、党政齐抓共管、纪委监督执纪、部门各负其责，具有衡职院特点的良好工作机制。

（本文根据李增军同志 2019 年 4 月 29 日在学校全面从严治党暨党风廉政建设会议上的讲话整理）

推进课程思政与思政课程同向同行

　　立德树人是教育的根本任务，思想政治理论课是落实立德树人根本任务的关键课程，在人才培养中发挥着不可替代的重要作用。课程思政体现了对高校育人本质认识的深化和新时代高校思想政治工作的协同要求，它不是一门或一类特定的课程，而是要求在课程教学中充分挖掘各类课程和教学方式中蕴含的思想政治教育资源，把思想政治教育贯穿教育教学全过程，实现全员、全程、全方位育人。推进课程思政与思政课程同向同行是实现立德树人目标的重要手段，也是推动学校高质量发展的基础。

一、全面理解课程思政与思政课程同向同行的科学内涵

　　推进课程思政与思政课程同向同行是全面贯彻党的教育方针的内在要求。我们是党领导下的高校，是中国特色社会主义高校，要求所有课程都要坚持不懈传播马克思主义科学理论，培育和弘扬社会主义核心价值观，为学生成长奠定科学的思想基础，教育引导学生树立共产主义远大理想和中国特色社会主义共同理想。必须深刻理解推进课程思政与思政课程同向同行的科学内涵。具体来说，有以下三个方面：

　　（一）课程思政要与思政课程在政治方向上保持高度一致

　　思政课程的关键在于通过用马克思主义中国化最新理论成果武装头脑、塑造灵魂，引导学生树立正确的世界观、人生观和价值观，坚定理想信念。课程思政则是要将马克思主义中国化最新理论成果春风化雨、润物无声地融入其他课程教学。当今世界正处于百年未有之大变局，世界多极化、经济全球化、社会信息化、文化多样化深入发展，我国在日益扩大开放的进程中同世界的联系更趋紧密。这就要求思政课程与课程思政要把握国际形势变化，有效应对意识形态领域斗争，维护国家意识形态安全，教育引导学生正确认识世界和中国发展大势，通过认识中国特色和国际比较，准确运用好马克思主义的理论武器，

直面批判各种错误观点和思潮，促进大学生坚定对马克思主义的信仰，以及对中国特色社会主义的信念。

（二）课程思政要与思政课程在育人方向上保持高度一致

不管是课程思政，还是思政课程，归根结底在于育人。党的十八大以来，习近平总书记围绕"培养社会主义建设者和接班人"做出一系列重要论述，深刻回答了"培养什么人、怎样培养人、为谁培养人"这一根本性问题。因此，我们必须把育人方向统一到习近平总书记的要求上来，统一到培养德智体美劳全面发展的社会主义建设者和接班人上来。这就要求思政课程和课程思政都要以学习贯彻习近平新时代中国特色社会主义思想为中心，引导师生树立强国信心，增强责任感和使命感，把爱国情、强国志、报国行自觉融入实现中华民族伟大复兴的奋斗之中。

（三）课程思政要与思政课程在文化方向上保持高度一致

习近平总书记指出，文化自信是更基础、更广泛、更深厚的自信。长期以来，我们通过一系列强有力的举措推动了社会主义文化的繁荣兴盛，中华民族的凝聚力、向心力得到了前所未有的提升。可以说，在前进的征程上，我们之所以有坚定的道路自信、理论自信、制度自信，其本质是有建立在 5000 多年文明传承基础上的文化自信，是对中国特色社会主义文化的自信。思政课程与课程思政都深层次地触及文化、价值观的问题。必须把两者统一到坚守中华文化立场上来，统一到社会主义核心价值观上来，理直气壮地教育引导学生传承中华优秀传统文化，弘扬中华传统美德，践行社会主义核心价值观。

二、深刻把握课程思政与思政课程同向同行的实施策略

近年来，我校围绕深入推进思政课改革创新，加强课程思政建设进行了有益的探索，并且取得了一定成效，但还存在一些亟待解决的问题。教学内容和教学方法没有紧跟时代要求，教材使用较为陈旧；思政课教师理论讲解深度不够，专业课教师对课程思政元素挖掘不足；在推进思政课程和课程思政建设方面的体制机制还需不断完善，这些都不同程度影响了课程育人成效。我们必须围绕全面提高人才培养质量这个核心，以提高思政课建设质量深化课程思政改革、加强教师队伍建设、完善支撑保障体系为重点，推进思政课程和课程思政建设有机结合。

（一）实施思想政治理论课质量提升工程

思想政治理论课是思想政治教育的主渠道，应担当起思想政治教育主体核心责任。突出显性功能，进一步推进教学改革，优化教学内容，创新教学方式，加强课程和教材建设，提升课堂教学效果，不断提升思政课程的实效性与针对性。一是在课程体系建设方面，社科部要加强思政课顶层设计，系统开展马克思主义理论教育，深入阐述习近平新时代中国特色社会主义思想，牢牢把握社会主义核心价值观教育的核心地位，推动形成主辅结合、内容衔接、功能对应、特色鲜明的思政课程体系。二是在教材体系建设方面，要以国家统编教材为主体，选择辅以展示热点新闻、解读主流思想的"微教材"、《中华优秀传统文化》云教材，并融入学校编印的《党的十九大报告知识点解读》和《平"语"金句》读本，打造体现校本特色的立体化教材体系。三是在教学模式方面，要引导思政课教师以满足学生需求为导向，深入组织开展案例式、探究式、互动式教学，因课制宜选择教学方式方法，激发学生的主动性、积极性。四是在教学手段方面，要重视发挥多媒体和网络等信息技术的重要作用，开发网络教育资源，形成线上、线下教学互动，校内、校外资源共享。

（二）推动课程思政与思政课程同频共振

课程思政的"思政"侧重思想价值引领方面，强调在各类各门课程中增强"思政"意识，加强思想价值引领。由此可见，要充分发挥通识课程与专业课程的育人功能，找准不同课程"结合"的切入点，把思政元素融入课堂教学各环节。

1. 推进课程思政内容改革

依托马克思主义学院和马克思主义知识点研究中心，开展课程思政课题研究，为实践探索和经验推广提供理论支撑。组织教师开展社会实践和参观学习考察等活动，使教师进一步了解国情、了解世界、开阔视野，丰富教学素材。中华传统文化类课程要重视价值引导和优秀传统文化的传承，引导学生自觉弘扬和践行社会主义核心价值观，不断增强"四个自信"。自然科学类通识课程要突出培育科学精神，注重把辩证唯物主义、历史唯物主义贯穿渗透到专业课教学中，引导学生增强人与自然环境和谐共生意识，明确人类共同发展进步的历史担当。人文艺术类通识课程要突出培育高尚的文化素养、健康的审美情趣、乐观的生活态度，注重把爱国主义、民族情怀贯穿渗透到课程教学中，帮助学生树立起文化自觉和文化自信。创新创业类课程要重点培育学生的创新精神，提升创业能力，融合国家战略、学生个性化发展等多方面内容，把个人理想与国家社会发展需要紧密结合，在创新创业实践中实现人生价值。体育类课程要主动与德育相融合，改革体育教学模式，引导学生养成运动习惯，掌握运动技能，发展健全人格，弘扬体育精神。专业课程要将思想价值引领贯穿教学计划、课程标准、课程内容、教学评价等主要教学环节之中，重点培育学生求真务实、实践创新、精益求精的精神，培养学生踏实严谨、吃苦耐劳、追求卓越等优秀品质，使学生成长为心系社会并有时代担当的技术技能人才。第二课堂要开展形式多样、内涵丰富的社会实践、志愿服务、实习实训活动，拓展课程思政的载体，用生动的实践向学生深刻诠释中国共产党为什么能、马克思主义为什么行、中国特色社会主义为什么好。

2. 强化课程思政教学模式改革

抓好课程思政，教师不宜硬性灌输、生硬地直接给出结论，而应由近及远、由表及里、由浅入深地引导学生理解中国特色社会主义制度的优势和中华人民共和国建设取得的历史性成就。遵循思想政治工作、教书育人、学生成长规律，坚持因事而化、因时而进、因势而新。要采取多种方式，包括谈话、讲授、实践活动等，如利用"中国精神图片展暨四史公共教育基地"等引导大学生深入学习"四史"，自觉接受红色传统教育，不断巩固和升华理想信念。要持续推进"互联网+"教育教学改革，大力加强在线开放课程建设，在原有网络开放课程建设基础上，融合课程思政建设理念，完善提升课程建设资源。要加强对各门课程思政课件、案例、微课等教学资源的收集与整理，建立包含政治思想、道德品质、职业精神、心理健康、创新创业、身体素质和科学文化等内容在内的课程思政教学资源库，推进全校课程思政资源共建共享。要强化"课堂五分钟"思政教育，将"课堂五分钟"思政教育纳入教学常规环节，并以此为突破口，点燃教师创新思维的火种，强化方式方法创新，增强课程思政的吸引力、说服力和感染力。

3. 促进课程思政教学管理改革

针对教学管理中发现的问题，要统筹推进教学组织、教研、考核评价等管理改革，优化教学管理体系。社科部要加强对学生思政课选课的指导，实现各门思政课程有序衔接。教务处要在教学过程管理、课程质量评价、精品课程、重点教改项目遴选中将"价值引领"作为重要监测指标，推动"知识传授、能力提升和价值引领"同步提升，并制定多元化的课程思政评价标准，把课程思政建设成效作为专业和课程建设考核的重要标准，把教师参与课程思政建设情况和教学效果作为教师考核评价、评优评先的重要内容。宣传部、学生处等部门要加强沟通协调，相互配合，形成多方联动的课程思政教育工作机制。各系部要落实课程思政主体责任，加强教研室、课程模块教学团队、课程组等多种形式的基层教学组织建设，打通课程思政最后一公里。

（三）不断加强两支队伍建设

一方面，坚持"选优配强"，着力打造一支专职为主、专兼结合、数量充足、素质优良的思政课教师队伍。一是在教师引进过程中要严把政治关、师德关、业务关，思想政治理论课教师必须热爱马克思主义理论教育事业，具有良好的思想品德、扎实的马克思主义理论基础以及相应的教学水平、科研能力。新任教师原则上应是中国共产党党员，具备相关专业硕士以上学位。二是健全开放、灵活的人才配置机制，鼓励校内相关专业学术带头人和教学骨干专职或兼职承担思想政治理论课教学任务。鼓励具备条件的辅导员担任思想政治理论课兼职教师。探索建立思想政治理论课特聘教授专家库，邀请校内外专家学者、优秀校友等走进思政课堂，壮大思政课教师队伍，破解思政课教师供需矛盾。三是实施思政课教学管理团队培养工程，以教育部"提质培优"项目建设为引领，扎实推进"思政课教学创新团队"和"思政课示范课堂"建设，积极开展"书院制"试点探索，不断提高思政课教师的政治素质、业务能力、育人水平。

另一方面，坚持"以点带面"，提升专业课教师课程思政建设的意识和能力。一是面向不同专业、不同类型课程，持续深入选树先进典型，强化示范引领，建立一支有代表性的课程思政教师队伍。二是组织思政课专业教师包干到系，要求其定期到负责系部指导课程思政改革的组织实施，与专业课教师共同研究、挖掘蕴含在各专业中的思政素材。三是选派教师外出学习考察、实践锻炼，开展课程思政教育教学改革专题研讨、课题研究、教学技能比赛等，培养和提升专任课教师在课程教学中主动研究、加强思政教育的意识能力。

三、统筹推进课程思政与思政课程同向同行的根本保障

推进课程思政与思政课程同向同行还必须在保障体系上下功夫。其保障体系涉及组织领导、资金支持和政策激励等。

（一）加强组织领导

学校层面成立由学校党委书记和校长任组长、分管教学工作和分管思政工作领导及各相关部门负责人为成员的课程思政工作领导小组，统筹推进全校课程思政教学改革工作；成立由分管教学副校长和分管思政工作的领导牵头、各相关职能处室和系部负责思政建设的主要负责人和系主任参加的课程思政建设指导委员会，负责全校课程思政教学改革指导、咨询、评估等工作。

系部层面成立课程思政建设工作小组，明确在课程思政建设中的具体责任，在人才培养方案制订、专业建设和课程改革、教育教学活动实施、教师培训、

教学管理和考核、教学质量保障等方面严格审核把关，充分发挥作用，确保将各门课程"同向同行、协同育人"的理念和举措真正落到实处。

（二）加大资金支持

把思政课程和课程思政建设作为重要内容纳入学校"十四五"发展规划，统筹各类资源，加大对思政课程和课程思政建设的投入和保障力度。加大思想政治理论课建设专项经费投入，并随学校经费的增长而逐年增加。严格落实思政课教师岗位津贴，完善经费保障机制，确保在学校发展规划、经费投入、公共资源使用中优先保障思想政治理论课建设。协调安排专项资金用于申报名师工作室建设、课程思政专项课题研究、课程思政建设、课程思政资源库建设。

（三）强化政策激励

突出课程思政建设成效导向，在教学成果、教学名师等各类成果的遴选推荐、表彰奖励中加大力度。大力推动思政课教师参与指导其他专业课程建设，推动各专业相互学习借鉴、合理交叉融合，提升教师课程思政的认知度和认同感。加强部门评价改革，把课程思政建设成效作为系部绩效考核，教师职称评审、岗位聘用、评优评奖等的重要指标内容，建立健全多维度、全方位的质量评价体系。

（本文根据李增军同志 2019 年 6 月 20 日在学校课程思政建设推进会上的讲话整理）

扎实开展"爱衡职、做贡献"主题教育实践活动

在全校开展"爱衡职、做贡献"主题教育实践活动是校党委根据当前新形势、新任务，基于学校事业发展需要和队伍建设实际，经过认真研究做出的一项重要决策。我们学校正处在爬坡过坎、换道超车的关键时期，事业的发展关键在党、在人，需要我们建设一个政治过硬、坚强有力、团结协作的领导班子，建设一支忠诚、干净、担当、有为的中层干部队伍，建设一支德高、学博、业精、能强的教职工队伍。正是基于这样的客观要求，从参与主体的角度来讲，"爱衡职、做贡献"主题教育实践活动，包括三个层面的重点内容，即在领导班子成员中以"讲政治、敢担当"为主题，在中层干部中以"提精神、强能力"为主题，在全体教职员工中以"重师德、做主人"为主题，全校动员、全员参与。开展这项活动的主要目的是吹响学校向高水平、高质量发展的进军号，点燃全校干部教工的创业激情，动员大家鼓足干劲、立足岗位，自觉把个人的理想追求融入热爱衡职、建设学校的火热实践中来。同时，向各级干部和教职员工传递奋发作为、勇于担当、干事创业、建功立业的鲜明导向，引导大家进一步增强责任意识和拼搏意识，把全部精力集中到谋事、干事、做贡献上来，让夙兴夜寐、激情工作成为新常态，让真抓实干、只争朝夕蔚然成风。

一、用"爱衡职、做贡献"主题教育实践活动凝聚全校上下干事创业的强大力量

对我们学校来讲，目前是一个充满机遇和希望的时期，也是一个充满困难和挑战的时期。我们的机遇和希望来自国家对职业教育的重视，"一带一路"和京津冀协同发展、中国制造 2025 的国家战略，来自衡水新的发展定位和打造职业教育高地的战略目标。我们的机遇和希望还来自我们已经有了一个很好的发展基础。我们坚持"扬长补短"的发展理念、"一体两翼"的发展战略、"五个坚定不移"的发展路径，我们学校的影响持续扩大。省市领导对我们学校改革发展的经验给予肯定批示，国家级众创空间、省级双创示范基地、省优质专科

高等职业院校建设立项单位、省诊改工作试点院校。这一系列成绩标志着我们已经站在了一个新的发展起点上。

成绩要讲，但不能估计过高。成绩不讲跑不掉、问题不讲不得了。要看到我们存在的不足，看到我们的困难和挑战。2018年3月，杭州电子科技大学中国科教评价研究院、武汉大学中国科学评价研究中心、中国教育质量评价中心和《中国科教评价网》联合发布了2018年中国高职高专院校竞争力排行榜（截至2018年年底，全国有高职高专院校1386所），在进入800强的院校中，我省有40所。在全省10所市属综合高职院校中，我校是唯一一所未能进入800强排行榜的学校。虽然这次评价所选取的指标要素与权重可能存在一定偏颇，但它反映的各校综合实力强弱还是比较客观的，这也与我们了解的其他院校的情况相吻合。2001年和我们一起改制升格的十几所高职院校，当年在同一起跑线上，如今很多已走在我们前列。近两年，我们曾到唐山工业职业技术学院、邢台职业技术学院、邯郸职业技术学院等省内兄弟学校学习考察，无不为人家的新思路、大手笔、快崛起由衷点赞，正所谓"洞中方一日，世上已千年"。不仅如此，就是过去一度被人们视为"第三世界"的民办高职，如今有的也是"士别三日，令人刮目相看"，发展迅猛，后劲十足，大有后来居上之势。不是危言耸听，今日环视周边，已是强校林立、群雄逐鹿，我们面临着前所未有的严峻势态和生存考验。

在今年的教职工大会上，笔者提出了要把握学校发展的阶段性特征，笔者把它总结为三句话：一是学校正处于爬坡过坎的攻坚阶段，发展不足仍是我们学校面临的主要矛盾。二是就发展不足来看，既有规模发展不够问题，也有内涵发展不够问题。三是最关键的，那就是我们人的因素。面对职业教育发展千载难逢的机遇，面对标兵渐行渐远、追兵越来越近的严峻挑战，我们都要问一问：我们准备好了吗？

我们显然还没有准备好。在《"爱衡职、做贡献"主题教育实践活动实施方案》中，对我们队伍中存在的问题总结了十二个字。在班子成员层面存在"满""软""怕""慢"，在中层干部层面存在"等""靠""推""拖"，在教职工层面存在"庸""散""懒""混"。概括起来是三个方面的问题：一是思想不解放，改革的思路、创新的思维跟不上；二是能力素质不足，面对新形势、新任务存在不适应；三是精神状态不佳，缺乏干事创业的激情。开展"爱衡职、做贡献"主题教育实践活动，就是要有针对性地解决我们整个队伍中存在的问题，为加快优质校建设步伐，推动学校跨越发展提供坚强的组织保障，凝聚强大的正能量。

二、把握"爱衡职、做贡献"主题教育实践活动的工作重点

(一)旗帜鲜明讲政治

一是树牢"四个意识"。要坚定自觉地在思想上、政治上、行动上同以习近平同志为核心的党中央保持高度一致,坚决维护党中央权威和党中央集中统一领导,把忠诚核心、拥戴核心、紧跟核心、捍卫核心融入血脉、植入灵魂,将其转化为思想自觉、党性观念和纪律要求,并全面落实到实际行动上。

二是坚定政治理想。要坚定共产主义远大理想和中国特色社会主义共同理想,坚定社会主义道路自信、理论自信、制度自信、文化自信,做马克思主义的坚定信仰者和忠实实践者。

三是把牢政治方向。坚持党的基本理论和基本路线,在任何情况下都要努力做到头脑清醒、明辨是非,在重大政治原则和大是大非问题上毫不含糊、毫不动摇,始终确保政治方向不偏、政治信仰不变。

四是站稳政治立场。要增强政治定力,始终把党放在心中最高位置,任何时候都与党同心同德,对党始终绝对忠诚。牢记"民心是最大的政治",始终坚持全心全意为人民服务的根本宗旨,把实现好、维护好、发展好最广大人民根本利益作为一切工作的出发点和落脚点。

五是严守政治纪律。要努力提高政治敏锐性和政治鉴别力,始终坚定维护党的团结统一,坚决维护党中央权威;坚守做人、从政、从教的政治安全底线,牢固树立纪律规矩意识、法治意识,做遵守党章、党规、党纪的模范,做尊法、学法、守法、用法的模范,做遵守校规、校纪的模范。

六是强化政治担当。要提高政治站位,自觉把对党、对国家、对人民、对学校事业发展的责任扛在肩上,以"踏石留印、抓铁有痕"的意志品质,把党中央的路线方针政策和省市的决策部署积极、主动、创造性地落实到本职工作之中,以奋发有为、担当奉献、忠诚履职的精神境界践行党的理想信念和宗旨。

(二)解放思想开闸门

如果说我们的工作在过去几年取得了一些成绩和进步,那是解放思想、改革创新的结果。我们学校开启新的征程、实现新的跨越,需要思想再解放、观念再更新、改革再出发,思想解放只有进行时,没有完成时,改革不停步、创新无止境。

近期,市委印发了《关于开展解放思想大讨论实施方案》,提出了"五查五看"的要求,即一查思想观念,看是否因循守旧、观念落后,缺乏改革创新、

开拓进取的精神；二查使命担当，看是否存在贪图安逸、得过且过、当太平官等问题，缺乏承担责任、直面矛盾的精神；三查工作水平，看思维方式、知识水平、工作标准、执政能力是否能够适应新时代、新任务、新要求；四查工作作风，看有没有工作漂浮、搭花架子，做表面文章、搞形式主义的问题；五查制度机制，看是否烦琐教条，制约和阻碍衡水高质量发展。

这"五查五看"也非常符合我校的实际，我们要联系全市开展解放思想大讨论的大背景，联系学校发展面临的机遇和挑战，联系岗位工作的新目标和新任务，打开解放思想的总闸门，坚决破除不合时宜的思想观念，在解放思想中统一思想，在实现高质量发展、加快优质校建设上凝聚共识。

要从守旧守成中解放出来，强化改革创新意识。守旧守成的旧船票登不上高质量发展的"巨轮"，因循守旧、墨守成规没有出路。要敢于打破自身的"紧箍咒"，努力克服畏难情绪，增强敢为人先、"第一个吃螃蟹"的勇气，用创新思维寻找破解发展瓶颈的思路、寻找扫除发展障碍的办法，努力做到创新发展、领先发展。

要从依赖心理中解放出来，强化主动作为意识。注重发挥主观能动性，变"要我干"为"我要干"，改变推推动动甚至推也不动的局面。遇到新矛盾、新问题不等不靠，不讲条件，不摆困难，以逢山开路、遇水架桥的开拓精神攻坚克难，在补齐要素短板上谋求新突破。

要从自我封闭中解放出来，强化融合发展意识。要跳出个人的小圈子，跳出学校这片小天地，不坐井观天、自我封闭，不自我陶醉、夜郎自大，坚持高站位、大视野，把个人工作摆进学校发展大格局，把学校发展融入全市、全省乃至全国发展大布局，积极推进协作、开放、共赢发展。

思想再解放，改革再深化是学校实现大发展、新跨越的客观要求。全体党员干部和教职工都要识大体、顾大局，自觉把推进学校创新发展的责任扛起来，把解放思想的大旗举起来，努力做解放思想的积极践行者。

（三）转变思维方式

按笔者的理解和体会，大学教育包含三个层次：一个是专业教育（知识教育），一个是价值教育，一个是方法教育。学习的专业知识可能会用不上，但思维方式和思想方法会影响我们的一生。转变和优化思维方式是一个十分重要的问题，也是笔者常强调的问题。

我们党历来重视对各级干部思维方式的培养。习近平同志指出："学哲学、用哲学，是我们党的一个好传统。"十八届中央政治局集体学习，有两次学习哲学：一次是历史唯物主义基本原理和方法论，一次是辩证唯物主义基本原理和方法论。习近平同志多次强调各级领导干部要努力学习掌握科学的思维方法，以科学的思维方法保证各项改革顺利推进。

1. 辩证思维。一是坚持"两点论"，一分为二看问题。用到工作上，就是既要看到困难，更要看到优势，看优势多，我们就有信心和决心；看困难多，我们就会有畏难情绪。同时，既要看到长板，也要看到短板，这也是我们提出"扬长补短"发展理念的理论基础。用到为人处世上，笔者认为，很重要的一点就是既要看到别人和自己的长处，也要看到短处，善于换位思考，能这样做，单位就会和谐，就会团结。还有，我们经常说××同志一根筋、钻牛角尖，其实质是"两点论"成了"一点论"，不善于一分为二看问题。二是矛盾的观点，要抓主要矛盾和矛盾的主要方面。我们优质校建设是一项系统工程，我们要找准重点、抓住关键，以重点工作突破活跃工作的全局。三是联系的观点。从横向来讲，我们个人、部门的发展是和学校整体发展联系在一起的，我们学校发展是和外部环境紧密相连的；从纵向来讲，我们今天的发展，来自昨天的传承；我们明天的发展来自今天的基础。我们不能割断历史，要有"功成不必在我"的境界，要久久为功，有历史担当，多干打基础、利长远的事情。

2. 系统思维。什么是系统思维？就是一个整体以及其中各部分之间的联系。中医是讲究把人看作一个系统整体，反对"头疼医头、脚疼医脚"。一是要有全局意识，要在推动学校发展的全局上出主意、用真劲。二是要有协同意识，要互相配合、互相补台，实现 1+1>2。三是要学会"弹钢琴"，坚持分类指导，分清轻重缓急。

3. 战略思维。古人云："不谋万世者，不足谋一时；不谋全局者，不足谋一域。"从一定意义上讲战略就是格局、就是眼界。眼界就是能看到别人看不到的地方。眼界决定境界，格局决定结局，有大格局才有大发展。对于一个区域、一个单位、一个人都是如此。推动学校的发展要着眼国家战略，着眼地方经济社会发展，要用发展的眼光看问题，既要看现实基础，又要看发展空间。

4. 互联网思维。什么是互联网思维？可以有很多方面，互联网的特征是去中心化、扁平化、开源性，具有颠覆性。笔者的理解是互联网思维就是"一切皆有可能"。在互联网时代，"灰姑娘"变公主的故事几乎天天上演，站在风口，猪都会飞起来。原来是"江山代有才人出，各领风骚数百年"，互联网时代则是英雄辈出、群雄逐鹿，结合到我们的工作和生活中，就是要有想象力、创造力、理想主义、浪漫情怀，但同时要脚踏实地、练好内功。我们不做风口中的猪，它能借风飞起来，但风停了，它就会掉下来；要做风口中的鹰，好风凭借力，送我上青云。

5. 借景思维。也可以叫作借力思维。借景是中国传统园林艺术中一个很重要的概念和手法。比如，北京颐和园，站在东侧知春亭里远借西山，近借玉泉山。杭州"西湖十景"互借，各种"景"又自成一体，形成一幅幅美轮美奂的画面。扬州瘦西湖，泛舟湖中与远处的塔构成一体。"二泉映月"把月亮都借到景中来了。草船借箭、诸葛亮借东风都是传统文化中借力的典故。对于我们学校的发展，也要学会借助外力、利用大势。比如，我们的校企合作已经对我们的招生起了很大的推动作用，下一步，我们要提升校企合作水平和层次，开展深层次战略合作，将对我校高质量发展起到重要的助推作用。

以上介绍了五种思维方式，但思维方式不是固定的、程序化的，还有很多优秀的、值得我们掌握的。比如，逆向思维，也叫求异思维，就是从固定思维相反的方向去思考。问题思维，也叫反省或纠错思维，日本著名实业家稻盛和夫强调，为了维持优秀的思维方式，提升自我"反省"必不可少。成长思维，斯坦福大学心理学教授卡罗尔·德莱克把思维模式分为固定型和成长型，成长型思维强调努力就会转变。另外还有法制思维、精准思维、底线思维、创新思维，等等，需要我们在学习和实践中去领悟和运用。

（四）提能力、增本领

面对新形势、新任务，能力不足是我们面临的最大挑战。这里笔者强调五种关键能力。

一要提升政治能力。刚才我们强调了旗帜鲜明讲政治，这里又把政治能力提出来。什么是政治能力？就是把握方向、把握大势、把握全局的能力，就是保持政治定力、驾驭政治局面、防范政治风险的能力。怎么提高政治能力？就是要不断锤炼对党忠诚的政治品格，着力提升马克思主义政治素养，自觉接受党内政治生活锻炼；增强做好群众工作的本领，在复杂斗争实践中积累政治经验。

二要提升学习能力。对个人来讲，要提高学习能力；对单位来讲，要塑造学习文化。学习能力是一个人的核心竞争力，学习文化是一个单位的核心竞争力。要自觉参加"两学一做"学习教育、"不忘初心、牢记使命"主题教育等活动，认真学习践行习近平新时代中国特色社会主义思想。积极参加"三学三提"主题读书活动，带头树立终身学习理念，勤读书、多读书、读好书，不断提升政治素质、业务水平和自身修养。树立良好学风，坚持理论联系实际，做到知行合一、学以致用。

三要提升领导能力。要坚持解放思想，积极创新思维方式，打破思维惯性，善于用改革的办法破解难题，不断发展和完善自己。对所负工作既要挂帅，又要出征，加强组织调度，凝聚群众力量，把各项任务干到位、做到家。注重研究上级政策，借鉴先进经验，结合实际创造性地开展工作，不断求创新、谋突破。

四要提高执行能力。执行能力就是抓落实的能力。一分部署，九分落实。再好的蓝图，不去落实，也只是镜中花、水中月。要坚持高标准、严要求，瞄准先进典型，比学赶超，打造工作品牌，创造一流业绩。要发扬钉钉子精神，一锤接着一锤敲，敢于硬碰硬、唯求实打实。要在破解难题上真下气力，坚持"敢"字当头，一竿子插到底，不达目的誓不罢休。

五要提升自律能力。要自觉把纪律和规矩挺在前面，坚决做到有令必行、有禁必止，模范遵守党纪党规。经常用党的纪律衡量自己的行为，知敬畏、存戒惧、守底线，严格自律、慎独慎微，做到廉洁从政、廉洁从教。筑牢思想道德防线，净化"社交圈""生活圈""朋友圈"，主动接受组织和师生监督。

（五）正师风、塑师德

建设优质校，实现新发展，其关键是加快建设一支师德高尚、业务精良、结构合理、充满活力的高素质专业化教师队伍。而加强师德师风建设是关键之关键。

一要明师道，树立深沉的爱国情怀。就是要坚持国家至上、人民至上，始终胸怀大局，心有大我；坚守正道、追求真理，始终与党和国家事业发展、与学校事业发展同向同行；注重涵养心忧天下的情怀，以爱国精神教育青年学生。

二要铸师魂，树立坚定的理想信念。就是要以习近平新时代中国特色社会主义思想为指引，把牢理想信念的"方向盘"，自觉做一名中国特色社会主义共同理想和中华民族伟大复兴中国梦的传播者和践行者，积极引导学生在实现"中国梦"的不懈奋斗中书写人生华章的理想和志向。

三要塑师德，树立高尚的道德情操。就是要把做一个高尚的人、纯粹的人、脱离了低级趣味的人作为自己的不懈追求和行为常态。取法乎上、见贤思齐，不断提高道德修养，不断提升人格品质，努力成为塑造学生品格、品行、品位的"大先生"。

四要怀师爱，树立宽厚的仁爱之心。就是要把师爱作为永恒的主题融入教育工作中，秉持"有教无类""因材施教"的传统，尊重学生在性格爱好、兴趣特长等方面的个体差异，精心引导和培育；平等对待每一个学生，在严爱相济中晓之以理、动之以情，让学生"亲其师""信其道"。

五要正师风，树立良好的学风教风。就是要牢记习近平总书记的要求，始终以德立身、以德立学、以德施教、以德育德，坚持教书与育人相统一、言传与身教相统一、潜心问道与关注社会相统一、学术自由与学术规范相统一，争做"四有"好教师。

（六）强化责任担当

敢于担当、积极担当就是要围绕学校的中心工作，勇挑重担，不辱使命，主动作为，干事成事。

一要在用心谋事上强化担当精神。当前学校发展正处在一个爬坡过坎、滚石上山的关键时期，我们正在以冲刺的姿态全力推进优质校建设和诊改工作，各个部门、每一名干部和教师都要从这个大局出发，认真研究思考本部门、本人工作中还存在哪些短板、扬长补短的具体目标是什么、需要采取哪些举措、怎样实现赶超发展等，努力把各项工作谋实、谋准、谋好，使不断有创新、有突破成为新常态。

二要在打造优势特色上强化担当精神。秉要执本，方能纲举目张。实践证明，抓住重点，找准突破口，打造发展特色和优势是加快学校发展的重要法宝，我们必须集中精力，把党的建设、创新创业、集团化办学、校企合作、思政工作等打造成为推动跨越发展的"主引擎"。需要全校上下一心，以无畏和决心，肩负使命、负重奋进，争做一名有作为、有贡献的新衡职建设者。

三要练就一副能担当的宽肩膀。随着学校高质量发展的深入推进，今后必然会遇到更多新情况、难问题、急事情、重任务的考验，担子会越来越重，要求我们的肩膀必须越来越宽。我们要有做好各种直面新情况的准备，在"新"的一线增强应变能力；做好各种啃硬骨头打硬仗的准备，在"难"的一线增强攻坚能力；做好各种在"火线"处置突发事件的准备，在"急"的一线增强驾驭能力；做好各种承担"千斤担"的准备，在"重"的一线增强执行能力。在任何情况下都能做到一声召唤冲得上、扛起干事创业的重担子。

（七）大力转变作风

作风建设关系党的形象、关系人心向背，也关系学校的发展和未来。

一要纠正"四风"不止步。对于形式主义、官僚主义、享乐主义和奢靡之风的新变种，以及在我们学校的新的表现形式，坚持露头就打，坚决纠正。

二要坚持把纪律挺在前面。加强纪律性，革命无不胜。学校发展需要一支纪律严明的队伍。要加强政治纪律、工作纪律和生活纪律建设，严格执行，抓早抓小，防患于未然。

三要树立干事创业的鲜明导向。要鼓励干的、批评看的，大力支持主动作为、大胆创新的，坚决反对不思进取、思想保守的，使干事的得到褒扬感到无上光荣，不干事的受到孤立感到无地自容，真正形成有利于干事创业的浓厚氛围。

四要政令通畅保落实。一个决策在形成之前要多方调研、广泛酝酿，充分征求方方面面的意见，一旦形成决议决定，就必须坚决贯彻执行，不能讲条件、讲价钱、打折扣。对学校党委和行政确定的每一项工作都不能等、不能拖、不能靠、不能推，必须迅速、有效、高质量地组织实施。各处室系部要根据学校做出的安排部署，科学制订工作计划，把任务具体化、措施精细化、目标阶段化。每一位干部、每一名教职工都要以提高执行力为着眼点，服从安排、听从指挥，一声号令、立即行动，做到指到哪里、打到哪里，确保学校政令畅通、各项决策部署落到实处。

作风建设永远在路上。2017 年，我们开展了作风整顿活动，取得了积极的效果，这项工作要继续坚持和推进下去，要按照省市纠正"四风"和作风纪律专项整治推进方案的要求，按照校党委"转作风、讲担当、抓落实、走新路"的总体要求，聚焦问题、制定对策，持之以恒抓下去。

（八）树立主人翁精神

学校是我们栖居的港湾、心灵的家园，也是我们建功立业、实现自我价值的舞台，衡职就是我们追梦的第二故乡。树立主人翁精神，热爱衡职，奉献衡职是我们每一个衡职人的天职和责任。

一要大力弘扬以校为家的"主人翁"精神。要牢固树立与学校血脉相连、利益相关、命运相系的自觉意识，不断强化"校荣我荣，校衰我耻"观念。要树立"动车思维"，每个人都要争做推动学校高速发展的发动机。在学校建设中，全心全意投入自己的忠诚与责任，带着强烈的使命感担当任务、奉献热情、贡献力量和智慧，做好每一项工作、办好每一件事情。

二要大力弘扬甘于奉献的"红烛"精神。要树立高尚的道德情操和精神追求，甘为人梯、乐于奉献，静下心来教书、潜下心来育人，心无旁骛、恪尽职守，以"捧着一颗心来，不带半根草去"的精神追求，塑造自身完美的人格魅力，努力做一名深受学生爱戴、让人民满意的好教师。

三要大力弘扬志在高峰的"登攀"精神。要自觉适应充满竞争的时代要求，增强自我发展的主动性和进取意识，勤奋严谨治学，不断提升教学能力；积极参加企业锻炼，不断提升实践教学能力；积极参加业务培训，不断提升服务能力，努力成为一名知识渊博、业务熟练、技艺精湛的教师。

四要大力弘扬改革创新的"弄潮"精神。要敢于站立潮头、搏击中流，踊跃投身学校教育教学改革创新的实践，探索教育教学规律，改革教学内容、方法、手段，改进管理服务手段，培养学生的创新精神和能力，引导学生在发掘兴趣和潜能的基础上全面发展，成为具有创新创业精神和实践能力的高素质技术技能人才。

（九）提振精神状态

人无精神不立。习近平总书记指出，良好的精神状态是做好一切工作的重要前提。奋发有为的精神状态不但可以转化为攻坚克难的坚强意志，而且可以转化为推动事业蓬勃发展的强大力量。

一要以昂扬向上、奋发作为的进取精神追逐创业梦想。保持奋发作为的精神状态，就要有一股昂扬向上的精气神。我们要以激情澎湃的创业抱负和热血偾张的追梦渴求，奋力工作、拼搏进取，做一名新衡职的建设者、开拓者。保持奋发作为的精神状态，就要有一种时不待我的使命感。面对优质校建设和2018年确定的目标任务，我们必须进一步强化"等不起"的责任感、"慢不得"的危机感、"坐不住"的紧迫感，把事业当作追求，把发展当作使命，坚持扑下身子、埋头实干，勇于担当、积极作为。保持奋发作为的精神状态，就要有一种敢闯敢冒的勇气。我们务必始终保持昂扬向上、奋发作为的精神状态，做到工作推进不停顿、创新发展不止步，敢啃硬骨头、敢于涉险滩，奋力把跨越发展推向新境界。

二要以夙兴夜寐、激情工作的实干精神谋事、干事、成事。美好愿景在前，唯靠实干才能抵达梦想的彼岸。审视生活中的成败得失，不难发现，千重要，万重要，实干最重要；谋划难，开头难，落实最难。要实干，就要领导干部带好头，当好"施工队长"，既要冲锋在前，又要真抓善管，让各项工作计划变成掷地有声的落实行动；要实干，就要大力倡导"撸起袖子加油干"的新风尚，不驰于空想，不骛于虚声，躬身前行，锲而不舍，营造人人争当实干家的浓厚氛围；要实干，就要树立敢想敢为、敢拼敢搏的斗志和精神，只争朝夕，快马加鞭，对各项工作早谋划、早安排、早落实，有序、高效地推进各项工作；要实干，就要"强身健体"，不断增强超常态谋事、超常规做事、超常效成事的能力，使自己真正成为干事的行家里手；要实干，就要不畏难、不怕苦，凡是对确定的工作任务，都抱定一种不达目的决不罢休的信念，纵使困难再大、问题再多，也要咬紧牙关，努力再努力、坚持再坚持。

三要以精益求精、追求卓越的工匠精神创造一流工作。要高站位对标先进。要有大境界，树立大目标，铆足劲与强者比、同优者争、向高处攀，形成勇于创新、赶超跨越的强大合力。建设优质校没有局外人，没有旁观者，谁也不能作壁上观，我们要立足本职，焕发精神，为发展谋思路、想办法、使真劲。要培育"讲究"文化，强调细致、精致和极致。学校发展要讲究卓越，校园环境要讲究精致，学校管理要讲究精细，人才培养要讲究品质，专业建设要讲究层次，师资建设要讲究给力，实训条件要讲究精良，教学改革要讲究适合，文化建设要讲究品位，社会服务要讲究品牌。要营造创优争先氛围。当前，学校事业呈现良好发展态势，但存在的一些问题也不容忽视，特别是对有些工作质量不高、特色品牌意识淡薄等问题，尤应引起我们的自警和重视，这也考验着每一名领导干部和教职工创造性工作的水准、能力和智慧。无论哪个部门、哪个岗位，都要树立高质量、高标准的工作导向，绝不能满足一般化、过得去、差不多。要全面推进岗位、处室、系部创优，推进教学、管理、服务创优，使后进者奋起直追，让优秀者百尺竿头，更进一步，在全校上下形成比着做、摽着干、创优争先的生动格局。

四要以逢山开路、遇水架桥的开拓精神谱写发展新篇。或许大家还记得，2013 年在我校召开的第二次评估专家意见反馈会上，秦皇岛职业技术学院党委书记刘志国教授在发言中，在充分肯定我校事业发展取得的新变化、新成就的同时，也非常坦诚地指出了我校转型发展缓慢的尴尬现状，用的一个词是"惨不忍睹"，可谓一针见血直击了我们的软肋。加快缩小与先进院校的差距，优质校建设是必须要翻过的一座高山，是必须要打赢的一场硬仗。这就需要我们用足用好优质校建设的重大机遇和政策，加快把办学优势培育强，把发展短板化解掉，打造跨越发展新常态。

机遇抓住了就是良机，错失了就是危机。我们承认差距，但绝不甘心差距。我们已经没有退路，破釜沉舟、背水一战才是唯一出路，爬过这座山、迈过这道坎，就是一片坦途。任何等待观望、缩手缩脚、被动应付、行动缓慢都是不负责任的。现在，优质校建设重大机遇正摆在面前，容不得我们彷徨、犹豫和懈怠，必须以雄关漫道真如铁、而今迈步从头越的昂扬斗志，以不破楼兰终不还的坚定决心，以只争朝夕、发奋图强的志气，披荆斩棘，奋力前行！

三、抓住"爱衡职、做贡献"主题教育实践活动的关键环节

开展"爱衡职、做贡献"主题教育实践活动是推进优质校建设的一个重要

载体，是一项关系学校当前和长远发展的重要工作。各处室系部要高度重视，精心组织，扎实推进，确保活动取得实实在在的成效。

一是加强组织领导。"爱衡职、做贡献"主题教育实践活动在学校党委统一领导下开展。为切实加强组织实施，学校专门成立活动领导小组，负责对全校活动的协调推动；领导小组下设办公室，具体负责活动的组织落实。各处室系部都要倾注精力，联系部门实际细化活动方案，主要负责人要亲自抓、负总责，形成一级抓一级、一级带一级、层层抓落实的工作局面。

二是找准活动载体。在"爱衡职、做贡献"主题教育实践活动开展推进过程中，要虚功实做，扎实推进，围绕大学习、大调研、大讨论、大督查，谋划一批载体活动。第一，继续深化"三学三提"主题读书活动，以系列专题学习不断把活动引向深入。第二，充分利用"衡职大讲堂""衡职论坛"等学习阵地，以主题讲座、专题辅导研讨交流等形式，加强对干部职工的政治理论学习和业务培训。第三，利用好党委理论中心组学习、党支部"三会一课"等载体，结合学习贯彻十九大精神和习近平新时代中国特色社会主义思想，定期安排专题学习。第四，结合"五查五看"活动的开展，召开校党委民主生活会和组织生活会，认真查摆存在的问题，开展批评和自我批评，制订整改方案。第五，组织好"冀师情·衡职梦"大型征文活动，以"不忘初心冀师情、牢记使命衡职梦，在历史中传承，在传承中发展，开创衡职院更加美好的未来"为主题，将《衡水晚报》"冀师情·衡职梦"专栏打造成衡职人的思想交流平台和精神家园。第六，开展寻访问计活动，组织开展"我为高质量发展献一计"活动，面向一线教职员工和学生，组织老干部、老同志广泛求良计献良策。第七，加强红色教育，利用"七一"建党纪念活动，组织到井冈山、梁家河、红旗渠等红色教育基地参观学习，坚定广大党员的理想信念。第八，利用纪念"五一口号"70周年，组织民主党派和无党派人士到西柏坡李家庄参观学习，并召开"不忘合作初心、继续携手前进"座谈会。第九，加强对标学习，有针对性地选择部分高职院校进行参观学习，对口交流。第十，要有计划地选派干部、教师到其他学校、企业或农村挂职锻炼，以实践历练提升素质能力等。通过载体创新，不断丰富活动内涵，强化推进动力。

三是坚持"五个结合"。开展"爱衡职、做贡献"主题教育实践活动要与贯彻落实中央、省市有关重大决策部署结合起来，特别是要与"两学一做"学习教育相结合、与"不忘初心、牢记使命"主题教育相结合、与解放思想大讨论相结合、与纠正"四风"和作风纪律专项整治相结合、与推进学校"六个年"活动相结合。通过"五个结合"，使各项活动聚焦一个大目标：全面实现高质量发展；聚力一个关键点：全面加快优质校建设。

四是坚持分类指导。针对校领导班子、中层干部和教职工的不同层次特点，按照活动要求，实施分类指导。努力打牢"学"的基础、抓好"做"的关键、推出"准"的举措、强化"改"的实效、体现"常"的特点，确保活动覆盖到每一名干部和每一名教职工，确保活动一起步就与学校工作同步共进、同频共振。

五是建立长效机制。要在"爱衡职、做贡献"主题实践活动开展过程中，逐步形成一批制度，完善一批机制，使这项活动常态化、制度化。第一，实行目标责任制。各级领导干部要根据岗位职责和工作任务，以签订目标责任书为载体，实行"一把手"工作目标责任制，促进各项工作的落实。第二，实行服务承诺制。各处室、系部要围绕部门特点，结合加强作风建设、提高服务质量、提升管理水平、规范工作程序、提高工作效率，更好地为广大师生服务做出工作承诺，并在本部门办公室上墙公布。第三，建立督查督办制。由活动办负责，对主题教育实践活动的开展情况进行督查督办，确保各项目标任务落地、落实、落小。

六是营造浓厚氛围。要深入做好主题教育实践活动的宣传报道工作。围绕活动的目的、意义和主题，精心制订宣传计划，在《高职园地》、校园网、电子屏、橱窗、微信公众号及市级以上新闻媒体等开辟"爱衡职、做贡献"活动专栏，开展多方位、有深度、引领性强的宣传，确保活动深入人心、影响持久。要注重培树先进典型，对活动中涌现出来的典型人物、模范事迹及好做法、好经验等要及时给予大力表彰，发挥标杆效应，强化实干导向。

（本文根据李增军同志 2018 年 5 月 3 日在学校"爱衡职、做贡献"主题教育实践活动动员会上的讲话整理）

牢牢掌握意识形态工作主动权

意识形态工作是党的一项极其重要的工作，高校是党的意识形态工作的前沿阵地。我们必须把意识形态工作贯穿学校党的建设和教育教学全过程，担当政治责任，强化思想引领，牢牢把握意识形态工作的主动权。

一、要深刻把握当前意识形态工作面临的新形势、新挑战，切实增强抓好意识形态工作的责任感和使命感

意识形态工作事关党的前途命运、事关国家长治久安、事关民族凝聚力和向心力。党中央历来高度重视意识形态工作，特别是党的十八大以来，习近平总书记用"一项极端重要""三个事关""三个关乎"强调了意识形态工作在党和国家工作大局中的重要地位和作用。党中央颁布了《党委（党组）意识形态工作责任制实施办法》等一系列重要文件，明确工作任务要求，层层传导和压实各方责任。这些重要论述和文件精神为我们做好新时期意识形态工作指明了方向，提供了根本遵循，我们必须全面准确地把握好并切实加以贯彻落实。

当前我国意识形态工作总体向上向好，理论武装扎实推进，习近平新时代中国特色社会主义思想深入人心，主流思想舆论不断巩固壮大，意识形态管理坚强有力，意识形态领域的主导权、主动权有效掌控，国际影响力和话语权持续提升。但也要清醒地看到，在意识形态领域面临的风险与挑战依然十分复杂严峻，特别是近一段时期以来，新冠肺炎疫情肆虐全球，一些西方国家将公共卫生问题政治化，偏执于以意识形态画线画圈，对我国极尽污蔑打压之能事。这都要求我们必须保持清醒头脑，增强忧患意识，强化底线思维，有效防范和化解意识形态风险。

从国内来看，我国经济社会深刻变革，一些别有用心者推波助澜，极力鼓吹西方"宪政民主"、新自由主义、历史虚无主义等错误思潮，企图挑战马克思主义指导地位，削弱党的意识形态话语权。同时，随着我国经济发展深刻变革，社会主义核心价值观遭遇市场逐利性的挑战，拜金主义、享乐主义、极端个人主义在一定范围滋生蔓延。此外，随着以互联网、移动通信技术为代表的新媒体、新技术广泛普及，社会生活日趋开放和多元化，人们的思想比以往任何时候都更加活跃，独立性、选择性、多变性显著增强，各种思想意识杂陈、各种力量竞相发声已成为常态，引领社会思潮，凝聚思想共识的任务艰巨而繁重。

在国家政治安全的前沿，高校是传播人类文明的重要场所，是社会主流意识形态的重要组成部分。站稳守好意识形态前沿阵地是全面贯彻党的教育方针、培养新时代中国特色社会主义事业建设者和接班人的需要。但就我校目前的意识形态工作来看，虽然意识形态工作的机制、制度已基本健全，各级党组织已经明确认识到自己对意识形态工作所负的职责，班子成员也知道要配合搞好意识形态工作，但其作用发挥得还不够充分，个别党员干部、一线教师仅仅将"做好意识形态工作是本职，做不好意识形态工作是失职"作为一句口号，没有将此项工作融入教书育人的全过程。对此，我们必须高度重视、高度警醒，切实增强责任感和使命感，要主动出击、抢占先机，以更加积极的姿态去抓好本部门的意识形态工作，为学校各项工作高质量发展提供坚强的思想保障。

二、要聚焦学校意识形态工作的重点和关键，站稳守好学校意识形态工作前沿阵地

加强高校意识形态工作是一项战略工程、固本工程、铸魂工程，必须抓住关键，找准着力点和突破口，强化责任、拓宽渠道，用创新的思维和务实的举措不断探索新途径、新办法，用心、用情、用力抓好各项工作。

（一）坚定"主心骨"，始终把握正确政治方向

意识形态领域是一场没有硝烟的战场，最首要、最关键的是要绷紧"导向"这根弦，掌握"领导权"不放松，广泛凝聚共识，增进政治认同。一是要加强理论武装和思想引导，坚持不懈地用习近平新时代中国特色社会主义思想武装师生头脑，推动习近平新时代中国特色社会主义思想"三进"工作，引导师生坚定正确的政治方向，增强"四个意识"，坚定"四个自信"，做到"两个维护"。二是要持续开展党史学习教育，引导师生"学史明理、学史增信、学史崇德、学史力行"，促进师生坚定听党话、感党恩、跟党走。三是要牢牢掌握话语权，在大是大非和原则问题面前态度鲜明、敢于亮剑，对错误思想观点要坚决抵制并理直气壮地批驳。四是要以师生为中心，聚焦师生关注的热点、难点问题，做好引导疏导、解疑释惑工作，着力营造良好的发展氛围。

（二）弘扬"正能量"，巩固壮大主流思想舆论

意识形态工作做得如何，关键是看能否巩固壮大主流思想舆论，激发起师

生团结奋进的强大力量。2022年是党的二十大召开之年，我们必须牢牢把握迎接宣传党的二十大这条主线，传递主流价值，弘扬新风正气，提振信心、凝聚合力。

一是要推进党史学习教育常态化、长效化。要强化思想理论宣传，紧扣党史学习教育重点，充分利用学校"中国精神图片展暨四史公共教育基地"，把党史学习教育融入日常、抓在经常，建立健全常态化、长效化制度机制，不断巩固拓展党史学习教育成果。

二是要做好党的创新理论宣传阐释。要以中心组学习为龙头，用好"人民学习"平台、"两院三中心""三学三提"主题读书活动等，统筹安排好二十大精神的研究学习宣传，广泛宣传党的二十大精神，形成良好的舆论氛围。

三是要强化社会主义核心价值观培育。要以创建省级文明校园为抓手，把核心价值观融入学生思想道德建设，大力弘扬中华优秀传统文化和革命文化、社会主义先进文化，开展"非遗大师进校园"活动，推动校园文化建设再上新台阶。

四是要发挥好内外宣传导向作用。第一，要鼓足干劲，充分宣传学校近年来所取得的成绩和荣誉，增强干部职工干事创业的信心和决心，凝聚学校"二次创业"的强大力量。第二，要利用与衡水日报社开设的"冀师情·衡职梦"征文专栏，积极对产教融合、创新创业、技能比赛、文明创建、人才培养模式创新等工作中取得的成绩、总结的经验、涌现的先进人物和事迹进行宣传报道，提高学校的社会声誉。

（三）守好"各阵地"，加强思想阵地建设管理

阵地是意识形态工作的重要依托和舞台，有了阵地，才能发出正确声音、传播先进思想文化。

一是发挥好课堂主渠道作用。第一，要加强思政课建设。思政课担负着培育学生正确世界观、人生观、价值观的作用，必须切实发挥好思想政治理论课的主渠道作用。前不久，我校通过了思政理论课质量评估验收，接下来，要按照我校制定的《思想政治理论课质量提升工程实施方案》的要求，不断提升我校思想政治理论课的质量和水平，切实提高思想政治理论课的亲和力和针对性。第二，要加强课程思政建设。要围绕立德树人根本任务，不断创新教育教学模式，持续加强课程思政建设，确保各项课程在政治方向、育人方向、文化方向上都要与思政课程同向同行、同频共振。第三，要加强第二课堂建设。要开展丰富的第二课堂活动，挖掘社会实践中的爱国主义资源，主动对接衡水舰等爱

国主义教育基地，教育学生、培养学生、推动学生从实践中获取正向价值理念。

二是要做好传统阵地的日常管理。要加强对门户网站、校刊、宣传橱窗、电子屏、报告厅的管理。认真执行《校园网络及信息安全暂行管理制度》《信息发布流程》；加强对内部报刊的管理和审核，未经批准的报刊禁止制作发行；悬挂所有条幅都要提前向党委宣传部通报内容，审核批准后方可悬挂。要严格落实"一会一报""一事一报"审批制度，进一步规范讲座、论坛、报告会、研讨会等各类思想文化活动管理，坚决杜绝在各类讲座、科学成果中出现错误观点和言论，确保正确政治导向。

三是要守好网上舆论新阵地。要充分利用微信、微博、贴吧平台，围绕主流意识形态开展宣传教育活动，将主流意识形态用师生喜闻乐见的方式传播出去，在校园舆论引导中发挥积极作用。要加强学校融媒体中心建设，打造一批校园网、微信公众号、抖音、衡水号等同向发力、百舸争流的校园融媒体平台，构建大思政新格局。要加强网络安全防护系统建设，过滤监控校内不良或者不健康的网络信息和上网行为，及时发现并分析苗头性问题，坚决打赢网络意识形态斗争。要压实网络意识形态责任制，把网络意识形态安全作为重要使命和任务，牢牢把握网络意识形态工作的领导权、管理权、话语权。

（四）打造"生力军"，夯实意识形态基层基础

意识形态工作能否抓得牢、出成效，关键在于意识形态工作队伍。我们必须不断增强意识形态工作队伍建设，确保主流意识形态在我校发得出声音、守得住阵地。

一是要加强宣传队伍建设。有一支优秀的宣传工作队伍是做好意识形态的关键。我们要着眼当前工作任务需要，建好宣传员、评论员、小哨兵三支队伍。要让他们不断"充电"、不断学习，保持对形势任务的深刻认识和对热点问题的高度敏感，形成更加敏锐的政治观察力和鉴别力，推动正面声音，引导中间声音，化解负面声音，营造健康向上、丰富生动的主流舆论。

二是要加强干部队伍建设。有些人认为意识形态工作就是宣传部的事，这是不对的。意识形态工作不同于其他任何工作，必须贯穿人才培养全过程、各环节。必须坚持"一盘棋"，形成"大合唱"，各党总支、支部、各处室系部的主要负责人都是意识形态工作的重要岗位，必须增强意识形态工作学习的主动性和自觉性。要把意识形态基本知识纳入党员干部教育培训内容，加强对各级党员干部意识形态工作的教育培训，努力打造一支政治强、业务精、作风正、纪律严的工作队伍。各级党员干部要切实担负起意识形态工作的政治责任和领

导责任，旗帜鲜明地维护党的意识形态，针锋相对地与错误思想做斗争。

三是要加强教师队伍建设。归根结底，高校抓好意识形态工作的目的，是培养党和国家需要的德才兼备的人；而培养人的工作最终要落实到全体教师身上。我们必须不断用新理论、新思想武装教师的头脑，让全体教师始终保持政治的先进性。要加强对思政课教师、专职辅导员、专任教师等的业务培训，充分发挥不同岗位思政工作者的育人功能。要强化教师师德师风的考核，促进教师树立"底线意识""红线意识"，对教师中出现与社会主义意识形态相违背的情况实行一票否决制。

三、要守土尽责、守土负责，切实推动意识形态工作责任落到实处

做好意识形态工作是各部门、各单位的应尽之责，各党总（支部）、各处室系部都要树立"抓意识形态工作是本职、不抓是失职、抓不好是渎职"的理念，认真尽责负责、严格追责问责，全面落实意识形态工作责任制。

一是扭住责任抓落实。一分部署，九分落实。学校领导班子成员要严格按照"一岗双责"要求，切实抓好分管单位和职责范围内的意识形态工作。各党总支（支部）、各处室系部要严格落实意识形态工作主体责任，定期听取意识形态工作汇报，定期分析研判意识形态领域情况，及时向校党委通报意识形态领域的重要情况及需要注意的问题。各党总支（支部）、各处室系部一把手要切实履行好第一责任人职责，旗帜鲜明地冲在一线，牵头抓总、靠前指挥，带头抓意识形态工作，带头批评并及时制止各类错误观点、错误倾向，坚持重大部署第一时间学习、重大舆情第一时间研判、重大问题第一时间引导，以上率下种好意识形态工作"责任田"。

二是密切协作抓落实。意识形态工作没有旁观者，各部门必须一起出"组合拳"、打"整体战"，形成一级抓一级、层层抓落实的工作格局，坚决防止出现对意识形态工作不愿抓、不会抓、不敢抓的现象。宣传部要发挥好指导、协调、督查等作用，准确研判，掌握好学校意识形态新动态，及时向党委报告情况、提出建议，守好阵地、管好队伍。各部门要加强沟通联系，各司其职、各负其责、共同履职，为意识形态工作的开展创造良好条件，切实形成党委统一领导、党政齐抓共管、宣传部门组织协调、各部门分工负责的工作格局。

三是严明纪律抓落实。严肃严明的纪律是推进工作落实的重要保证。一方面，校党委将建立意识形态工作责任制的检查考核制度。按照检查、考核办法对学校意识形态工作进行平时督查与年度考核，并把工作责任落实和完成情况作为各部门年度综合考核和干部选拔任用的重要依据。另一方面，将严格追责

问责，对意识形态责任制落实不力而造成不良后果的，将严肃追究相关领导和责任人责任，以严厉的责任追究倒逼各项工作落地落实。

（本文根据李增军同志 2021 年 5 月 3 日在学校上半年意识形态工作研判会上的讲话整理）

凝心聚力开启"二次创业"新征程

自 1923 年到现在，我校已经走过了近百年的历程。从 2001 年到 2021 年，我校在这 20 年里实现了由一个中等师范学校到高等院校、职业院校的转变，建立了比较完整的专业体系、师资体系，培养了一大批社会有用人才。特别是"十三五"以来，我们树立"扬长补短"发展理念，实施"一体多翼"发展战略，推动"一校两制"体制创新，坚持"校园融合产业园、专业融合产业链、课程融合岗位群"的发展思路，大力开展"创新创业"和"股份制混合所有制办学"，闯出了一条适合自身发展的路子。我们获得了河北省先进基层党组织、国家级众创空间、河北省股份制混合所有制办学试点单位等多项荣誉，得到了省长许勤等多位省市领导的肯定和批示，在全国、全省的影响不断扩大。2021 年 8 月 23 日—8 月 24 日，习近平总书记在承德考察，强调要传承"塞罕坝精神"，再接再厉、二次创业，在实现第二个百年奋斗目标新征程上再建功立业。笔者认为，在开启学校"十四五"高质量发展的关键时期，我们也必须通过"二次创业"来统一思想、凝聚共识、奋发作为、改革创新，推动学校各项工作实现新飞跃。

一、贯彻新理念，充分认识开展"二次创业"的重要性和紧迫性

我们有了发展的基础，但也有一些短板和弱项。比如制约学校发展的空间和人的两大瓶颈依然没有彻底解决，办学特色还不够鲜明，教学成果以及能产生重大社会影响的教育、教学改革项目、社会服务项目还不够多，师资队伍建设水平还有待提高，管理效能还有待提升，产教融合水平、信息化水平还比较低，国际化办学还没有破冰，办学适应性还有待增强，等等。我们不能因循守旧、不思进取、坐享其成，必须在新一轮职业教育改革进程中抓住并用好重大历史机遇，实现第二次跨越发展。关于开展"二次创业"，笔者认为可以用三句话来解释。

首先，开展"二次创业"是大势所趋。

之所以这样说，是因为当前我国已经进入新发展阶段。面对"十四五"时期乡村振兴战略加快实施，京津冀协同发展纵深推进，雄安新区大规模开发建设，我们必须不断提高办学适应性，以紧跟时代进步。尤其在科技革命和产业变革飞速发展的背景下，我们所开设的专业、所教学的内容必须服务区域经济发展，必须与产业前沿接轨。

特别是党的十八大以来，党和国家对职业教育越来越重视，职业教育作为类型教育被明确提出，职业教育的天花板已被打破。而伴随着《国家职业教育改革实施方案》等一大批重要的职业教育政策文本密集出台、《职业教育提质培优行动计划（2020—2023 年）》的实施、全国职业教育大会的召开，翻开了新时代我国现代职业教育发展的新篇章，甚至包括现在领导班子考核的指标都是按照双高校的建设指标来设定的。我们必须要进行一次脱胎换骨的转变，必须要通过开展"二次创业"来补短板、激活力、提质量，以质图强，实现在新发展阶段的新跨越。

其次，开展"二次创业"是形势所迫。

《国家职业教育改革实施方案》的出台、《职业教育提质培优行动计划（2020—2023 年）》的实施是未来一段时间职业教育改革的指挥棒。在这根指挥棒的指引下，省内外众多职业院校都将建设国家"双高"、省域"双高"列入了各自的"十四五"规划，河北省甚至全国将出现高职院校百舸争流的局面，如果我们在职业教育新一轮的竞争中不发展、慢发展，将会与一些知名的高职院校差拉开越来越大的差距。

除此之外，"十四五"时期，衡水市的职业教育竞争也将越来越激烈，衡水学院将转型为应用技术大学，衡水市也将组建新的高职院校。届时，他们将与我们在生源、资源等方面存在诸多竞争。如何在衡水职业教育竞争中保持领先地位，需要我们"下好先手棋、打好主动仗"，以"二次创业"为抓手，推动建设"省域高水平高职学校"新征程。

最后，开展"二次创业"是民心所向。

从 2001 年到 2021 年这 20 年间，我们实现了办学规模的扩张和办学水平的跨越，完成了艰难的"一次创业"历程。这些年来，学校的知名度和影响力不断扩大，教职工所处的办公环境、工作环境、薪资水平都有了明显提升，干部职工的自豪感、满意度和幸福感明显增强。习近平总书记讲："人民对美好生活的向往就是我们的奋斗目标。""十四五"时期，广大教职工对幸福指数的要求更高了，对提高办学质量和水平的期望值更大了，对学校再一次跨越发展的呼声更强了。群众的呼声就是改革的方向。我们必须以师生的重大关切作为改革的目标和方向，用"二次创业"的实际成效来回应广大教职工的期盼。这一目标任务的实现有赖于广大师生，最终也是为了师生的切身利益。希望全校广大党员干部、师生员工要在二次创业中找准自己的定位，锲而不舍、驰而不息，努力在学校改革发展中创新路、创新业，共同续写衡职院高质量发展的新篇章。

二、树立高标杆，努力打造"省域高水平高职学校"建设新增长极

"二次创业"绝不仅是一句口号，而是要有明确的目标和路径。要瞄准一个目标，这个目标就是"省域高水平高职学校"建设。要把握一条主线，这条主线就是我们党员大会上提出的"三个坚持"，即坚持改革创新，树立"扬长补短"的发展理念，实施"一体多翼"的发展战略，构建"一校两制"的办学机制；坚持"产教融合"，沿着"校园融合产业园，专业融合产业链，课程融合岗位群"的发展思路，打造融合地方经济社会发展的新生态；坚持质量立校，要以诊断改进为动力、以内涵建设为重点、以内控体系为保障，构建以"双修双创型金蓝领"为目标的人才培养体系，推进建设"省域高水平高职学校"。

具体要做好以下几方面工作：

（一）党建思政要再上台阶

一直以来党建思政工作都是我们的亮点工作，我们打造了党建思政品牌。接下来，我们要继续以"党建思政"为引领，为各项事业发展注入"源头活水"。一要以高质量党建带动学校高质量发展。要夯实基层党组织建设基础，提升基层组织力、战斗力，形成"一支部一品牌、一系一特色"。二要以高水平思政落实"立德树人"。要深入开展"课程思政"建设，充分挖掘各类课程中的思政元素，促进各类课程与思政课同频共振。要按照"三全育人"体系建设要求，构建大思政格局。总之，要不断开创党建思政工作新局面，推动党建思政再上新台阶。

（二）专业建设要提升内涵

专业建设是学校的立校之本、发展之基。我们一定要以专业建设为核心，推进学校内涵建设高质量发展。一是专业建设要与地方产业接轨。要紧密对接河北省12大主导产业、衡水市"3+2"市域主导产业和"9+5"特色产业集群，建好专业群，更好服务地方产业发展。二是要发挥专业课的带头作用。要依托企业的力量，以及我校现有基础，把最新的企业标准融入专业课程内，打造优质专业课。三是要开展好课堂革命和"三教"改革。要将课程和岗位对接，和实战过程对接，要通过一门一门的课程来落实"双修双创型金蓝领"的人才培养目标。

（三）产教融合要突破发展

产教融合、校企合作是职业教育发展的方向，也是我们"二次创业"的重点和主攻方向，我们必须打响产教融合提升的攻坚战。一是要提升校企合作水平。近年来，校企合作对我校的发展起到了巨大的推动作用，弥补了我校招生、课程体系建设方面的不足，但也暴露出了很多问题。我们必须一手抓规范、一手抓提升，要进一步规范校企合作教学管理和学生管理，同时加大与吉航、华为此类大型企业的合作力度，实现产教深度融合。二是要建设现代产业学院。产业学院是未来符合产教融合方向的教育组织形式，也是校企合作新的平台。我们要加大对现有的吉航（国际）航空产业学院、华为ICT学院、智能康养产业学院的建设力度，并在此基础之上依托各系和专业群，实现每个系都有一所产业学院。三是要积极推进集团化办学。现在我们牵头成立了衡水市产教融合联盟，是河北省民族技艺传承职业教育集团理事长单位，还是13家集团的副理事长单位，我们要积极开展集团相关活动，通过活动的开展，实现资源的共建、共用、共享。四是要做优"混合所有制办学"品牌。作为河北省股份制混合所有制办学试点，当务之急是"交院校区"建设要尽快地落地落成，接下来就要按照混合所有制试点的要求加快实施交通运输学院正常运营。

（四）社会服务要大力发展

社会服务能力是衡量高职院校办学实力和办学水平的重要指标，我们必须下大力气去抓。一是要主动对接国家重大发展战略。要主动对接乡村振兴战略、雄安新区建设以及京津冀协同发展战略，在服务和融入国家发展战略中赢得发展新天地。二是要主动融入区域经济发展。职业教育不仅要服务产业，还要引领产业。这次衡水市"两会"提出了"六个新衡水"和"产业振兴强市、结构调整富民"，我们必须在服务和融入区域经济社会发展中与区域产业做好对接。三是开展协同创新研发。要建设并利用好双创示范基地、协同创新中心、大师工作室等，组建技术创新服务团队，面向行业、企业开展产品研发、工艺开发、技术推广、大师培育，等等，打造学校的技术技能创新服务品牌。四是做大做强社会培训。要加强社会培训顶层设计，谋划制定科学合理的培训劳务报酬分配制度，引导教师积极参加社会培训。要强化项目意识，围绕乡村振兴战略、急需紧缺领域高技能人才等打造一些精品培训项目。

（五）师资力量要持续壮大

师资力量是我们的一个短板，经过我们几年的努力，虽然这种情况有很大缓解，但仍然没有根本解决。现在学校人员总量试点已经获批，届时，我们专任教师不足问题，教师学历结构、职称结构等问题都会有解决的条件和方向。我们需要做的是一手抓教师个人成长，要不断加强教师的政治素质建设和师德素养建设，把师德师风作为教师评聘的首要内容；加强教师的进修和培训，通过名师成长计划，培养一大批骨干教师、专业带头人、教学名师。一手抓团队建设，通过打造高水平的教师教学创新团队，带动教师整体素质得以提升。

（六）创新创业要续写新篇

创新能力是一个国家的核心竞争力。近几年"创新创业"为我校争得了多项荣誉，但由于疫情防控常态化的影响，我们限制校外人员进入校园，对众创空间项目运营造成一定影响。我们一定要利用这样一个契机，清理一些"僵尸项目"，把众创空间打造成为一个真正发挥引领示范作用、激发师生创新创业动力的平台。同时深入挖掘创新创业教育的理念内涵，通过"理念升级"，培养更多创新人才。

（七）信息化建设要提升水平

2018年，教育部印发了《教育信息化2.0行动计划》，教育信息化已经全面进入2.0时代。现在国家越来越关注信息化技术在教育中的应用，信息化已经成为一种工作方式和生活方式。坦白地讲，现在我们的信息化仍然比较滞后，有些已经建立的业务系统也没有完全用起来。我们必须在建和用上下功夫，既要打造好智能校园基础环境，也要把建好的信息化系统用好。

（八）国际交流合作要破冰前行

一直以来国际交流合作，都是衡量一所高校教育水平的一项重要指标，但对于这项工作，我们还没有破冰。我们"二次创业"必须进行零的突破。要依托中德职业教育产教融合联盟，打造中德智能制造产业学院，从而逐步提升学校国际化水平。

（九）治理能力要切实提高

推进学校治理能力提升是发展高质量职业教育、创建"省域高水平高职学校"的必然选择，也是我们"二次创业"的根本所在，我们一定要把内部治理作为工作中的重中之重。要以内设机构改革为契机，完善以《衡水职业技术学院章程》为统领的制度体系，构建多元共治的运行机制，加强内控和内部质量保障体系建设，推动绩效评价改革，实现治理能力和治理效能显著提升。

（十）校园安全底线要扎实筑牢

校园安全是一项容不得半点疏忽的工作。包括疫情防控、意识形态、宗教、民族团结、安全生产、食品安全、舆情等各方面问题。我们必须树立"大安全"观，以双控机制建设为重点，构建横向到边、纵向到底的网格化管理体系，以人防、物防、技防相结合，确保各方面安全都不出一点问题。

（十一）后勤保障要充足有力

我们要积极推进校区建设，不仅是"交院校区"这一个，还要按照"一体多翼"的战略部署建设新校区，从而不断扩大校园承载规模。每个校区都要按照精致校园的要求去打造。另外，还要考虑如何运用校区为学校增加收入，提高校园的创收能力。

（十二）师生获得感要继续攀升

"人民对美好生活的向往，就是我们的奋斗目标。"努力提高师生幸福感、获得感就是我们努力的方向。我们要积极改善办学条件，促进校园基础建设水平得以明显提升；持续开展"我为群众办实事"活动，不断提升后勤保障服务水平，不断提高教师薪资水平，让师生感到学校发展所带来的实实在在的变化。

三、运用好载体，逐项破解影响学校发展的突出问题

在"二次创业"中，我们要运用好以下五种载体：

（一）"三学三提"主题读书活动

"三学三提"主题读书活动是我们的品牌活动之一，在"二次创业"过程中，我们要持续开展并不断深化，通过"学时政，提升政治素质；学经典，提升人文素养；学业务，提升工作能力"。

第一，学什么？

一是要学习习近平新时代中国特色社会主义思想。包括新发展理念，习近平总书记关于教育的重要论述，关于职业教育的重要指示、批示精神，等等，还要持续开展好党史学习教育，巩固好"不忘初心、牢记使命"主题教育成果，促进"两学一做"学习教育制度化、常态化，要在不断学习中学以致用、知行合一，在思想的融合中增进干部师生政治上团结、行动上统一。

二是要学习国家和省市发展战略。比如国家"十四五"规划省市"十四五"规划，以及与我们密切相关的各项战略部署，比如中国制造2025、乡村振兴战略，等等。另外还要学习河北省和衡水市经济社会和产业发展规划，比如河北省提出加快推进京津冀协同发展进程，高标准、高质量推进雄安新区建设发展，大力发展先进制造业和战略性新兴产业等；衡水市提出的"六个新衡水"和"产业振兴强市、结构调整富民"，以及"3+2"市域主导产业体系和"9+5"

县域产业集群。我们要从国家和省市的发展战略中找准前行的方向。

三是要学习职业教育政策文件。像《国家职业教育改革实施方案》《深化新时代教育评价改革总体方案》《关于加强新时代高校教师队伍建设改革的指导意见》《高等学校课程思政建设指导纲要》《教育信息化 2.0 行动计划》等这一系列文件都是我们进行教育教学改革的指挥棒。我们要从这些文件中明确前进的路径。

第二，怎么学？

一是要利用好学习平台。要利用好每月一期"三学三提"经典选读和校刊《匠心》，组织好读书分享会，以系列专题学习不断把大学习引向深入。要充分利用好"处长论坛"，促进各部门理解政策、推进业务。要积极组织好"人民学习"，在学者大家的讲授中体会分析问题的角度、思路和方法，在紧跟信息迭代的步伐中汲取新知识、增强新本领。

二是要树立好的学风。要多读书、读好书，坚持读原著、学原文、悟原理。要广涉猎、拓视野。领导干部要有"跨界"思维，不仅要深耕业务，还要广泛学习各行各业的专业知识，涉猎社会、经济、管理等各个领域，不断拓宽视野，站在更高角度考虑问题。要多实践，善总结。坚持学以致用、知行合一，把学习理论和实际工作结合起来，通过实践总结，将知识转化为工作能力。

三是要形成大学习氛围。领导要带头示范学，干部要跟进全面学，职工要跟上专题学，要把学习当作一种政治责任、一种精神追求、一种思想境界，从而营造大学习的良好氛围。

（二）解放思想大讨论

开展"解放思想大讨论"不是口号，也不是空谈，而是一种观念、一种思维方式。我们要从思想和实践的角度来找差距、找原因、促发展。在解放思想大讨论过程中，全校要一起思考和回答好以下几个问题：

第一，对标高质量发展的要求，建设"省域高水平高职学校"，我们的差距在哪里？

对于我们的差距，前面提到了一些，包括办学特色问题、专业建设问题、校企合作水平问题，师资薄弱问题，以及信息化、国际化办学、治理效能，等等。2018 年，我们进行了"爱衡职、做贡献"主题教育实践活动，历时 3 年，其中一些问题得到了改善，特别是近几年，我们开展创新创业工作、混合制所有制办学推动学校影响力迈上了一个新台阶。但这远远不够，我们必须坚持"扬长补短"发展理念，对标"省域高水平高职学校"的要求，认真反思和先进高职院校相比，我们的差距到底在哪里，在此基础上补短板、强弱项，办调发展、以质图强。

第二，实施"二次创业"，我们需要破除什么观念束缚？

如果说我们的工作在过去几年取得了一些成绩和进步，那是解放思想、改革创新的结果。如今面对新机遇，我们有的干部豪情、激情有所减退，有了小富即安、小进即满的思想，甚至墨守成规、故步自封。这些都极大地束缚了"二次创业"的活力。我们要开启新的征程、实现新的跨越，必须思想再解放、观念再更新、改革再出发。一是要破除因循守旧的落后观念。用创新思维寻找破解发展瓶颈的思路、寻找扫除发展障碍的办法，努力做到创新发展、领先发展。二是要破除故步自封的惯性思维。要跳出个人的小圈子，跳出学校这片小天地，把个人工作摆进学校发展大格局，把学校发展融入全市、全省乃至全国发展大布局，积极推进协调、开放、共享发展。三是要破除被动应付的依赖心理。变"要我干"为"我要干"，遇到新矛盾、新问题不等不靠，不讲条件，不摆困难，以逢山开路、遇水架桥的开拓精神攻坚克难。四是要破除小富即安的心态，善于走出舒服区，激情干事、忘我工作。

第三，面对更加繁重的发展任务，我们需要保持什么样的精神状态？

人无精神不立。一百年来，中国共产党人的革命精神被一代一代共产党人继承和发扬，形成了光荣的精神谱系。我们开展"二次创业"，一定要与党史学习教育结合起来，以党史学习教育推动"二次创业"。一是要赓续伟大的建党精神。要做激流勇进的"弄潮儿"，从伟大建党精神中汲取精神养分，在兢兢业业中践行初心，在倾情奉献中担负使命。二是要发扬"三牛精神"。坚持以师生为中心，作为师生服务的孺子牛；围绕学校短板改革创新，做推动学校改革发展的拓荒牛；夯实学校基础，做艰苦奋斗的老黄牛。三是要发扬"塞罕坝精神"。"塞罕坝精神"的核心就是艰苦奋斗，我们必须通过艰苦奋斗，打造美丽衡职。四是要传承工匠精神。执着专注、精益求精，一丝不苟、追求卓越，为实现第二个百年奋斗目标培养一大批"双修双创型金蓝领"。

（三）"爱衡职、做贡献"主题教育实践活动

自我们开展"爱衡职、做贡献"到现在已经有近 4 年时间了，收获是显而易见的。时间的价值，从来都弥足珍贵。现在已经到了 9 月份，"十四五"开局之年，也已经走过一半之多。时间一往无前，新形势需要新担当，新征程呼唤新作为。因此，我们全校上下要继续以等不起的紧迫感、慢不得的危机感、坐不住的责任感，紧盯目标任务，对标双高标准，以更敏锐的思想、更敏捷的行

动，抓紧每一天，爱衡职、做贡献，做出无愧于时代、无愧于人民、无愧于历史的新业绩。

1. 领导干部要讲政治、敢担当

各项目标任务转化为实际工作成效的关键在领导干部。各级领导干部都是领头雁，要带头把自己摆进去，放下架子，甩开膀子，积极发挥带头示范作用。

一是要带头讲政治。要胸怀"国之大者"，带头贯彻落实以习近平同志为核心的党中央各项决策部署、省市委以及校党委的安排部署，不断增强"四个意识"，坚定"四个自信"，做到"两个维护"。自觉用习近平新时代中国特色社会主义思想武装头脑、指导实践、推动工作，不断提高政治判断力、政治领悟力、政治执行力，打牢实现"二次创业"总目标的思想基础。

二是要带头树正气。领导干部是"关键少数"，是一个部门的风向标和指示灯，在学习、生活和工作中要做正能量的传播者，要讲团结、重担当，公平公正、恪守原则，按政策办事、按程序办事、按规矩办事。

三是要带头干事业。要从守旧守成中解放出来，增强敢领风气之先的魄力，乐于干事创业，勇于改革创新，敢于攻坚克难，善于谋事干事。要树立久久为功的政绩观，以"功成不必在我"的境界，多做、善做、积极做打基础、利长远的事，努力创造经得起实践、历史、学校发展检验的业绩。

2. 党员干部要提精神、强能力

一是要保持昂扬向上、争先创优的工作激情。把奋发有为、"二次创业"作为工作的价值目标，牢固树立追求卓越、事竞一流的勇气和决心，把工作标准调到最高、把精神状态调到最佳、把办法措施调到最优、把干事劲头调到最足，以"咬定青山不放松"的执着和韧劲，推动工作不断迈上新台阶。

二是要提高可堪大用、能担重任的本领能力。包括政治能力、调查研究能力、科学决策能力、改革攻坚能力、应急处突能力、群众工作能力、抓落实能力，以及学习能力、领导能力、执行能力、自律能力，等等。

三是要树立严谨细致、求真务实的工作作风。要以担当作为支点，聚焦总目标，对照目标任务、岗位职责，深挖作风建设中的突出问题，坚决纠正不严不实作风。要以提高执行力为落点，服从安排、听从指挥、闻令而动，确保学校政令畅通、各项决策部署落到实处。

3. 教职员工要重师德、做主人

一是要正师风、塑师德。要加强师德师风建设，结合正在进行的"五查五看"，全面提升教职工思想政治素质和职业道德水平，教育引导教职工争做有理想信念、有道德情操、有扎实学识、有仁爱之心的"四有"好教师。

二是要知变局、明大局。要全面认识和深刻理解百年未有之大变局，胸怀"国之大者"，立大志、担大任，在大变局中树立正确的历史观、大局观，主动做到正确认识大局、积极服务大局、坚决维护大局。

三是要履职责、做主人。要牢固树立与学校血脉相连、利益相关、命运相系的自觉意识，不断强化"校荣我荣，校衰我耻"观念。坚决摒弃"看客"心理和"袖手"心态，心系衡职、恪尽职守，在学校"二次创业"中担当任务、奉献热情、贡献力量和智慧。

（四）职业教育提质培优行动计划（2021—2023）

职业教育提质培优行动计划（2021—2023）是职业教育落实国家职业教育改革实施方案的具体安排，经过我们的努力，2021年，我们承接了教育部职业教育提质培优计划25项，创建任务，其中13项已经上报了建设方案。这些项目是我们实现"二次跨越"的突破口，尤其省域高水平高职学校建设涉及方方面面，我们必须紧紧围绕这些项目"挂图作战"，对涉及各部门的任务，再分解、再落实，从而推动学校各项工作再上新台阶。

（五）纠正"四风"和作风纪律专项整治

作风建设永远在路上。近年来，我们通过纠正"四风"和作风纪律专项整治，树立了干事创业的鲜明导向，形成了闻令而动的工作作风。但应当清醒地看到，关于作风建设，最怕问题反弹、雨过地皮湿、活动一阵风，最盼望的是形成常态、常抓不懈、保持长效。我们必须在思想上拧紧螺丝，在行动上上好发条，保证作风建设始终不松劲、不停步，为"二次创业"创造良好的环境。

1. 纠正"四风"不止步

各处室、系部都要摆摆表现，找找差距，抓住主要矛盾，特别要针对不担当、不作为、左推右挡、工作推进缓慢等突出问题，拿出过硬措施，扎扎实实地改。各部门主要领导要带头转变作风，身体力行，以上率下，形成"头雁效应"，对于形式主义、官僚主义、享乐主义和奢靡之风的新变种，以及在我校的新的表现形式坚持露头就打，坚决纠正。

2. 坚持把纪律挺在前面

一是政治纪律。要增强"四个意识"，坚定"四个自信"，做到"两个维护"，自觉在思想上、政治上、行动上同党中央保持高度一致。二是组织纪律。要强化党的组织意识和组织观念，坚持党委领导下的校长负责制，坚持民主集中制。三是工作纪律。包括值班值守制度、请示报告制度、工作制度，等等。对于这些纪律规矩的遵守，我校主流是好的，但也有一些陋习，比如个别同志迟到早退、值班值守不在岗位等，我们必须狠狠刹住这种歪风，如果不及时刹住，会极大地影响我们工作的开展和单位的形象。四是廉洁纪律。要坚持有腐必惩、有贪必肃，经常性开展警示教育，切实增强干部职工防腐拒变的意识和能力，做到知敬畏、存戒惧、守底线。五是生活纪律。要注重家庭、家教、家风建设，不仅要管理好自己，还要教育管理好亲属和身边的工作人员。

3. 保证政令畅通

政令畅通的关键在于落实，全体干部职工一定要强化抓落实的能力。

一是要创造性落实。创造性落实不是选择性落实，要在领会精神上下功夫，切实把思想统一到校党委的决策部署上来。要树立"一盘棋"思想，集中各方面力量打大仗。要从学校实际出发，充分发挥主观能动性，以"功成不必在我""功成必定有我"的精神境界，稳扎稳打、久久为功。要抓好工作创新，最大限度发掘各部门潜力，确保贯彻落实出新出彩。

二是要高质量落实。"二次创业"要在提升标准上下功夫，推动工作水平全面提高。建设"省域高水平高职学校"是一篇大文章，不可能一蹴而就、一劳永逸。在这个过程中，拉高标杆、提升标准、高水平推进尤为关键，要"跳起来摘桃子""跑起来争位置"，以对标先进、挑战自我、勇攀高峰的气概，高标准推动各项工作。

三是要及时性落实。落实既要高质量，又要求时效性。我们必须提高办事效率，始终保持一种案无积卷、事不过夜的精气神，善谋大事、乐办小事、夙兴夜寐、激情工作。

四、打好组合拳，确保"二次创业"取得实实在在的成效

"二次创业"不是某一个部门的事情，各处室、系部要树立"一盘棋"的思想，提高认识、高度重视、紧密配合、扎实推进，确保"二次创业"取得实实在在的成效。

（一）加强顶层设计

"二次创业"要抓好顶层设计，必须与学校"省域高水平高职学校"建设相结合，与学校"十四五"规划相结合，这是一方面；另一方面，还要抓好执行，各部门要以各项载体为突破口，围绕"二次创业"的具体工作全力以赴抓好落实。

（二）加强组织领导

"二次创业"在学校党委统一领导下开展。其具体任务就是"十四五"时期的规划任务、"省域高水平高职学校"的建设任务、每年度的工作要点，以及省市委、教育部门所下达的工作部署。它不是一次活动，而是要持续开展下去的常态化工作。这就要求，各部门都要承担起各项工作的主体责任。特别是刚才我们所说的几项载体活动，"三学三提"主题读书活动由洪来同志牵头，宣传部负责；"解放思想大讨论"由洪来、建英同志牵头，宣传部、办公室负责；"爱衡职、做贡献"主题教育实践活动由洪来同志牵头，组织部负责；职业教育提质培优计划由露颖同志牵头，教务处负责；纠正"四风"和作风纪律专项整治行动由全义、建英同志牵头，纪委、办公室负责。各部门要坚决扛起各项任务的主体责任，主要负责人要亲自抓、负总责，形成一级抓一级、一级带一级、层层抓落实的工作局面。

（三）加强协作配合

"二次创业"涉及的任务纷繁复杂，某一项任务可能涉及多个部门，各处室、系部要加强协作配合，凝聚工作合力。每个部门、每位教职员工都要对照任务目标找准定位、贡献力量，为学校未来的发展、美好的明天努力奋斗。

（四）加强督导检查

一要把准督查重点，突出对党史学习教育，对学校党政贯彻中央、省市重大决策，结合学校实际安排部署的重点工作落实情况的督查，确保中央、省市重大决策部署落地见效，以及学校党政各项重点工作任务圆满完成。二要加强过程监控和闭环管理。对"二次创业"时期的重要工作，每年度的工作要点，党委会和校长办公会所决定的重大事项，所有工作任务都要建立台账，明确责任人、时间节点，确保凡事有交代、事事有回音。三要创新督查的手段的方式。要坚持深入现场、跟踪排查、真督真推，积极营造解决问题、促进落实的浓厚氛围。要依托互联网和信息化手段，实施"互联网+督查"，完善督查方式方法。

（五）加强考核评估

要在"二次创业"过程中，把高标准、高质量、高效率的要求和态度贯穿始终，强化督促检查，坚持分类指导，不断传导压力、拧紧螺丝，确保有序推进。一要考核干部。要把"二次创业"取得的成效作为检验和考察干部担当作为情况的重要内容，把有思路、有担当、有能力、有作为、有潜力的干部选出来、用起来；对思想保守僵化、担当干事缺少激情、推动高质量发展束手无策的干部及时采取必要的组织措施。二要考核教师。要加强教师绩效考核，杜绝干与不干一个样、干好干坏一个样的情况发生。

（六）加强宣传发动

"二次创业"舆论宣传工作十分重要，要深入做好"二次创业"的宣传报道工作。围绕"二次创业"的目的、意义和主题，精心制订宣传计划，在校刊《匠心》、校园网、电子屏、橱窗、微信公众号等进行多方位、有深度、引领性强的宣传，确保"二次创业"深入人心、影响持久。要注重培树先进典型，对"二次创业"中涌现出来的典型人物、模范事迹及好做法、好经验等要及时给予大力表彰，发挥标杆效应，强化实干导向。

（本文根据李增军同志 2021 年 9 月 9 日在学校"二次创业"动员会上的讲话整理）

积极构建"双修双创型金蓝领"人才培养体系

人才培养是学校的中心工作，是学校发展的永恒主题。作为高职院校，究竟要培养什么样的人是我们开展人才培养活动的基础和前提。我们只有明确了人才培养的定位，才能清晰自身承担人才培养的任务和职责，才能有针对性地找准、抓住我们当前急需破解的人才培养难题，切实推进学校教育教学改革和人才培养模式创新，为学校内涵式发展提供先决条件。下面就学校今后一段时期的人才培养工作提几点意见：

一、要坚持正确办学方向，把立德树人贯穿到人才培养全过程

习近平总书记在全国高校思政工作会议上指出，我们的高校是党领导下的高校，是中国特色社会主义高校。办好我们的高校，必须坚持以马克思主义为指导，全面贯彻党的教育方针。必须坚持不懈培育和弘扬社会主义核心价值观，引导广大师生做社会主义核心价值观的坚定信仰者、积极传播者、模范践行者。

我们要在办学方向这个问题上，始终保持清醒头脑，牢牢站稳政治立场，任何时候、任何情况下都不能有丝毫动摇。要不断加强师生的理想信念教育，引导师生坚定正确的政治方向，坚定师生听党话、跟党走的人生追求；引导学生积极投身新时代中国特色社会主义伟大事业，在实现中国梦的生动实践中放飞青春梦想，在为人民利益不懈奋斗中实现人生价值。

同时要坚持德育为先的人才培养正确方向。人无德不立，育人的根本在于立德，这是人才培养的辩证法。我国有立德树人的传统，中国传统文化特别强调人的道德主体精神的弘扬、人的精神境界的追求，注重个人的道德修养，从而正确处理个人与家庭、个人与国家的关系。比如《礼记·大学》整篇都是讲述"修身、齐家、治国、平天下"的道理。习近平总书记在和北京大学师生座谈时就曾引用过这句经典名言。其中修身就是立德树人，就是成为一个有道德教养的人。在全国高校思政工作会议上，习近平总书记又指出，高校的立身之本在于立德树人。青年可塑性强，处于世界观、人生观、价值观还未定型的时

期，扣好人生的第一粒扣子对于价值观的养成至关重要。我们必须把德育放在更加重要的位置，把立德树人贯穿人才培养全过程、各环节，渗透到课堂教学、社会实践、校园文化、管理服务等各项工作的各个方面。

二、要树立正确的育人理念，把德技并修作为人才培养的根本遵循

国家不仅需要学术型人才，还需要技术型人才。职业教育作为教育的一种形式，是经济发展中不可或缺的部分，也是解决技术型人才稀缺难题的有效方式。十几年前，我国职业教育基本上是照抄照搬普通教育那一套，把自己的培养目标和普通高校混为一谈，都认为是要培养领导、培养干部、培养工程师，而不是培养工匠、培养技师、培养技术工人。经过多年来的探索实践，职业院校逐步走上了校企合作的道路，也终于明白教学改革的核心和方向是产教融合、工学结合，是培养高素质的劳动者。前不久，李克强总理对第十届全国职业院校技能大赛做出重要批示，强调"要坚持工学结合、知行合一、德技并修，坚持培育和弘扬工匠精神，努力造就源源不断的高素质产业大军"。这为我们办好职业教育指明了方向。当前，我国正在从制造大国向制造强国迈进，由"中国制造"向"中国智造"转型发展，迫切需要培养大批技术技能人才。我们必须敢于迎接新挑战，主动担当培育产业链中高端人才的历史使命，大力培养具有职业精神和职业素养的高素质技术技能人才。一方面，要顺应时代发展潮流，加强学生基础知识、技术技能训练等方面的培养，让学生从工作中来，到工作中去，在学习中工作，在工作中学习，为产业转型升级培养更多高素质生力军；另一方面，要走出"唯技为重""技能至上"的认识误区和理念误区，把工匠精神、职业精神融入课堂教学和技能训练中，让精益求精、追求卓越在学生心中生根发芽，让爱岗敬业、吃苦耐劳、尽职尽责在学生脑中根深蒂固。

三、要激发人才培养活力，把双创教育融入学生成长成才

2015年，国务院印发了《关于大力推进大众创业万众创新若干政策措施的意见》，指出要通过加强全社会以创新为核心的创业教育，弘扬"敢为人先、追求创新、百折不挠"的创业精神，厚植创新文化，不断增强创业创新意识，使创业创新成为全社会共同的价值追求和行为习惯。近年来，我们积极贯彻落实国家关于"大众创业、万众创新"的号召，把创新创业教育放在突出位置，不断夯实软硬条件保障，形成了"五段式"创新创业培训模式，建设了4100平方米的校内大学生创业孵化基地—衡智众创空间，2016年，衡智众创空间被科技部批准为"国家级众创空间"，这些成绩的取得与我们一贯重视创新创业教育密

不可分。当前,"大众创业、万众创新"已经成为举国关注、全民参与的话题,创新创业在全国已成燎原之势,这对于我们来说是一个千载难逢的机遇,我们必须适应这个大趋势,在前期工作基础上主动融入产业转型升级和创新驱动发展战略,构建"双创"教育体系、搭建"双创"实践平台、创新"双创"运行模式、建立"双创"动力机制,促进学生不断增强创业创新意识,善于创造、勇于创业,在创新创业、践行奋斗的砥砺和奉献中实现人生价值、创造美好人生。

四、要深化教育教学改革,打造"双修双创型金蓝领"人才培养体系

习近平总书记指出,创新是一个民族进步的灵魂,是一个国家兴旺发达的不竭动力,也是中华民族最深沉的民族禀赋。如果把创新作为我国发展的新引擎,那么改革就是点燃这个新引擎必不可少的点火系。回望我们来时的路,我们必须以人才培养模式的创新和教育教学改革的深化为抓手,点燃我校跨越发展的新引擎。

前面从立德树人、德技并修和双创融合三方面讲了今后一段时期我们人才培养和教学改革的方向。如果用一句话来概括的话,是不是可以归纳为"构建'双修双创型金蓝领'人才培养体系"?"双修"就是德技并修,是指要引领和培养学生从"尚德"到"厚德"、从"崇技"到"精技"。双创就是"创新创业",是指要引领和培养学生从"尚新"到"创新"、从"尚业"到"创业"。"金蓝领"就是指将学生培养成为具有高素质技术技能的时代工匠。培养"双修双创型金蓝领"就是要以"德的灵魂、职的基因、技的精髓、匠的品质"为内涵,通过厚德与精技的统一、高智与强能的统一,精准对接"双创"新时代对高职教育德才兼备、全面发展人才培养目标的新要求。主要有以下几项工作任务:

一要完善人才培养方案。要围绕"双修双创型金蓝领"人才培养目标,把学生道德素养、双创素质和实践能力作为重要内容纳入专业人才培养方案,融入育人全过程。二要优化教学内容。要根据人才培养定位和双创教育目标要求,对原课程设置进行整合、优化,从课程内容上不断完善和加强学生"德能信创"素质培养,推动学生从"眼中有技"向"眼中见人"转变。要把核心价值观教育融入教育教学全过程,引导学生正确认识新时代、新使命、新责任,坚定理想信念,牢固树立爱国主义精神,不断提升品德修养境界。要紧密结合专业教学内容,引导学生正确理解和把握职业精神的根本特质,不断升华对职业理想、职业道德、职业责任、职业品质的认知,实现从专业知识、技能到职业素养、

精神的高度融合。要强化创新精神和创业能力培养，在教学内容上彰显双创通识教育、双创专业教育和双创实践教育的全要素。三要深化教学模式改革。要基于各专业特点，八仙过海、各显其能，围绕培养"双修双创型金蓝领"，扎实开展教学改革。比如，市场营销专业采取的"任务驱动式+亲身体验式+实战项目教学"、环艺设计专业的"工作室+项目+大作业"模式都非常有特色，各系各专业要加强相互借鉴，根据自身实际打造符合自身特色的教学模式。四要加强教师队伍建设。教师在"双修双创型金蓝领"人才培养体系中起着关键作用，我们常讲要给学生一杯水，教师必须先有一桶水。我们要加强教师队伍建设，从学校教师中选拔一批师德师风高尚、技术精湛、具有创新潜力和创业能力的思政课教师、专职辅导员、专业教师组建专职"双创"团队，开展理论研究与技能培训，从而不断提升学校双创教育能力。五要推行双创技能培训新模式。要坚持以赛促教、以赛促学、以赛促创，不断完善"校赛—省赛—国赛"三级梯队培养的竞争机制，定期举办科技创新、创意设计、创业计划等竞赛，形成"学——赛——创"三位一体的双创教育新生态。六要完善教学质量评价标准。要把德技并修和创新创业效果作为重要指标纳入教学质量评价指标体系，从而形成从人才培养方案到质量标准、从课程体系到教学方法和考评方式的具有鲜明双修双创特色的教学链。七要打造优质资源集聚平台。要积极推进大学生创业孵化基地建设，积极开发各专业实训室的项目研发和孵化功能，充分利用现有众创空间，围绕师生创客需求，综合运用创业导师教练、政策扶持、技术支撑、融投资等服务手段，组合创业服务要素，完善创业服务链。八要加强双创特色文化建设。积极拓展双创第二课堂、举办"双创科技文化节"、组织创客沙龙等；将企业文化融入双创文化建设，以工匠精神引领学生的双创实践；大张旗鼓地树立双创典型，强化示范、引领和带动作用等，营造人人想创业、人人要创业的浓厚氛围。

（本文根据李增军同志 2017 年 6 月 16 日在学校人才培养工作座谈会上的讲话整理）

以"三学三提"开创奋进发展新境界

读书学习是人类认识自然和社会、不断完善和发展自我的必由之路。一个人只有不断学习，才能获得新知，增长才干，跟上时代发展的步伐。前不久，我校印发了《关于在全校开展"三学三提"主题读书活动的实施意见》。"三学三提"就是指"学时政，提升政治素质；学经典，提升人文素养；学业务，提升工作能力"。今天，我们在这里举行"三学三提"主题读书活动启动仪式，目的就是通过开展持续不断的读书活动，营造重视学习、崇尚学习、坚持学习的浓厚氛围，使每名职工真正把读书当成一种生活态度、一种成长方式、一种精神追求，自觉养成读书的习惯。下面就开展好"三学三提"主题读书活动提几点意见：

一、充分认识开展"三学三提"主题读书活动的重要意义

我们党历来重视学习，尤其在每一个重大历史转折时期，总是号召全党同志加强学习，而每次这样的学习热潮都会推动党的事业实现更大进步、更快发展。当前和今后一段时期是我校全面实施"一体两翼"发展战略、建设省级优质校的一个关键时期，开展"三学三提"主题读书活动，"学时政，提升政治素质；学经典，提升人文素养；学业务，提升工作能力"，对我们提高政治素质、推进优质校建设、引导和促进全校干部教师紧紧围绕学校工作大局、不断提升发展核心竞争力具有重要意义。

（一）"学时政，提升政治素质"是培养社会主义建设者和接班人的需要

政治素质属于人的内在品质，是思想深处的东西。特别对于高校来说，我们肩负着培养社会主义事业建设者和接班人的重大任务，必须坚持正确政治方向。然而，随着改革开放带来的"新鲜空气"，也飞进来一些"苍蝇蚊子"。近年来，师生的思想观念不断受到碰撞和冲击，一些人出现了对西方文明与制度

的盲目崇拜。也有一些高校出现了囫囵吞枣、迷失自我的现象。我们培养的是社会主义建设者和接班人，而不是旁观者，更不是反对派和掘墓人。因此，必须坚持以党的十八大精神和习近平总书记系列重要讲话精神为指导，在办学方向的问题上站稳立场，坚持和巩固马克思主义在学校的指导地位。要坚持把政治建设摆在首位，不断强化政治学习，理直气壮地信仰马克思主义、研究马克思主义、传播马克思主义、讲授马克思主义，引导青年学生真学、真懂、真信、真用。要持续强化政治引领，善于从政治上看教育，牢固树立社会主义核心价值观，进一步增强"四个意识"，树立"四个自信"。

（二）"学经典，提升人文素养"是培养"四有"好教师的需要

教师队伍的素质直接决定立德树人的成效。习近平总书记指出："要给学生一碗水，教师要有一桶水，现在看，这个要求已经不够了，应该是要有一潭水。"学养不深、根底不厚，教不了学生；能力不强、方法不当，教不好学生。作为教师，一定要把学习贯穿整个生涯当中，不断丰富教育理论知识，增长才干，提高素质。一定要把读书学习作为一种高尚的精神追求、一种健康的生活方式，做到好学、乐学、善学，自觉抵制骄傲自满、不求甚解等不良学风和习惯。要有"衣带渐宽终不悔，为伊消得人憔悴"的境界，耐得住寂寞，坐得了冷板凳，潜心研究学问、专注教书育人，不断提升教育品质，努力成为博学、善思、务实、创新、智慧且有激情的新一代教师群体。

（三）"学业务，提升工作能力"是学校提质增效的需要

当前，学校优质校建设、诊断与改进均已进入新常态，实施"一体两翼"，深化产教融合，提升双创内涵，加快集团化办学，问题集聚，矛盾叠加，学校正处于由加速发展到提质发展的关键阶段。我们遇见了过去从未遇见过的一些新情况和新问题，这是新机遇，更是大挑战；我们由过去的加速发展到如今的提质增效，这是新方位，更是新高峰。因此，面对新机遇和新目标，我们必须把自己摆进去，把职责摆进去，把工作摆进去，保持勤学、学懂、弄通、做实的态度，从而使自己能够业务精通、技术熟练、能征善战，以事半功倍的成效破解瓶颈，攻坚克难。

二、深刻把握开展"三学三提"主题读书活动的重点

开展"三学三提"主题读书活动，学是基础、是前提，既要有的放矢，又要广泛涉猎；提是重点、是核心，既要巩固深化，又要完善提升。另外开展"三学三提"主题读书活动不是一阵风，而是校党委基于当前发展的形势和任务

所进行的一项制度设计，是一项固根本、利长远的工程。必须把握以下几点：

（一）要突出"学"这个基础

各处室、系部，全体干部职工要结合自身实际，利用好有效时间开展集中学习和个人自学，要切实保障学习质量和效果，有效提升综合素养。

首先，是突出重点，增强学习的针对性。在学深学透本职工作业务知识的同时，重点学习马克思主义、毛泽东思想、邓小平理论、"三个代表"重要思想、科学发展观、习近平总书记系列重要讲话精神以及人文社科等方面的优秀读物，要干什么学什么、缺什么补什么，既要找准切入点，有的放矢，又要提高站位，统揽全局。

其次，是创新载体，增强学习的灵活性。不仅可以通过学校搭建的每月《经典选读》读本、书记荐书、读书分享会、非遗大师进校园、书香衡职读书节等平台和载体学习，还可以充分利用阅读数字资源平台、微博、微信、网络等便于观看、易于掌握的新媒体随时随地学习，形成读书活动线上、线下相结合的多元立体格局。

第三，是学以致用，增强学习的实效性。当前，学校发展正处于深刻变化的新阶段，加强学习，提升干部职工工作能力、工作水平至关重要。因此，必须坚持学以致用，增强学习实效性。大家要正视自身存在的差距，既要积极补齐知识的短板，填充能力的不足，学深悟透、融会贯通、注重实效。又要把学习到的理论知识充分应用于学校发展的各项工作中去，转化到谋划思考今后的工作思路上去，从而真正做到学以致用、用以促学、学用相长。

（二）要紧扣"提"这个目标

我们开展"三学三提"主题读书活动的目的是要提升政治素质、人文素养、工作能力，所有干部职工都必须紧扣"提"这个目标，不断增强能力水平。

首先，要提升政治素养，这是核心。作为党员，我们要时刻保持自身的政治敏锐性，加强自身理论学习，提高个人政治素质。特别是在当今网络技术不断发展，网络信息不断膨胀的情况下，各类信息鱼龙混杂，如果不加强理论学习，就不能保持思想上的与时俱进。由此可见，不仅是领导干部，包括普通教职工也要深刻认识提高政治素养的重要性和紧迫性，从自身政治建设出发，把提升政治素养贯穿教书育人全过程，以立德树人的初心践行为党育人、为国育才的使命。

其次，要提升人文素养，这是关键。古语云："腹有诗书气自华。"读书不仅可以长知识，还可以提升人的精神境界，使人气质高雅。尤其常读书，日积月累就会使人脱离低级趣味，养成高雅、脱俗的气质。特别是作为教师来讲，我们不能只做传授书本知识的教书匠，而是要成为塑造学生品格、品行、品味的"大先生"。这就，更需要我们通过经常读书学习来涵养"德的灵魂、职的基因、技的精髓、匠的品质"，从而真正成为培养学生创新、实践、个性品格的"大先生"。

第三，要提升工作能力，这是根本。我们面临巨大机遇，同时也有新的挑战。面对新机遇和新挑战，需要我们通过不断学习来想出新思路、拿出新举措、走出新路子。班子成员要率先垂范、先学一步，通过不断学习来增强谋划能力和驾驭全局、处理复杂问题的能力；领导干部要紧跟其后，在干中学、学中干，不断提高工作质量和效率，增强抓落实的能力；学校教职工要全体参与、全员学习、全面提升，学而不厌、诲人不倦，教而有道、教而有法，增强教书育人的能力。

（三）要抓好"常"这个导向

"三学三提"主题读书活动贵在坚持。我们要在"长"和"常"上下功夫，建立长久化和常态化工作机制。每周编发一份读书活动简报，隔周开展一次读书小组交流活动，每月集印一册经典读书材料，每两个月举办一期读书讲座，每学期评选一批优秀读书心得文章，每年举办一次读书报告会。全体教职工要坚持每人至少参加一个读书学习小组，每天自主学习一小时，每周写一篇读书小结，每月精读一本好书，每学期撰写一篇读书体会或调研文章，每年做一次读书成果汇报。总之，要通过建立长久化和常态化学习机制，营造全员学习、全程学习、争相学习的良好风气。

三、切实加强"三学三提"主题读书活动的实施保障

开展"三学三提"活动是学校党委基于当前学校形势所做出的一项制度性安排，事关当前，影响长远。大家一定要认识到位、学习到位、坚持到位，确保读书活动不走过场、不搞形式、取得实效。

一是要加强组织领导，建立领导机构。成立以王丽莉为组长，李秋生、刘秋明为副组长，由宣传部、办公室、组织部、教务处主要负责人及各党总支、支部书记为成员的领导小组，统筹负责全校的主题读书活动。领导小组下设办公室，挂靠在宣传部。同时，宣传部还要牵头，协同社科部，在理论中心组的基础上成立马列主义读书学习小组，重在"学时政，提升政治素质"；社科部牵头，成立传统文化与社会主义核心价值体系读书学习小组，重在"学经典，提升人文素养";各系分专业成立科学文化读书学习小组,重在"学业务,提升工作能力"。领导小组和各读书学习小组要加强组织推动,以身作则、率先垂范,以实际行动带动全体教职工的读书学习,迅速掀起全校全员读书学习热潮。

二是要树立先进典型,加强成果推广。在活动开展过程中,要注重发现读书活动中涌现出的先进组织、先进个人、先进经验、典型事迹等,对其加强宣传报道,发挥其示范引领作用。评选出一批"学习型机关、系部""读书学习标兵",并给予文献典籍等书籍形式的奖励。同时,及时征集师生的学习读书成果,在微信公众平台、《高职园地》《衡水晚报》等媒体刊登;筛选优秀读书交流文章并集印成册,促进面向社会文化交流。

三是要加强督导检查,促进活动实效。各处室、系部要坚持把读书学习与本部门工作实际结合起来,把提高人文素养同增强工作本领、提高创新能力结合起来,紧紧围绕学校"十三五"规划建设目标,坚持学以致用,真正把学习成果转化为指导工作、解决问题的思路和方法,推进各项工作的创新和发展。各归口小组要严密组织,扎实开展活动。宣传部要督导检查各读书小组的计划落实情况,加强全校读书活动的组织协调,通过召开调度会、印发资料和活动简报等方式,调度和促进"三学三提"主题读书活动不断向纵深开展。

(本文根据李增军同志 2016 年 12 月 20 日在学校"三学三提"主题读书活动启动仪式上的讲话整理)

三　课堂教学篇

"三抓三促四引领"提升高职院校思想政治理论课教育质量

习近平总书记指出，"思政课是落实立德树人根本任务的关键课程""办好思想政治理论课，最根本的是要全面贯彻党的教育方针，解决好培养什么人、怎样培养人、为谁培养人这个根本问题"。近年来，衡水职业技术学院（以下简称衡职院）坚持以习近平新时代中国特色社会主义思想为指导，坚决贯彻上级文件和会议精神，加强顶层设计、加大政策保障、优化举措措施、持续开拓创新，扎实推进了"三抓三促四引领"思政课教育质量提升工程实践探索，即抓制度建设促教育机制规范、抓师资建设促教师能力提升、抓课程建设促教学质量提高，强化思想、价值、精神、文化引领，让思政教育活了起来，进一步筑牢了学生成长成才的思想根基，彰显了高职院校立德树人成效。

一、以抓制度建设为保障，促进思政课教育机制规范

思政课是学生接受思想政治教育的主渠道和基本途径。加强思政课建设是适应新时代社会主义现代化建设，培养时代新人的必然选择。为了进一步加强新时代思政课建设、衡职院立足高职院校实际和高职学生特点，在进行思政课改革创新的同时，不断强化制度建设，加强顶层设计，形成了规范的思政课建设制度体系，促进了学校思政课教育教学规范。

一是加强顶层设计。为开好思政课，学校把思想政治教育列入学校事业发展规划，把思政课程列为重点课程，并制定了《思想政治理论课质量提升工程实施方案》《关于加强思想政治理论课教师队伍建设的实施意见》等相关配套文件及其实施办法，打通了办好思政课程的建设通道。同时，成立了"两院三中心"，即马克思主义学院、创新创业学院，以及两个学院下设的马克思主义知识点研究中心、中华文化自信研究中心和河北职教双创研究中心，推进思政课程与课程思政的改革创新，构建了大思政格局。

二是完善制度体系。学校建立了较为完善的思政课教育管理制度体系，制

定了《关于加强思想政治理论课教师队伍建设的实施意见》《骨干教师评选与管理办法》《教学名师评选与管理办法》《新入职教师培训方案》等一系列制度，并在此基础上规范完善了思政课教师专业化发展机制，优化了思政课教师备课制度、听课制度、集体教研活动制度、教学质量监控和检查制度、教学档案管理制度、学生评教制度、考勤制度等，形成了适应思政课教师专业能力提升的较为完善的规章管理制度体系，实现了教育管理的规范化。同时，根据"三进"要求，实施了课程建设标准化工程，修订思政课课程标准、统一教案和课件，实现了思政课程的标准化。

二、以抓师资建设为根本，促进思政课教师能力提升

习近平总书记指出，"办好思政课，关键在教师"，近年来，衡职院围绕思政课教师队伍建设这个关键，积极培养打造一支"政治强、情怀深、思维新、视野广、自律严、人格正"的高水平思政课教师队伍。

一是打造教学团队。2021年，衡职院按照"建设校级、争取省级、突破国家级"的建设思路，成功立项了河北省职业院校思想政治课教师教学创新团队。该创新团队立足学校"双修双创型金蓝领"（"双修"指德技并修，"双创"指创新创业）人才培养目标，遵循思政课教育教学规律、职业教育规律和学生成长规律，按照"1234"总体布局（"1"是指"一个根本"，即"立德树人"；"2"是指"两条路径"，即创新教学载体和构建教学模式；"3"是指"三个思政教师发展平台，即教研、竞赛和培训；"4"是指"四方联动"，即学校、政府、企业、社会四方共建，优势互补，校内、校外协同联动），经过两年的培育与建设，构建一支党委统一领导，校政企社深度融合、协同联动，满足学校思政课教育教学需求，在省内外有一定影响力的结构优化、特色鲜明的思政课教师教学创新团队。

二是搭建教研平台。衡职院积极搭建以"教研、培训、竞赛"为主体的思政课教师能力提升平台。第一，实施新教师试讲和以老带新的"传、帮、带"制度，通过集体备课、听课、评课等方式，帮助青年教师健康和快速成长。第二，通过多种途径进行"理论学习""教法改革"等各级各类培训，如利用"人民学习"平台、"三学三提"主题读书活动，2019年至今已组织100多人次思政课教师参加各类理论和实践研修。第三，支持和鼓励教师参与"骨干教师评选""教学名师评选"等活动以及各级各类教学能力比赛，近两年来，获得河北省高校青年教师思政课授课大赛三等奖4项。

三、以抓课程建设为主线，促进思政课教学质量提高

课程是教学的载体，课堂是教学的渠道，教材是教学的承载。加强课程建设、提升教学质量是思政课建设的关键，衡职院围绕课程设置、课堂教学、教材使用进行优化整合，因时制宜、因材施教，在教学过程中进行多样化探索，通过多种方式提升了思政课教育教学质量。

一是规范课程体系。学校在开设毛泽东思想和中国特色社会主义理论体系概论、思想道德与法治、形势与政策三门思政必修课的基础上，增加开设了中国共产党简史、中华优秀传统文化、国家安全教育等限选课，并探索实施多种形式的实践教学（课堂内的项目化实践教学），例如2021年举办以"学党史、强信念、感党恩、跟党走"为主题的党史学习教育暨思政课实践教学活动汇报展示，初步形成了主辅结合、内容衔接、功能对应、特色鲜明的"3（必修）+1（实践）+X（选修）"思政课程体系。

二是，丰富教材体系。学校积极打造体现校本特色的立体化教材体系，以必修课国家统编教材为主体，以展示热点新闻、解读主流思想的"微教材"、《中华优秀传统文化》云教材，围绕中国精神系列讲座等校本讲义为主的选修课教材和实践课程教材为补充，构建了立体化教材体系。比如，组织本校教师编印了19万字的《党的十九大报告知识点解读》和《平"语"金句》读本，并将其纳入学校"课堂思政五分钟"教材蓝本。

三是，改革课堂教学。学校坚持以满足学生需求为导向，遵循统编教材，依托地方资源，融入职教理念，借助智慧课堂，探索形成了思政课"问题链"教学模式，实现了教学内容多维化、教学方式互动化、教学管理智能化。如思政课教师协同学校各部门参加参观耿长锁纪念馆、本斋纪念园、清明节扫墓等各类教育实践活动，并将活动内容融入思政课程中，形成了思政小课堂和社会大课堂的有机融合。

四、以强化引领为主题，让思政教育活起来

习近平总书记指出："加强高校思想政治工作，要注重文化浸润、感染、熏陶，既要重视显性教育，也要重视潜移默化的隐性教育，实现入芝兰之室久而自芳的效果。"① 为此，衡职院实施了"浸润工程"，促进思想政治教育"随风

---

① 习近平在全国高校思想政治工作会议上强调 把思想政治工作贯穿教育教学全过程 [EB/OL]. 共产党员网，2016-12-08.

潜入夜，润物细无声"。

一是强化思想引领，弘扬新时代主旋律。学校鼓励思政课教师和专业课教师借助校本教材，利用思政课堂主渠道和其他课程开展"课堂五分钟"思政教育，推进习近平新时代中国特色社会主义思想进教材、进课堂、进学生头脑。在学校的推动下，学生自发成立习近平新时代中国特色社会主义思想艺绘社，为武邑县 12 个贫困村开展大型墙绘，既服务了乡村振兴，又实现了"平语近人"向农村延伸。

二是强化价值引领，增强大学生责任感。学校鼓励教师指导学生实践和社团活动，利用社会实践、社团活动等大力培育和弘扬社会主义核心价值观，以及新时代主旋律。2020 年，衡职院学生根据社会主义核心价值观的内容，设计打造了 12 个卡通形象"衡职宝宝"表情包供师生和社会使用，这些表情包自上线以来，已被下载数万次，并被中国教育报报道。此外，学校学生积极参加暑期社会实践活动，为脱贫攻坚贡献了衡职学子的力量。比如"通语明智"社会实践小分队利用假期时间深入农村推广普通话，受到了教育部、团中央表彰；"启趣宏志"社会实践小分队深入农村对儿童文化基础素养进行兴趣培养，荣获 2020 年河北省大中专学生志愿者暑期社会实践"优秀团队"称号。

三是强化精神引领，赓续百年红色基因。学校党委指导思政课教师，利用图书馆打造了"中国精神图片展暨'四史'教育公共实训基地"。思政课教师承担思想政治现场教学任务，助力校内外师生群众学史明理、学史增信、学史崇德、学史力行。展览自开放以来，吸引了校内外人士前来参观学习，进一步重温了党的奋斗史，谨记了党的初心和使命，赓续了党的精神血脉。目前，中国精神图片展已成为学校党史学习教育和传承红色基因的重要载体。此外，学校还组织了 2 个党史学习教育宣讲团深入社区、中小学校进行党史学习教育宣讲，为衡水市党史学习教育的扎实开展贡献了衡职力量。

四是强化文化引领，凝聚合力释放能量。学校坚持把中华优秀传统文化纳入课堂教学，开设限选课，举办经典讲座。利用我国改革发展的伟大成就、重大事件、重大活动等，组织开展主题教育，引导学生树立和践行以爱国主义为核心的民族精神和以改革创新为核心的时代精神。如把"三学三提"主题读书活动向学生延伸，定期开展晒书活动；与中国人民解放军 91959 部队衡水舰签订《军民共建协议》，拓展国防教育和爱国主义教育的实践路径；邀请冀派内画、武强年画等非物质文化遗产传承人、艺术大师进校园，举办大国工匠衡水大讲堂，培养学生的工匠精神；深入挖掘衡职院近百年办学的精神文化积淀，开展讲校史、唱校歌、践履校训等系列活动，强化爱校教育，引导师生从红色校史文化中汲取正能量，将校史红色基因与新时代思想元素相连接，推进"衡职精神"的时代重塑。

习近平总书记强调，"未来 30 年，我们培养的人要能够完成'两个一百年'的伟业，这就是教育的历史责任"。① 当前，我国经济社会进入了新的发展阶段，建设好新时代的高职教育，必须办好思政课。思政课的建设成效决定着高职教育人才培养质量的高低，打造新时代人才培养高地也应当将思想政治工作贯穿其中，扎实抓好思政课建设，发挥好思政课在学生思想政治教育中的主渠道作用。

（执笔：李全义、刘建平）

---

① 习近平主持召开学校思想政治理论课教师座谈会［EB/OL］. 中国政府网，2019-03-18.

高职院校思想政治理论课"双手册制"学习模式探析

习近平总书记在《思政课是落实立德树人根本任务的关键课程》中指出："很多学校在思政课上积极采取案例式教学、探究式教学、体验式教学、互动式教学、专题式教学、分众式教学等，运用现代信息技术等手段建设智慧课堂等，取得了积极成效。"① 在思政课教学改革取得巨大成效的同时，我们也要看到当前思政课教学的改革创新主要围绕的是教师"教"的方式方法和技术手段，即对教师的"教法"研究得很多，在对学生"如何学""怎么听"的"学法"，以及如何形成"教"与"学"同频共振的协同效应等方面存在较大的研究空间。

课堂教学是教师教与学生学的双边活动，课堂教学效果也主要取决于这两个因素。推进思政课改革创新，提升思政课教学实效，就必须树立"教法"与"学法"协同创新的观念。基于这一观念，针对思政课教学中存在的问题和高职院校学生的学习特点，紧紧围绕立德树人这一核心，贯穿提升思政课教学质量这一主线，我们在思政课教学过程中推行使用"理论学习手册"和"实践活动手册"即"双手册制"学习模式，注重发挥"教"与"学"两个积极性，形成"教"与"学"同频共振的协同效应。

一、实施"双手册制"学习模式的主要依据

（一）"理论学习手册"的实施符合教育教学的一般规律和要求

思政课课堂教学和其他课程一样，都是教育者和受教育者以教学内容为媒介所开展的双向互动过程，课堂教学要取得预期效果，需要教师和学生共同协作。这就要求教师充分发挥课堂教学策划者、组织者、管理者的作用，在课前、课中、课后对学生进行有效的组织、管理和督导，尤其课中要指导学生如何有

---

① 习近平. 思政课是落实立德树人根本任务的关键课程［EB/OL］. 中国政府网，2020-08-31.

效地听。遵循这一教育教学规律，在思政课理论教学过程中，按照"课前预习—课中记录—课后反思"学习步骤，设计并推行"理论学习手册"，把传统的学习步骤和思政课教学有机结合。通过"理论学习手册"实现把教与学的有机结合起来，对学生的学进行有效管理，产生了良好的教与学的协同效应。

（二）"实践活动手册"的推行既符合思想政治理论课教学的特殊规律和要求，也符合职业教育的教育理念

思想政治理论课教学不仅是一个知识传授的过程，更是一个价值引导和信仰确立的过程。这就要求思想政治理论课既要进行理论教学，传授理论知识，也要开展以帮助大学生树立正确的世界观、人生观、价值观为目的的实践教学，这也是思政课与其他课程的显著区别。高职院校思想政治理论课教学既有普通高校思想政治理论课教学的共性，也有高等职业教育思政课教学的特殊性。遵循职业教育的育人规律，针对高职学生的学习特点，我们尝试把"做中学、学中做"的职业教育理念融入思想政治理论课教学，推行课堂内"项目化实践教学"。同时为避免实践活动的泛娱乐化，规范实践教学，设计实施实践活动手册。依托实践活动手册有效开展课堂内"项目化实践教学"，组织学生开展读书交流、主题演讲、情景模拟等丰富多彩的实践活动，充分发挥学生的课堂主体地位和实践能力，使学生在形象直观的活动中加深对思想政治理论课理论知识的理解和体悟，实现了课堂教学教师主导作用和学生主体地位的有机结合，取得了良好的育人效果。

（三）实施"双手册制"学习模式符合高职学生的认知水平和学习特点

从学习思政课的态度来看，大多数高职学生认为思政课纯粹是一门政治性的课程，学习了也没用，他们不愿或忽视思政课的学习；从学习思政课的知识支撑来看，大多数高职学生是理科生，对思想政治理论知之甚少，缺乏深入学习的知识积淀；从学习的习惯来看，大多数高职学生没有良好的学习习惯和科学的学习方法，学习缺乏自律性，上课手机不离手的现象十分普遍，对教师的讲授不闻不问、不听不记。针对这些问题而设计的理论学习手册，每次课都要求学生上课必带、听课必记，把学生的注意力从手机转移到课堂，强化了课堂管理，培养了学生良好的学习习惯。针对高职学生抽象思维能力弱，而形象思维能力、动手能力、实践能力相对较强的特征开展的"项目化实践教学"，设计的实践活动手册，充分发挥了学生的课堂主体地位，改善了课堂氛围，增强了学生的获得感和成就感。

二、理论学习手册的设计、实施和效果

（一）理论学习手册的设计

理论学习手册设有封面，封面内容包括课程、系部班级、姓名和指导教师等；手册后面有手册使用说明和要求；手册的具体内容以教学专题为单位，每个教学专题都会在手册里明确本专题的学习内容、学习目的和学习的重难点等，方便学生对教学内容有整体性的认识。每个教学专题设有"每周时事观察""课前自主预习""课中认真听课""课后总结反思"四个栏目，具体如下：

每周时事观察——过去一周的社会热点或者焦点问题，国际国内发生的重大事件，学生对这些问题或事件的看法和认识，等等，引导学生家事、国事、天下事，事事关心。

课前自主预习——线上与线下结合，线上是在职教云平台发布支撑专题教学的相关视频资料、经典文献；线下就是在理论学习手册布置思考题，明确让学生要解决完成的问题，让学生带着问题有针对性地预习。

课中认真听课——结合"问题驱动下的对话式"教学，在此栏中明确本专题要解决的层层问题，要求学生在听课过程中做好笔记，边听边记，当堂课完成布置的问题。

课后总结反思——每个专题完成后，学生可以从自己的学习态度、学习能力、学习内容等方面进行反思和总结。

（二）理论学习手册的实施

理论学习手册由思政课教师集中讨论设计，学生人手一册。教师在第一节课要对手册的使用、要求和考核评价进行详细说明，明确实行"手册"的目的和重要意义，以引起学生对完成"手册"的高度重视。在具体实施过程中要注意以下两个问题：

1. 把"手册"的完成情况作为评定学生参与教学、完成作业的过程化考核的主要依据，占课程总成绩的50%，较高的成绩占比可以使学生意识到只有把功夫用在平时，按时保质地完成"学习手册"，这门课才能及格或取得优异的成绩，从而引起学生对学习手册的高度重视。

2. 教师在每次课前一定要随机抽查学生对"每周时事观察"和"课前自主预习"的完成情况，课后要抽查"课堂认真听课"的笔记记录情况，以便发现问题及时解决。同时，避免学生不按时完成，日后突击的不良现象。

每个专题教学任务完成后，组织学生间的互评，期末教师在日常的学生评

定、教师评定的基础上客观公正地进行总体评价，给出平时成绩。

（三）　实施理论学习手册的效果

从课堂教学实践来看，教师随机抽查，学生定期互评，把课程的考核放在平时的学习中，一系列举措对学生形成了强有力的约束，旷课的学生少了，上课玩手机的学生少了、玩手机的时间短了，对教师而言，加强了课堂管理；对学生而言，把学生的注意力从手机转移到了课堂，加强了学生对所学内容的理解和记忆，培养了学生良好的学习习惯，增强了学生自我控制和自我管理的能力。从思政课教学实效性来看，理论学习手册成为联系教师教和学生学的桥梁和纽带，确保学生最大限度了解吸收教师提供的信息，有效克服了学生上课"低头族""手机控"，教师课堂"唱独角戏"的不良状况，实现了教与学讲与听的同频共振，产生了良好的协同效应，提升了思政课理论教学的实效性。

三、实践活动手册的设计、实施和效果

（一）　实践活动手册的设计

实践活动手册设有封面，封面内容包括课程、系部班级、项目负责人和指导教师等；"实践活动手册"的具体内容以每个实践项目为单位，每个实践项目都会在手册里明确项目主题、活动目的、活动内容、活动方式和活动要求，以便学生对实践活动有整体性认识，并设有"小组成员""成员分工""活动过程""活动成果""考核评价"五个栏目。

（二）"实践活动手册"的实施

1. 组成实践项目活动小组，小组规模 10 人以下（一般以宿舍为单位），由各小组自行决定设组长一名。组长要把任务分解落实到每一个组员，记录好小组讨论以及活动开展的全过程，并填写到实践活动手册；负责小组成员之间的沟通，及与老师的沟通协调。在项目实施过程中，教师一定要与组长多沟通、多交流，以适时引导学生。

2. 实践课堂成果展示一般采取每组选一人负责主题发言，其他成员可以补充的形式。鼓励采取灵活、创新的汇报形式。

3. 每一组项目完成后，教师做总结性点评，肯定成果，指出不足和努力方向，梳理形成理论观点。

（三）实施"实践活动手册"的效果

首先，实践活动过程中的资料搜集与整理、经典文献阅读、PPT 制作、实践成果的形成等都由学生自主完成，有助于培养提高学生自主学习的能力和对

理论研究的兴趣。其次，活动以小组的形式进行，在研究完成"实践活动手册"的过程中，小组成员之间相互沟通、分享、碰撞，有助于培养学生的合作探究意识，塑造学生的批判和创新精神。最后，实践活动手册的完成有助于培养学生的规范意识、逻辑思维和写作能力。在学生各方面能力得到锻炼和提升的同时，思政课堂氛围较以前有了明显改善，教学质量有了明显提升。

（执笔：曹淑兰、杜青茶）

基于翻转课堂的高职院校思政课教学改革探索

习近平总书记强调："思想政治理论课是落实立德树人根本任务的关键课程。"当前，高职院校作为中国高等教育的半壁江山，要解决好"培养什么人、怎样培养人、为谁培养人"这个根本问题，首先需要思政课教师发挥好立德树人的关键作用，创新推进思政课教学改革。思政课的翻转课堂就是在思政课教学中，由"教—学"模式转变为"学—教"模式，教师充分利用现代信息化技术手段，实现师生角色、课程形式、考核方式等变革，使思政课变得更加灵活生动、丰富有趣，培根铸魂的效应充分凸显。

一、高职院校思政课教学模式改革的必要性

（一）翻转课堂概述

1. 翻转课堂起源

翻转课堂这一理念萌芽于 19 世纪初，是由西点军校教师 General Sylvanus Thayer 探索试验的。具体表现为：提前发放资料供学生上课前学习，而在课上时开展批判性思考，借由小组讨论等形式，促使学生解决学习中的问题。这种教学模式将学生课上与课下的任务颠倒，已初步具有翻转课堂的基本理念。

1991 年，哈佛大学教授埃里克·马祖尔强调了计算机在教学活动中至关重要的地位，并探索提出了 PI 教学法，他将学习分作两个步骤：一是传递知识，二是内化知识。对应到翻转课堂的理念中来，依托互联网技术以及教师提供的丰富学习资料，教师在课前完成知识的传递环节，学生进行知识的吸收；而在课堂中，学生凭借已掌握的知识，在教师与小组成员的协助下内化知识。

2000 年，莫林拉赫、格伦·普拉特和迈克尔·特雷格拉在论文《颠倒课堂：建立一个包容性学习环境途径》中论述了在美国迈阿密大学开设"经济学入门"课程时采用的翻转教学模式，详细介绍了如何利用"翻转"方式促进差异化教学，以适应不同学生的学习风格。

2007 年，萨尔曼·罕关于翻转课堂的探索——可罕学院，将这一教学模式带入更广大受众的视野内。可罕学院为全球学生免费提供一线教师的教学视频，帮助学生在课前学习课堂内容，课上向教师请教不明白的问题。由此，"翻转课堂"被广大教育者广泛关注，曾被加拿大的《环球邮报》评为 2011 年影响课堂教学的重大技术变革。

2. 翻转课堂与传统课堂对比

在传统教学中，教师课堂授课传递知识，学生课下复习、完成作业、巩固提升，逐步完成知识的内化。而在翻转课堂中，依托互联网技术以及教师提供的丰富学习资料，教师在课前环节完成知识的传递，学生进行知识的吸收；而在课堂中，学生凭借已掌握的知识，在教师与小组成员的协助下完成知识的内化。

（1）教师角色转变

在传统教学中，教师是知识传授者的角色，课堂为知识传授的主阵地。在翻转课堂中，教师由"主角"转为"导演""策划"，把课堂交给学生，课堂成为探究问题、交汇思想、拓展思维的"探索基地"。教师不再是知识交互及应用的主导者，而是转变为学生学习的指导者、促进者，协助学生获取信息、分析信息、拓展思维与总结提升。

翻转课堂对教师教学技能提出了更高要求。为促使学生利用课前学习与课内讨论完成知识的吸收与内化，教师需要应用相应的教学技能、按照规范的教学策略达到教学目的。在教学过程中，教师要在不干扰学生独立思考的前提下协助学生学习，对学生的探索方向给予引导，并在合适时机对学生的学习情况进行测评，提出恰当反馈。

同时，现代信息技术是实现课堂翻转的重要媒介，要求教师具有较高的信息技术应用处理能力。例如，课前学生自主学习资源的搜集与整理，课内通过"微助教"等平台与学生互动，制作微课、慕课等均离不开较高的现代信息技术应用能力。

（2）学生角色的转变

在翻转课堂模式下，学生成为"主角"，可自定学习步调，自主把控学习的时间节点、方式、媒介，并自主对学习效果进行评价，根据反馈信息调整学习策略。在翻转课堂中，学生拥有了远超传统课堂的自主性与独立性，这便于针对学生特点进行差异化教学。

同时，翻转课堂要求学生具有较高的自主学习能力，具备一定的信息素养。随着学习活动自主性的加大，学习效果深受学生的求知欲、主动自主学习能力的影响，"内驱力"成为学生探索新知的重要动力。此外，在教学活动逐步电子化的时代，学生较高的信息素养一方面可以提升其对信息资源的检索、甄别、分析、利用能力；另一方面可以保证其充分吸收掌握教师提供的学习资源，将资源的效益最大化，进而保证较高的学习效率与较好的学习效果。

（二）翻转课堂可以有效弥补传统教学模式的不足

在传统教学模式下，思政课教学在以下三个方面具有突出缺陷：教学内容理论性强、学生兴趣不高，教学方法单一，学生差异化和个性化问题难以解决。在高职院校思政课应用翻转课堂的教学模式可有效弥补这些不足。

1. 教学内容理论性强、学生兴趣不高

受课程性质的影响，思政课程中理论知识较多，部分知识站位较高，且有些教师在课堂上习惯选取一些在学生看来遥不可及的案例辅助理解，这导致课堂内容理论性强，与生活联系不够紧密。在部分高职院校学生眼中，思政课是初高中政治课的延伸与拓展，新鲜内容少、趣味性差、与现实脱节，因而学习兴致不高，学习效果欠佳。

从学生自身角度而言，高职院校学生整体素质偏低，相当多学生没有良好的学习习惯，学习基础也相对较差，跟不上思政课日常教学步调，不仅加大了高职院校思政课的教学难度，还给高职院校思政课的教学改革带来了很大挑战。

高职院校思政课应用翻转课堂这一创新教学模式可有效解决以上问题。从教师层面来看，线上教学资源丰富多样、方便灵活，教学信息清晰明确，便于教师实时更新教学案例辅助教学，提升学生的学习兴趣；从学生层面来看，翻转课堂的学习模式能够重新建构学习流程，有助于纠正学生不良的学习习惯。

2. 教学方法单一

在传统思政课堂中，"灌输式"教学一直占据主流地位。教师较少采用多媒体技术辅助教学，或仅采用播放演示文稿的形式辅助讲解，偏重重复枯燥的知识，或按照演示文稿开展教学，方式单一且较为枯燥。长此以往，高职院校学生对思政课的学习兴趣将会受到影响，不利于学生思想道德修养以及素质的提高。翻转课堂采用启发式教学，将讨论与思维碰撞融入课堂教学环节，通过课堂知识的延伸与应用，激发学生的探索精神与学习兴趣，有助于发挥学生的主体能动性，帮助其建立科学的思维方式，提升其综合素质。

3. 学生差异化和个性化问题难以解决

在传统思政课堂中，教师普遍选择同质化的教学方式，按照有利于大多数学生掌握的方式开展教学活动。在强调人本主义、个性化发展的时代，虽然这种传统的教学方式能够适应大多数学生的需求，但不能满足学生的个性化需求。借助翻转课堂模式，学生能在课前的自主学习中，按照最适合自己的方式与速度开展学习，在课上的思维拓展与探索方面也拥有更高的独立性与自主性。

二、基于建构主义的翻转课堂探索

（一）建构主义理论概述

1968 年，瑞士学者让·皮亚杰在《结构主义》一书中提出建构主义理论。建构主义理论颠覆了传统课堂"学习是教师将知识传递给学生"的核心理念，强调学生不是知识的被动接受者，而是知识的主动建构者。具体而言，建构主义理念下，学习活动是学生根据所处的社会文化背景，选择恰当的学习资源，通过与教师、同学的交流、探讨、合作，在已有知识和经验的基础上建构新知识的过程。建构主义理论强调了学生学习的"两个主动"：其一是对知识的主动探索，其二是对所学知识意义的主动建构。与此同时，建构主义将"情境""协作""会话"和"意义建构"四者作为学习要素，提倡利用外界环境因素，如教学模式、教学方法等，激发学生学习的主动性，促使学生在"情境"中进行"意义建构"，自主挖掘问题，分析研判解决，最终将知识转化为实践能力。

（二）建构主义理论是翻转课堂的基础

对比翻转课堂教学模式与建构主义学习理论，我们发现，"以学生为中心"的反传统的教学理念都是二者的核心观念之一，而建构主义理论中"情景""协作""会话""意义建构"四要素在翻转课堂教学中得到了充分的诠释与应用。在翻转课堂教学模式下，教师在课前为学生提供学习资料、案例分析以及讲解视频，即为学生学习活动的开展创造了"情景"；在课堂内，学生在教师的引导下进行小组讨论，在交流合作中拓展思维、解决问题，这构成了建构主义学习观中的"协作"与"会话"要素。"意义建构"要素延伸为学生将知识内化于心，结合现实要素转换为自身能力，能够在自主学习中认识与解决问题。可以说，建构主义理论是翻转课堂的基础，是翻转课堂教学设计过程中应该始终遵循的指导性理念。

在建构主义视角下构建翻转课堂，对教学活动中知识传递的双方提出了要求：学生在学习过程中具有主体地位，学生应当用发展的眼光审视学习活动，能够掌握一定的信息技术能力，并且可以借助现有资源，实现从现有经验水平到更高认知水平的跨越；教师不是简单的知识传授者，而是学生建构意义的帮助者和辅导者。

三、翻转课堂在高职院校思政课中的应用实例

依托现代信息技术，运用建构主义理论，打造以翻转课堂为教学模式的高职院校思政课，主要从课前、课堂、课后三个维度进行设计。翻转课堂依托网络技术得以实现，在实施前，需要构建网络教学平台，供教师上传 PPT、视频、案例等课前学习资料。除依托正式的网络教学平台外，教师还可以构建 QQ 群、微信群等课堂群，在群内提供学习资料，并发起讨论，解答问题等。下面以《思想道德与法治（2021 版）》中的专题一："争做堪当民族复兴大任的时代新人"为例，对课前、课中、课后三个阶段中教师知识传递、学生的知识内化行为进行解读。

（一）课前准备

建构主义理论以学生为中心，强调了学生学习中对知识的主动探索与对所学知识意义的主动建构。课前学习环节可以调动学生的自主性，激发其求知的欲望，实现差异化、个性化教学。在学习专题一："争做堪当民族复兴大任的时代新人"时，教师将相关 PPT 上传至网络教学平台，供学生提前了解教学框架及要点，为之后的自主学习打下基础。教师指导学生阅读习近平《在纪念五四运动 100 周年大会上的讲话》，将教学内容与时事政治结合起来，帮助学生更加深入地了解课堂内容，逐步完成对知识的吸收。之后，学生自主阅读教师上传的相关案例，并结合自身经历与对本节课内容的了解进行分析，将理论知识应用于实际，在实践中完成知识的内化。最后，学生思考问题：新时代大学生如何成为担当民族复兴大任的时代新人，将理论知识与个人见解融合起来，努力实现教学内容的融会贯通。在课前学习阶段，学生可以根据自身实际情况，自主调节学习进度。学生还可以利用互联网对教师提供的资料进行拓展，例如搜索相关视频资料等辅助理解，可以选择性地将自己查找的有关材料上传到平台实现资源共享，帮助其他学生扩充知识和加深思考，为课堂上深入探讨相关问题做准备。

（二）课堂实施

翻转课堂对教师做出了新的定位，教师不再是知识交互以及知识应用的中心，而是学生学习的指导者、促进者，协助学生获取信息、分析信息、拓展思维与总结提升。在课堂实施阶段，学生在教师的引导下进行小组讨论，在交流合作中拓展思维、解决问题，这构成了建构主义学习观中的"协作"与"会话"要素。在课堂中，学生提出课前自主学习中发现的问题，与小组成员一起

讨论，教师对小组讨论的结果进行点评与知识补充。在解决了学生学习的问题后，教师组织学生讨论课前思考过的问题，鼓励学生将课前思考的结果分享出来，使全班学生一起进行思维碰撞与思维拓展，帮助学生汲取他人优异的见解，进而深化思考与理解。最后，教师补充资料，结合时事带领学生思考抗击疫情期间体现出的时代新人对民族复兴大任的责任与担当，进一步加强学生的时代责任感与使命感，在情感共鸣中达到思政课培根铸魂的预期目的。

（三）课后提升

翻转课堂的课后提升阶段主要有两个任务：第一是利用讨论发帖等形式督促学生对本节课的内容进行回顾与反思，第二是对学生的学习效果进行评价。根据建构主义理论，教师应从考查学生对知识的运用能力和创造性解决真实问题的能力出发，选择合适的评价内容和灵活的评价方法。在翻转课堂教学模式中，教师可以将期末考试、课前任务完成程度、课堂参与度、自我评价、组内互评、教师评价等多方面相结合，从多个方面对学生的学习成效予以考核评价。

翻转课堂通过视频、图片、文字、录像等多种方式把教学内容呈现出来，充分体现了"以学生为主体、以教师为主导"的教学理念，既生动形象，又直观有趣，易于理解和接受，符合高职学生的学习特点，大大提高了课堂效果。可以说，分享和交流是翻转课堂最大的特点，它改变了以往思政课教师惯用的"填鸭式"教学方式，也是应用建构主义理论教学的意义所在，为思政课教学开辟了新的路径。当然，应用翻转课堂这种新的教学模式，在思政课的教学中还需要不断摸索和创新。

（执笔：陈霞、乔雨杉、刘新安）

高职院校"课堂五分钟"全员育人
模式实践探索

习近平总书记在全国高校思想政治工作会议上强调要用好课堂教学主渠道，思想政治理论课要提升思政教育亲和力和针对性，其他课程都要守好一段渠、种好责任田，使各类课程与思政课同向同行，形成协同效应。这既为思政课教育教学改革指明了方向，也为其他课程增强育人成效提出了新的要求。基于此，衡水职业技术学院在全校各类课程中推动实施"课堂五分钟"全员育人，初步形成各类课程与思政课同向同行、协同育人的思政大格局。

一、"课堂五分钟"全员育人模式的价值意蕴

"课堂五分钟"全员育人模式是"三全育人"背景下，思政课程与课程思政的有机融合，对于推进思想政治理论课教学改革和摸索课程思政的有效方式具有深刻的价值意蕴。

（一）有利于推进高职院校教育教学改革

当前多元社会价值观的碰撞与渗透愈演愈烈，形形色色的媒体平台层出不穷，纷繁复杂的思想与信息充斥着高职院校学生的生活，直接影响着教育教学的效果。因此推进教育教学改革势在必行。教育教学工作者必须更新教育教学理念，树立协同育人思想，积极整合思政教育资源、改进教育教学方法，从而提高育人效果。在推进教育教学改革中，"课堂五分钟"全员育人模式应运而生，思政课教师与其他专业课程教师在此模式下协调配合，有力激发了教师的创造性和探索实践精神。以"课堂五分钟"为切入点，促进教师反思教学、更新观念，勇于尝试新型教育教学方法与手段，优化整合教学内容，在改革中促进人才培养质量的提升。

（二）有利于增强高职院校思政教育实效

在高职院校传统的思政课程教学中，"填鸭"式的理论说教缺乏共鸣与温

度，课堂沉闷无生气，学生的获得感较差，思政教育成效不显著，与理想的育人效果相距甚远。在"课堂五分钟"全员育人模式下，将思政课程与专业课程密切结合，成功改变了各类课程独自为政的局面。五分钟的时间虽短，但创造出更大价值，不仅能够改变学生对传统思政课的刻板印象，增强主体参与感，让思政课堂动起来、活起来，提高思政课的信服度和影响力，而且为其他专业类课程注入了新的生机与活力，通过充分挖掘专业课程及领域中的德育因子、思政元素，能够使思政教育内容更加鲜活，让学生在潜移默化中接受教育，大大提升教育实效。

（三）有利于提高高职院校人才培养质量

在全面建设社会主义现代化国家新征程中，培养面向经济社会发展和生产服务一线的金蓝领人才，造就更多高素质技术技能人才、能工巧匠、大国工匠是高职院校教育改革发展中一以贯之的重要目标。学校作为人才培养的主阵地，在进行人才培养过程中既要注重学生技术技能等专业化知识与能力的培养，又要重视学生的政治素养、思想认识、品德养成以及健全人格的塑造。为实现这一目标，只有将思政课程与专业课程有机融合，打造相互融通的桥梁，打通思政教育与专业教育长期分隔的壁垒，才能汇聚育人力量，实现学校教育中的同向同行。"课堂五分钟"全员育人模式充分发挥思政教育的价值引领作用，紧密结合各门课程的特点，通过灵活创新的形式将思政元素融入专业课程教育的全过程，既有利于给技术技能传授插上"理想的翅膀"，又在"润物无声"中对学生实现了思想引导和价值引领。

二、"课堂五分钟"全员育人模式的体系架构

高职院校各类课程在"三全育人"和课程思政背景下开展"课堂五分钟"的实践探索，需要充分认识各类课程及专业的特点。虽然思政课、专业课、基础课都具有育人功能，但这三类课程在育人元素、育人方法及思维模式上各具特色，需要在实践中加以区分和侧重，最大限度发挥各自优势。

（一）突出思政课在"课堂五分钟"中的引领指导作用

思政课是落实立德树人根本任务的关键课程，是学校开展德育教育和思想政治教育的主渠道，在各级各类学校课程体系当中，思政课都发挥着对学生进行思想政治教育和价值观引领的重要作用，在"课堂五分钟"的育人实践中，思政课以及思政课教师要充分发挥引领指导的重要作用。首先，思政课要发挥示范引领作用，积极推进教学创新改革，拓展思政课堂时空。充分挖掘和有效

利用思政课中的育人资源，丰富思想政治教育内容，结合专业特点，打造学生感兴趣的立体化思政课堂以及"课堂五分钟"示范课堂，增强学生的思想政治素养和道德精神境界。其次，思政课教师要与专业课程教师加强交流，协同挖掘课程中的思政元素，促进思政元素与专业内容的有机结合，确保正确的政治方向，为其他课程开展"课堂五分钟"课程思政实践打好基础。

（二）发挥专业课在"课堂五分钟"中的协同育人作用

"思政"与"课程"的关系似"如盐化水"，推进"课程思政"建设，就要坚始终持以专业课程为载体，结合专业特点，实现思政元素与课程内容的有机融合。另外，学生在校的多数时间在进行专业知识和技能的学习，因此专业课在"课堂五分钟"课程思政建设中具有重要作用，是强化思政育人成效的关键协同力量。首先，在开展课程思政教学设计时，各专业课教师要结合专业课实际制订"课堂五分钟"实施计划，明确课程育人的目标，精选课程思政的内容，以学生喜闻乐见的方式渗透思政元素，凸显时代精神。其次，专业课协同育人的作用除了课堂传授渠道外，还有实训课这一独特优势，在高职院校课程中，学生普遍对于专业实训课具有较高的学习热情，因此在实训课中，利用五分钟讲解思政，突出社会责任意识培养，加强核心价值观引领，凸显工匠精神有利于让思政教育真正落地，入脑入心，使学生在学习技能操作的过程中强化职业道德与责任意识，真正成为"德""技"并修的高素质技术技能人才。

（三）加强公共基础课在"课堂五分钟"中的基础育人作用

公共基础课是高职教育课程体系的重要组成部分，在促进学生的全面发展、提升综合素质和可持续发展能力等方面具有不可替代的作用。公共基础课在落实"课堂五分钟"全员育人模式实践中发挥着基础性的育人作用。首先，公共基础课的"课堂五分钟"要立足基础课的课程性质，利用课堂五分钟思政时间向学生讲述马克思主义中国化的理论成果，运用新思想引领铸魂，弘扬社会主义核心价值观，凸显千年优秀传统文化的精华。同时将社会责任、民族担当、家国情怀、爱国主义等观念贯穿整个基础课的教学过程。做到各类课程的同向同行，更加有效地使不同课程有机地融合在一起，从而形成思政协同育人的良好局面。

三、深化"课堂五分钟"全员育人模式的实践路径

深化"课堂五分钟"全员育人模式是一项长期性的系统工程，需要从思想认识、组织领导、课程体系、教师队伍等多个维度统筹推进，这样才能让"课

堂五分钟"真正实现 1+1>2 的效果，也才能够真正形成全员育人、全过程育人和全方位育人的思政大格局。

（一）提高思想认识，落实立德树人根本任务

高职院校作为我国教育体系中的重要组成部分，担负着培养高素质劳动者的重要任务。新时代的职业技术人才不仅要掌握高水平的过硬专业技能，而且要有坚定的政治方向和信仰。高职院校开展思想政治教育工作、推进"课堂五分钟"全员育人实践要始终以党的政治建设为统领，提高思想认识。一是要明确职业院校立德树人的根本任务，牢牢把握思想政治教育工作和"课堂五分钟"的正确方向和舆论导向。二是要做到以政治建设来统领思想政治教育整体工作，利用好"课堂五分钟"思政教育平台，同向同行积极引导学生树立崇高理想，坚定信念，向善向美，成长为合格的社会主义建设者和接班人。

（二）强化组织领导，做好育人工作顶层设计

思想政治工作作为高职院校的核心工作，学校党委要充分认识"课堂五分钟"对于加强思政课程和课程思政协同育人的必要性和重要意义，立足全局，做好育人工作的总体谋划。一方面要加强管理体系构建，明晰工作责任，建立起"党委统一领导、教务部门统筹协调、系部具体落实、相关部门密切配合"的工作格局，形成"上下联动、全员参与、互相配合"的工作机制，从而为"课堂五分钟"全员育人实践提供组织基础和保障；另一方面要建立健全监督考核工作制度，搭建思政课教师与专业课教师联系对接、集体备课、互进课堂等工作制度，为"课堂五分钟"协同育人工作的顺利开展提供平台和保障。同时将教师参与"课堂五分钟"协同育人建设的成效纳入教职工年度考核、评奖评优、职称晋升等工作范畴，激励部门和教师重视"课堂五分钟"协同育人工作，努力在工作实践中担当尽职。

（三）构建课程体系，挖掘特色育人资源

"课堂五分钟"全员育人模式在落实过程中需要构建课程体系，首先，要对各门课程进行整合优化，各专业要在课程思政总目标的指导下，结合专业特点，确定专业思政目标，并将其分解细化到每一堂课的知识、能力和情感态度价值观目标当中。其次，要深度挖掘每一门专业课和基础课的文化内涵以及精神价值，并将这些思政元素和德育因子有机融入课程，使其内化为具有专业特色的育人资源。例如，装饰工程专业以"不忘初心、牢记使命"主题教育为契机，把专业发展和服务社会相结合，将生活融入艺术，组织学生以"智造"美好生

活为主题开展作品设计。将新时代的思政资源融入理论教学和专业实践之中，促进专业学习与社会实践和产业需求紧密结合，提高学生快速融入社会的能力。另外，通过对课堂教学模式的改革，将思想政治教育贯穿专业教学全过程。理论教学中将国家重大发展战略、国家产业政策、地域传统资源融入相应的课程当中，通过参加产业扶贫、乡村振兴等，真正做到理论教学与实践教学"两手抓"，专业知识与思政教育"两不误"，充分发挥了"课堂五分钟"的育人价值与功能。

（四）优化教师队伍，提升育人水平与能力

深化"课堂五分钟"全员育人模式实践的关键在教师，教师个人及团队的教育教学理念、知识水平、能力素养、道德情操、信念信仰直接影响着育人的成效，促进整体育人成效的提升必须要以教师队伍的优化和建设为关键。在教师个人层面要积极提升自身思想觉悟，正确认识知识传授与"课堂五分钟"全员育人的意义所在。更加重视良好师德师风对学生的导向作用，恪守职业道德。用行动去感染每一位学生，自觉做好学为人师的模范。在学校层面要通过专家培训、课程思政专题研讨、举办跨学科交流研讨会、集体备课、合作申报教学改革项目等"学、研、创、赛、导、评"六位一体的机制，增强专业教师的课程思政意识，提升专业课教师课程思政教学能力，实现知识传授与价值引领的有机统一，落实"立德树人"根本任务。要提升教师的德育意识和思政教学能力，全方位打造有理想信念、道德情操、扎实知识和仁爱之心的教师队伍。

（五）全面理解把握，深入推进课程思政建设

"课堂五分钟"是学校在2016年12月全国高校思想政治工作会议后，为落实好习近平总书记关于"各门课都要守好一段渠、种好责任田，使各类课程与思想政治理论课同向同行，形成协同效应"的重要讲话精神，在思政课外的专业课和其他公共基础课中加强思想政治教育的实践探索是学校开展课程思政建设的雏形。2020年5月教育部印发《高等学校课程思政建设指导纲要》后，根据文件精神，学校对"课堂五分钟"探索实践进行了总结和深化，好的做法继续坚持，不足的地方持续改进。在时长上不局限于五分钟，根据讲授内容时间可长可短；在节点上不局限于课前，根据教学需要，课中课尾均可，实现了规范性和灵活性的有机统一。

通过"课堂五分钟"探索实践，学校进一步厘清了课程思政的内涵，从育人理念来看，强化了"两注重"教学模式创新，即注重在价值传播中凝聚知识底蕴、注重在知识传播中强调价值引领，既牢牢把握住了思政课在社会主义核

心价值观教育中的核心地位，又充分发挥了所有课程的育人价值，突出了显性教育和隐性教育相融相通的育人理念，汇聚了教育合力，取得了良好效果。

（执笔：赵娜、刘建平、高静思）

德技并修视域下高职院校
"书院+工坊制"育人机制研究

当前，为适应新时代中国特色社会主义建设对知识型、技能型、创新型产业大军的客观需求，高等职业院校要担当起"德技并修"要求下培育产业链中高端人才的历史使命，以提升学生关键能力、发展核心素养为根本目标，坚持立德树人根本任务和社会主义核心价值观引领，重视思想方法科学训练和思维方式的培养塑造，彰显工匠文化育人特色和职业素养培育，积极探索"书院+工坊制"育人机制，在培养新时代技术技能人才的实践中，不断迈出新的步伐。

一、"书院+工坊制"人才培养模式的内涵

中国传统书院为当下高职院校书院制育人模式的创新实践提供了基本思路，充分将其与现代化教育手段相结合，注重综合素质和专业技能的双重提升，以实现当代大学生的全面均衡发展为目标。当前我国高校普遍试行的书院制是一种基于"培养具备远大眼光、通融识见、博雅精神和优美情感的人"的全人教育理念，通过深入实施"全面导师"和朋辈教育相结合的导学机制，充分发挥以通识教育为主体的"第一课堂"和以社区活动为主体的"第二课堂"双重育人功能的人才培养模式。高校书院制教育模式的主要特点在于其改变了传统的以课堂为主的教育方式，而采用非课程形式的教育，充分利用志愿服务等实践体验、论坛沙龙等跨学科学术交流、比赛晚会等文化活动以及学生社团自主管理服务等形式，将思想政治教育融入日常活动中，同时充分尊重大学生对不同知识领域的探索与需求，促进学生的全面发展。

高校工坊制教育模式源自20世纪20年代的德国，包豪斯设计学院艺术设计专业首次提出了"工作坊"这一概念，即在教育教学中注重将理论知识与现实中的实践项目相结合，并以此为基础建立了"理论与实践同步、知识与技术并重"的教育体系，影响深远。中国高校艺术设计专业最早引入了工坊制教育模式，并在其之外的专业领域得到普及和发展。工坊是集生产研发和教学实训

为一体的场所，最终目标是培养具有工匠精神的技术技能人才；工坊的人才培养重点不仅在于教学，而且强调"技能训练、研发设计、技术创新"一体化培养；工坊的人才培养核心是通过校企联合的方式建立技能大师工作室，充分运用"现代学徒制"的理念，实现在校企协同的框架下，学生作为学徒、招生招工一体的双重发展导向，强调提升学生科研创新能力和基本技能，在此基础上推进工匠精神的传承。

"书院+工坊制"人才培养模式旨在将书院制和工作坊两种育人模式相结合，既注重培养学生的专业素质，又注重提升学生的综合素养，达到通识教育与专才教育的有机统一。"书院+工坊制"模式下，专业科系内部的工作坊主要负责学生的专业知识技能学习和日常的教学管理，而专业以外的部分，如学生宿舍管理及社区文化建设、针对性的通识课程及素质教育活动的开发和实践等均由书院负责，书院和工作坊形成相互协调促进的机制，借由全人教育、"三全育人"、文化育人等核心理念，"书院+工坊制"模式改变了传统高等教育的基本组织架构，打破了学科、专业的限制，将教育贯穿整个大学过程，以春风化雨般潜移默化的形式发挥作用并产生影响。

二、"书院+工坊制"模式育人理念的创新特点

书院制和工作坊两种模式在育人理念以及具体表现方面存在诸多相似之处，两者的有机结合正是基于此，并且呈现出以下特点：

一是参与主体、教育环境和内容的开放性。"书院+工坊制"模式改变了传统的以专业为基础的班级和宿舍管理育人模式，使不同专业的学生得以充分的思想交流和观点碰撞，帮助学生扩宽视野和已有专业知识面，扎实专业功底的同时形成健全的人格；书院的通识教育和工作坊的专业教育均为学生提供较为自由的活动和学习环境，学生可以更加充分自由地表达自己观点，发挥主观能动性，提升自主学习与研究探索的能力；"书院+工坊制"模式之下，不管是书院的通识教育部分，还是工坊的专业教学部分，具体的学习过程和教学方式都会根据研究主题和内容的特点进行相应调整，确保学生的广泛参与。

二是充分落实以学生为中心的理念。书院和工坊均以学生的需求为导向，分类引导。书院开展活动本着"为学生的自主活动搭建平台"的理念，充分发挥学生的主体作用，真正提升育人效能；工坊也针对不同学生开展小范围、针对性的辅导，两者结合起来，在通识教育和专业教育中均通过良好学习氛围的营造，提升学生解决和评价问题的能力、实践及自我反思的能力、自我管理与监督的能力以及团队协作能力。

　　三是通过创设情境，激发学习兴趣。"书院+工坊制"通过成立书院并建立工作坊，能够给学生提供开展活动和学习探索时所必需的硬件设施，如文化讲堂、实训基地等，通过相关场所及设备的支持来创设具体情境，使得通识及专业知识的传授不仅停留在理论灌输层面，而是通过研究探索得出结论，从而更加深刻地理解并掌握相关内容，进一步激发学习和研究的兴趣。

　　四是综合评价教育教学成果，增强实效性。"书院+工坊制"模式注重将培养学生的专业技能和综合素质作为最终考核标准，将实效性标准贯穿整个教育教学过程。传统教育体系主要侧重学生的结构性能力培养，而"书院+工坊制"模式更加注重对学生进行非结构性能力的培养和研究及解决问题的能力培养，强调自我反思总结，让学生在社区活动及专业实践中发现自身存在的问题并及时总结学习成果。

三、"书院+工坊制"模式下高职院校思想政治教育实施路径

　　"书院+工坊制"是一种不同于传统组织架构的新型人才培养模式，在该模式之下开展思想政治教育的路径尚有待探索。就现实来看，"书院+工坊制"模式在通识教育、专业精神、师生互动、自我管理等方面发挥着十分重要的作用，现将该模式下思想政治教育实施路径介绍如下：

　　（一）贯彻"全人教育"理念，着眼学生全面发展

　　新时代大学生应该具备的不应仅局限于某专业领域的知识和技能，还应该具有崇高的理想信念、健全的人格修养、开阔的眼界格局、高雅的审美情趣和高度的社会责任感，"全人教育"理念强调学生发展的全面性和可持续性，这与思想政治教育的基本要求有某种程度的契合，因此，在"书院+工坊制"模式下开展思想政治教育，除了基本的通识教育和思想塑造之外，还需要结合专业特征和社会发展，为学生的未来职业发展和人生走向提供引导和帮助，启发学生实现自我价值的突破。"书院+工坊制"模式作为整合高职院校德育资源的平台，在一定程度上平衡了技术技能培养和综合素质教育，尤其弥补了职业院校通识教育和素质教育的短板。在此基础上，为思想政治教育的开展提供了便利，在注重培养学生发展和完善人格的过程中形成正确的三观，坚定远大理想信念，努力为社会主义事业奋斗。

　　（二）落实以"三全育人"为导向的导学模式

　　"书院+工坊制"模式下以导师制为主要的导学方式，书院常任导师和工坊专业导师分别发挥着不同作用，共同构成组织严密的导学体系。在该模式下，

传统的以思政课教师、辅导员为主体的思想政治教育框架体系将得到改变，进一步突出导师在思想政治教育工作中的地位和作用；不能仅拘泥传统的主题班会、专题讲座等形式，需要充分发掘专业中的思政元素，发挥工坊专业导师的思想政治教育作用，并将其贯穿教育实施的整个过程当中。正所谓"师者，传道授业解惑也"，在"书院+工坊制"模式下，书院导师和工坊导师通过通识教育、专业教育以及社团活动指导等言传身教产生，对每一位学生发挥作用。

在"书院+工坊制"模式下，需要探索建设能够促进学生全面发展的多类型导师队伍。导师团队由书院常任导师和工坊学业导师两大类构成。书院常任导师作为从事思想政治教育工作的专职人员，需具备思想政治教育、教育学、心理学等相关学科背景，是"书院+工坊制"模式下开展思想政治教育工作的中坚力量，具体负责开展理想信念教育、道德品质和行为养成教育以及心理辅导和学风建设等，引导学生树立正确的世界观、人生观和价值观，着重培养其综合素质，开展全面育人工作；工坊学业导师负责指导学生学习专业知识以及专业和职业发展，通过理论与实践的结合，培养学生独立思考的能力和创新意识、科学精神和工匠精神，充分将思想政治教育与专业学业指导融为一体。

实行教师全员参与、学生全面覆盖的"一站式"导师制，拉近师生的距离，辅导员、专业课教师、行业精英近在学生身边，每一位学生的学习状态和思想困惑都能够获得精准及时的关注和反馈。

（三）发挥"文化育人"作用，创新思政教育方式方法

在"书院+工坊制"育人模式下，学生既是书院的学生，也是工作坊中的学徒，对其进行思想政治教育需要充分发挥好两个层面的作用。书院的常任导师和工作坊中的专业导师是学生在校期间接触最多的群体，一方面，在日常教育教学过程中，导师的三观以及人格意志倾向等都可能对学生产生影响；另一方面，专业导师需要时刻注重将思想政治教育融入专业理论与实践教学过程中，真正推进师生之间的沟通，进而达到事半功倍的效果；此外需要充分发挥社区活动等在思想政治教育中的作用，在实践中探索创新方式方法，灵活运用现代化手段激发学生参与的积极性，提升育人成效。

1. 创新学生活动，激发学生兴趣

当前存在的主要问题之一是新时代大学生对开展的部分思政教育活动兴趣不足，缺乏参与的动力，"书院+工坊制"模式亟待通过创新活动形式来解决这一突出问题。在"书院+工坊制"模式下，学生活动不再仅仅局限于"班级"这一基本单位，而是探索实行以宿舍、生活区为主的"模块化"管理制度，工

作坊和以书院为主体的生活社区成为开展活动的主要阵地。创新性活动如大学生论坛、能够发挥学生专业特长的各类大赛等，保证活动范围覆盖面广、参与度高，且能够充分调动各类特定兴趣群体的学生。小组成员在导师指导下根据具体时间阶段的思想政治教育需要和任务确定活动主题，充分注重结合学生的兴趣点，参与前期策划以及具体的组织实施，并制定出活动方案；由书院常任导师严格把关，比如"抗疫精神"主题书法绘画大赛、"看过了世界才有了世界观"主题摄影展、"弘扬传统文化"主题演讲等。整个实施过程由导师指导，学生小组自主参与，充分体现学生的主体地位，提高参与积极性并切实开阔学生视野、提升能力本领，以真正达到育人目的。

2. 落实"文化育人"，拓宽育人渠道

大数据时代，大学生政治信仰缺失的问题不容小觑。当前网络已经成为当代青年接受新信息和新知识的重要渠道，大数据算法技术的"内嵌式规则"所产生的价值能量对高职院校学生带来价值观的多向度引导，算法推荐带来的"信息茧房"等效应会导致个体认知范围的缩小和错误认知的固化，算法权力带来的信息多元化、碎片化以及西方意识形态的不断渗透会挑战思想政治教育的权威。古代书院具有思想交融的特点，"书院+工坊制"模式更要发挥文化育人的效用，成为当前人文精神的宣传者和践行者。

在"书院+工坊制"模式下，开展多样化的文化育人活动，充分发挥人文精神、科学精神和思想引领作用，形成专题讲学机制，着力打造主题特色大讲堂；举办小型文化沙龙，前期通过投票、问卷、走访调查等多种形式充分了解学生的意愿和兴趣点，真正将活动做到入脑入心，以春风化雨的方式发挥文化育人的效能；结合实际开展不同主题的志愿服务活动，形成特色鲜明的志愿服务文化；利用公众号等新媒体手段，建设"书院+工作坊"网络管理平台，切实增强不同专业学生之间的交流和互动。通过"书院+工坊制"模式下的一系列文化建设，发挥思想交融和引领的作用，拓宽育人渠道，为构建文化校园增添动力。

3. 学生自主管理，进行朋辈教育

树立以学生为本的理念，注重发挥学生自主管理的作用，重点探索"书院+工坊制"下形成的生活社区、学生宿舍等新型大学生组织的思想政治教育工作，在"书院+工坊制"模式下，充分探索创设条件进行学生的自主管理以及朋辈教育。在社区活动及宿舍管理中，学生组织在导师指导下进行"自我管理、自我教育、自我服务"；基于学生公寓的党团组织建设在高职院校思想政治教育中发挥着重要作用，在"书院+工坊制"实践中，改变以校团委和学生会为主体的基本架构方式，以书院、工作坊及生活社区为基本单位开展活动；在学生宿舍区建立学业辅导中心和自习室，从专业学习及日常表现优秀的学生中聘任学业助理导师，学生在社区自习室交流学习，学业助理导师在学业辅导中心对同学进行一定程度的帮扶指导；定期开展主题宿舍文化节活动，引导不同专业的学生进行充分的思想交流，在互敬互爱的氛围下，共享学习生活的乐趣，进而培育出团结友善的感情。

（执笔：李艺星、于静娴、王慧雯）

大数据视域下高校思想政治教育改革创新

大数据技术的发展给人们的生活带了巨大变化，为社会进步提供了新的信息技术方面的支持，同时，也为政治、经济、文化等各个方面提供了改革创新的动力。党的十九大报告中指出："推动互联网、大数据、人工智能和实体经济深度融合"，大数据技术深入应用于各行各业已经上升至国家战略层面。高校思想政治教育作为我国意识形态建设的主要阵地，大数据时代的来临也对其产生了不可小觑的影响。传统的思想政治教育方式已经不能满足现在的需求，大数据以其特征优势，为高校思想政治教育的改革创新提供了新的发展机遇和路径。

一、大数据内涵及其特征

大数据的产生是依托互联网新技术的动态发展，而随着快速应用和发展，其逐渐渗透进人们的生活、工作和生产等方方面面，这也标志着我们进入了大数据时代，而大数据的规模大、类型多、处理速度快、价值大、真实性等特征更是为我们更好地研究高校思想政治教育带来新的机遇与挑战。

（一）大数据的内涵

目前国内外学术界对于"大数据"的内涵没有明确界定，有代表性的观点主要关注点在以下两个方面：一方面关注的是数据本身的变化，例如"大数据是一种全新的信息资产""大数据是一种规模巨大、各方面都超出传统数据库软件能力范围的数据集合"等观点①；另一方面关注的是大数据背后蕴藏的巨大价值，例如"大数据的'大'不仅在于其容量之大，更重要的是其背后巨大的价值""为决策问题提供服务的大数据集、大数据技术和大数据应用的总称"等观点。这两方面的观点使我们认识到大数据不是简单的大量数据的集合，而是大量数据的集合以新的数据信息处理技术使数据创造更大价值。

---

① 维克托·迈尔·舍恩伯格. 大数据时代 [M]. 周涛，译. 杭州：浙江人民出版社，
2012.

（二）大数据的特征

在学术界，对数据的特征有着相对一致的认知，称之为"5V"特征。包括以下五个特征：一是数据规模巨大，这是大数据最本质的特征。这一特征不仅指包含的数据规模大，还指具有一定的完整性。在这个被无数信息包围的时代，人们的日常生活都被以数据的形式记录着，并且无时无刻不产生着数据，人类活动全方位的海量数据被完整地记录下来就构成了大数据。二是数据类型繁多，即大数据是由多种多样的数据种类构成的，其中主要是由文字、图片、音频等形式构成的非结构化数据。由于新媒体的快速发展，用户们在各种自媒体平台上都会留下痕迹，而这些痕迹就会以非机构化数据形式被留存下来，这也使数据种类更加多样化。三是数据处理速度快，由于大数据具有数据类型繁多的特征，因此对于数据处理能力有非常高的要求。同时，大数据的数据流通常又是以动态形式存在的，如果想要具有时效性，必须具备高速处理数据的能力。四是数据价值巨大，这是大数据最重要的特征。目前，大数据这项技术已经应用于社会的各个领域之中，为各个领域的创新发展提供着强大的推动力，也创造着巨大的社会价值。五是数据客观真实性，这也是大数据发挥最大价值的关键一步。大数据的数据流庞大且复杂，要将这些数据发挥出最大价值，就需要筛选、深挖和分析大规模数据的客观真实性。[1]

二、大数据对高校思想政治教育的影响

大数据的快速应用使得当前社会发生一系列重要变革，其影响范围也深入到每个人衣食住行的各个领域，并且达到了前所未有的广度。诚然，大数据的应用也对高校思想政治教育的改革创新带来一些新的变化。这些变化有积极的方面，也有消极的方面，由此可知，大数据视域下高校思想政治教育改革创新既面临着巨大机遇，也存在着一定挑战。

（一）大数据为高校思想政治教育带来新的机遇

1. 使高校思想政治教育内容的选择上更具针对性、个性化

由于当代大学生是伴着互联网成长的一代，喜爱使用各种社交媒体接收的信息数据丰富多彩，都具有很强的自我意识和个性色彩，针对大多数学生传统的思想政治教育内容就具有局限性。而大数据可以打破这一局限性，对思想政

---

[1] 王学俭，王瑞芳. 大数据时代高校思想政治教育的创新发展 [J]. 思想政治教育研究，2016，3（34）.

治教育内容进行针对性和个性化定制。首先，大数据会全方位地对教育对象进行数据搜集、潜在特征深挖和行为特点分析，然后有针对性地选择对群体或个体教育对象与其相适应的个性化教育内容，最后提高高校思想政治教育工作的实效性。

2. 使高校思想政治教育对象的思想行为研判更具预测性、可视化

人的思想是最难把握的，有时可以不受外界事物的影响，完全遵从自己的内心。高校思想政治教育工作的教育对象是大学生，大学生思想行为最大的特点就是活跃、有极强的自我意识、自由行为。这个年龄阶段的学生已经成年，有强烈的自尊心、足够的能力，会伪装自己的真实想法，虽然可以通过深入了解学生家庭生活情况了解和把握学生思想，但客观真实性和情况复杂性都很难把握。然而大数据可以突破这一困难，大数据技术的可视化为观察和记录学生思想行为提供了强有力的技术支撑，通过搜集、深挖和分析教育对象全方位数据，最终通过以曲线、图像等大众通俗易懂的方式具体呈现出来，也就是使教育对象的思想行为可视化。以这种简洁通俗的形式呈现给高校思想政治教育工作者，可以了解和把握教育对象最真实的思想和行为，也有利于精准地开展思想政治教育工作。除此之外，大数据还可以提前预判教育对象的思想行为，更具预测性。大学生每天、每时、每刻都在接收着新鲜事物，学习的知识也是丰富多彩的，这样就会存在认知与行为矛盾。利用大数据动态分析优势，全方位记录学生日常行为数据和持续观测学生思想行为，如是否在自媒体平台发表不当言论，对海量数据进行筛查分析，当发现相关性问题时，提前做出研判和及时加以引导，避免误入歧途，最终达到思想政治教育的目的。

3. 使高校思想政治教育工作更具实效性、智能化

大数据时代的到来为高校思想政治教育工作提供了强大的推动力和技术支持，极大促进了实效性和智能化。一方面大数据为提升高校思想政治教育工作的实效性提供了动力。传统思想政治教育工作一般是以调研为主，但是调研本身就具有滞后性和不客观性，而且只能针对少部分学生，无法提高工作的实效性。前面提到通过大数据的可视化，可使教育对象的思想行为以大众通俗易懂的方式具体呈现出来，进而提高工作实效性。还有云计算、区块链等新技术的应用与发展也会提升高校思想政治教育的实效性。另一方面，大数据为提升高校思想政治教育日常工作智能化提供了技术。以高效完成高校思想政治教育质量评价工作为例，高校思想政治教育工作具有抽象性，一些工作细节、亮点无法具体化，而利用大数据进行分析，可将高校思想政治教育工作流程、环节、场景及结果等全面真实地反映出来，从而重塑整个工作方法、过程和结果，将

高校思想政治教育评价工作数据化、具体化和可视化，进而实现思想政治教育工作的智能化。

（二）大数据对高校思想政治教育提出新的挑战

1. 高校意识形态安全受到威胁

大数据具有数据规模巨大和数据种类繁多等特点，而这也意味着增加了数据筛选的难度。大数据与高校思想政治教育工作相融合最大的特点就是提供高效的数据分析技术、教育资源共享、全方位的数据资料和可视化的数据分析报告。由于自媒体日益发展和应用，人人都是信息传播的主体，网络上会有各种文化、思想、价值观激烈碰撞，其中就有一些西方错误思潮通过包装，摇身一变成为所谓"新思想"进行隐秘传播。西方错误思潮会随着大数据技术的发展而更加隐秘地进行意识形态渗透，教育对象在接收到大数据提供信息的同时，非常容易被错误价值观误导，进而威胁到高校意识形态安全。由此可见，科学地更深入筛选分析一些隐秘数据也是大数据视域下高校思想政治教育改革创新的一大挑战。

2. 教育对象个人信息存在泄露风险

大数据与高校思想政治教育工作的高度融合最主要的一项工作就是对教育对象进行全方位的数据搜集。这样可以帮助高校教育工作者准确把握学生的思想行为动态，但这种数据搜集分析方式还是会一定程度侵犯受教育者的个人隐私。虽然思想政治教育工作者会在搜集和分析数据前告知教育对象并征得其同意，但是大数据的巨大价值有时更多在于相关数据的二次使用。也就是通过先进的数据分析技术重新进行分析、比对和组合，能够获得新的有价值的信息，但也会使受教育者的个人信息存在着极大的泄露风险。

3. 易造成高校思想政治教育"唯数据主义"

大数据技术应用于高校思想政治教育带来了巨大机遇，形成了大量的各种数据集合，这些数据集合不乏优质数据，但其中也包含着大量劣质虚假信息，如果思想政治教育工作者只看大数据分析结果，就会造成过度使用数据现象，甚至走向"唯数据主义"，使思想政治教育的实效性背道而驰。首先，大数据搜集的数据是在不断变化着，具有动态性的数据内容良莠不齐，数据相关关系更是杂乱无章，对于教育者来说，精准有效地使用这些数据具有一定困难。虽然大数据在一定程度上可以厘清我们人脑无法厘清的复杂情况，但是过分依赖大数据的话，很容易被数据主导一切，在没有实际意义的数据关系中迷失。其次，大数据视域下高校思想政治教育改革创新过度提倡转变思维方式，从而忽略实践经验研究方法。思想政治教育属于人文社科领域，不能像自然科学那样单靠数据分析得出结果。高校思想政治教育的教育对象是有自主意识的大学生，如果单靠数据去量化，缺乏实践调研，也未必准确。例如唯"分数"评定学生的全部等。由此可见，过度依靠大数据技术也会对高校思想政治教育工作者的人才培养带来不利影响。

4. 高校思想政治教育缺乏大数据专门人才

一方面是高校思想政治教育缺少大数据专门人才。大数据技术是新兴领域，不是简单的单一学科，涉及众多学科知识，不仅需要掌握多学科的专业技能，而且有大量各领域的知识储备和精通数据分析的能力。因此，相对来说，专门的大数据人才比较稀缺。另一方面，高校思想政治教育工作者大数据知识背景薄弱。教育者是数据使用的主体，缺少大数据相关专业知识，使用以往经验来进行判断教育对象的思想行为反而会造成思想政治教育工作的适得其反。

三、大数据视域下高校思想政治教育改革创新的路径对策

大数据视域下，给高校思想政治教育带来的变化和影响是多方面的。作为高校思想政治教育工作者，首先要具备数据意识，充分发挥大数据的特征优势来应对挑战，寻找促进大数据视域下高校思想政治教育改革创新的路径及对策。

（一）推动高校思想政治理论教育与数据分析技术相结合，改革创新教育方式

高校思想政治理论教育是指理论传授给教育对象的教育实践活动，也是思想政治教育工作的重要组成部分。推动构建高校思想政治理论教育与数据分析技术相结合的教育方式，有利于对教育对象实施高效的理论教育。首先，借助数据分析技术，对思想政治教育理论相关信息数据进行深挖和分析。其次，利用大数据整理和归纳功能，对教育对象进行分类。最后，对不同类别的教育对象可以进行私人订制的个性化理论教育，从而解决不同类别教育对象的需求，因人施策、因材施教，也能在认知层面真正接受思想政治理论。

（二）提高高校思想政治教育工作者数据专业能力，树立数据意识

高校思想政治教育工作要顺应大数据发展导向，而思想政治教育者在教育过程中起着主导作用。因此，要加快培养高校思想政治教育与大数据相结合的复合型人才队伍。首先，思想政治教育者要树立数据意识，转变传统思维方式，要善用数据辅助教育，也要避免一味依靠数据。其次，思想政治教育者要熟练掌握数据能力。加强有关数据分析技术知识的学习，以及与大数据息息相关的

物联网、云计算、自媒体等相关技术知识。最后，高校思想政治教育者使用大数据技术与高校思想政治教育有机地融合起来。既掌握了数据分析技术，又拥有了实践调研的经验，这样一来，"数据图像"更加全面、更有活力，促进了大数据视域下高校思想政治教育工作的改革创新。

（三）创新科学化信息管理机制，维护高校意识形态安全

创新科学化信息管理机制，维护高校意识形态安全是推动大数据视域下高校思想政治教育改革创新的重要保障。首先，完善高校信息反馈机制。高校师生每时每刻都在传播信息、产生数据，他们会利用自媒体平台第一时间获得新闻内容，同时发表评论。信息反馈机制可以在预防问题和事故的发生中给予及时指导。给予及时指导。其次，创新信息安全管理机制。个人数据隐私一直是高校大数据工作的重要部分，要确定安全协议，做好泄露风险预判，根据预判建立数据搜集保护方案。最后，强化隐私安全教育，维护高校意识形态安全。大数据是通过复杂运算法则来深挖数据之间的关联性，从而"提取到隐含的先前未知的有潜在价值的信息"。通过强化高校师生数据保护意识，认识到"有些日常生活信息看似无关紧要，其实从中也可以摸到国家经济和社会脉搏"，以免危害国家意识形态安全。

（执笔：于静娴、李艺星、张欣悦）

新时代职业院校思想政治教育质量提升路径探索

在全面建设社会主义现代化国家新征程中，培养面向社会经济发展和生产服务一线的"双修双创型金蓝领"人才，造就更多高素质技术技能人才、能工巧匠、大国工匠是职业院校教育改革发展中一以贯之的重要目标，这既为我国职业院校思想政治教育指明了方向，也提出了更高要求，必须重新审视职业院校思想政治教育工作现状，探求有效的教育质量提升策略。

一、新时代职业院校思想政治教育发展态势

经过多年发展，我国职业院校办学规模不断扩大，综合教育水平和人才培养质量显著提升。进入新时代，作为培养能工巧匠的摇篮，职业院校思想政治教育事业任重道远，同时伴随着经济全球化程度的日益加深、多元文化价值观的渗透、形形色色的媒体平台层出不穷，纷繁复杂的思想与信息充斥着职业院校学生的生活，职业院校思想政治教育在新时代历史方位下面临着新的挑战，也呈现出新的发展态势。

（一）教育对象出现新变化。进入新时代，社会思想文化的复杂多元趋势不断显现，错误观念的不良影响与职业院校部分学生缺乏理想信念、轻视思想道德素质养成相交织，给思想政治教育带来挑战。另外，伴随着大数据时代的到来，各类媒体平台都成为获取信息的来源，职业院校学生极易被错误的思想舆论所影响，导致看待问题片面极端，甚至会对教育者产生怀疑或逆反心理，严重影响思想政治教育工作的开展和实效。

（二）教育过程出现新情况。当前职业院校承担思想政治教育主要工作的思政课教师、辅导员与学生经常性面对面互动的机会不多，对学生思想政治教育的过程还不够持续完整，缺乏系统性。然而学生思想政治素养的提升不能一蹴而就，由理论认同到情感融入，进而内化于心、外化于行需要一个过程，其间，实践活动和教育者的引导尤为重要。由此可见，增强职业院校思想政治教育过程的连续性、有效性十分必要。

（三）教育协同出现新要求。职业院校的学生在学习方式、管理模式上具有特殊性，需要多种力量的交互作用形成育人合力，这样才能达到人才培养的目标与要求。职业院校的思想政治教育作为一项系统工程，需要家庭、学校、企业以及社会通力合作，如何统筹各方形成思想政治教育合力是当前职业院校思想政治教育亟待解决的课题。

二、新时代职业院校思想政治教育特征分析

（一）教育目标特征：德技并修。职业院校在新时代下承担着培养大国工匠和时代新人的历史使命，不仅要把德技并修作为学校的人才培养目标，还要建立德技并修的育人机制和评价体系。要在学习思想政治理论知识的基础上，加强对学生专业技能和职业精神的教育，培养应用型高素质高技能人才，建立"产教融合、校企合作"的办学模式和"工学结合、知行合一"的育人机制，把德技并修贯穿人才培养全过程。

（二）教育方式特征：灵活多元。进入新时代，伴随着网络通信技术的日益成熟和新媒体的快速发展，网络环境下，职业院校思想政治教育教学呈现出崭新特点，更加信息化、灵活化；职业院校思想政治教育工作也在与时俱进，通过引入现代化多媒体技术，思想政治教育手段日趋多元化，由此带来职业院校思想政治教育教学方式的创新与多元融合。

（三）教育发展特征：供求导向。随着职业院校招生规模的不断扩大，思想政治教育对象呈现出复杂性的特征，不同专业学生在文化素养、思想素质和学习动机等方面存在明显差异，统一化的思想政治教育内容和方法已不能很好满足不同群体的教育需求。因此，在发展上需要明确"供求导向"，以了解不同学生的需求，从而真正使思想政治教育内容入脑入心，转化为内在正能量。

（四）教育转化特征：以文化人。进入新时代，职业院校思想政治教育的文化性特点日益突出，课题组在调查走访中发现多数职业院校的思想政治教育工作都十分注重地方特色文化资源的开发与利用，依托独特的地方优秀特色文化资源积极开辟校内外实践教学基地，营造出真实真切的育人环境，从而大大提升育人效果。

三、新时代职业院校思想政治教育质量提升策略

（一）以政治建设为统领，明确思想政治教育方向

职业院校作为当前中国教育体系中的重要组成部分，担负着培养高素质劳

动者的重要任务。新时代的技术技能人才不仅要掌握高水平的过硬专业技能，而且要有坚定的政治方向和信仰，因此，在职业院校开展思想政治教育工作时，始终要以党的政治建设为统领。一是要明确职业院校立德树人的根本任务，牢牢把握思想政治教育工作的正确方向和舆论导向。二是要做到以政治建设来统领思想政治教育整体工作，不断增强"四个意识"，坚定"四个自信"，做到"两个维护"。三是要坚持用党的创新理论武装头脑、指导实践、推动工作，不断推进习近平新时代中国特色社会主义思想"三进"工作走深走实。三是要积极培育和践行社会主义核心价值观，教育引导学生树立正确的世界观、人生观、价值观。

（二）以"三全育人"为目标，构建大思政育人格局

新时代提升职业院校思想政治教育工作质量的关键一招在于形成协同育人的大思政格局。一是要构建一支由校党委领导，校内专兼职思政课教师、辅导员为主体，吸纳心理健康、就业指导、专业课教师和对学生间接产生价值影响的管理教辅、后勤服务人员，以及大国工匠、道德模范等先进人物在内的完备育人队伍。二是要基于圈层效应，按照统筹规划、分工协作、优势互补、共建共享原则深化协同育人实践，形成育人联动圈。包括思政课堂主渠道与校内第二课堂实践活动联动圈，形成校党委领导下各部门纵向联动机制；思政课程与课程思政联动圈，打通思政课与专业课的壁垒，形成思政教育与专业教育融合的育人模式；校内外思政育人资源联动圈，通过面对面讲座、网络讲座、主题公开课等方式，使学生与党政领导干部、道德模范、大国工匠、先进人物同上一堂思政课，形成校内外资源充分联动的育人效应。

（三）以改革创新为要求，打造思想政治特色教育

开展好新时代职业院校思想政治教育必须与时俱进，在教育理念、内容、方法和模式等方面进行改革创新。一是思想政治教育工作者要转变教育观念，从学生的管理者转变为学生的服务者，及时了解学生的思想动态、实际需要与心理困惑，主动交流与引导。二是要丰富思想政治教育内容，将优秀传统文化、"四史"教育、劳动教育融入其中，依托地区和学校特色资源，结合专业特点，打造职业院校特色思政。三是要充分发挥多种教育载体作用，搭建实践教学平台，拓展思政课堂时空，形成线上线下、课内课外、校内校外相结合的立体化思政课堂。四是要拓宽教育思路，创新育人模式以适应新时代人才培养发展要求，以现代学徒制"传帮带"的方式来增强思想政治教育的针对性、感染力；挖掘学生社团中的思政元素，开展校企人员同台竞技的"技能节"，使学生在活

动中增强获得感，在比拼中体验技术技能人才的社会价值。

（四）以合作结对为途径，助推思想政治教育互补互促

职业院校思想政治教育工作质量的全面提升必须统筹各方，实现优势集中、互补互促。校际、校内、校企和校社四个层面的合作结对可以最大限度凝聚思想政治教育力量，开创良好局面。一是校校合作"手拉手"共享共备思政课。职业院校与合作高校思政课教研室开展集体备课，掌握理论前沿动态，与时俱进积极推进课堂改革，提升思政课教学质量，牢牢掌握思想政治教育的主动权。二是校内合作结对，党政干部结对思政课教师，思政课教师结对系部、班级、辅导员，从而进行帮扶指导，推动各环节思想政治教育工作的科学性、针对性。三是校企合作，共建共享师资、文化、场地资源，协同搭建优质实习实训平台，使职业院校的学生能够充分感受企业文化，提升职业精神与素养。四是校社合作，通过吸纳社会模范人物、先进榜样兼任思政课教师，充分发挥榜样模范人物的思想政治教育力量，增强思想政治教育的感染力、感召力。

（五）以制度建设为保障，开拓思想政治教育新境界

职业院校思想政治教育作为一项长期的系统性工程，需要完备常态化的制度体系来作为保障，这既是基于职业院校思想政治教育适应时代发展的现实需要，也是应对复杂环境实现规范化、科学化发展的必然要求。建设职业院校思想政治教育制度保障体系：一是要重点优化改进思想政治教育工作运行机制，细化分工、明确责任，加强学校各职能部门齐抓共管、相互配合，将思想政治教育工作落细、落小、落实，从而增强教育聚合力，形成思想政治教育"一盘棋"的整体观念。二是要按照学校教师队伍整体提升和职业发展规划，搭建教师发展创新平台，建立健全思政课教师素质能力常态化管理考核制度。三是要优化思想政治工作激励制度、考核评估制度和工作监督制度，将思想政治教育成效作为学校重点任务、重点目标予以考核奖励，从而激发思想政治教育工作者的积极性、主动性，提高工作效能，不断开拓新时代职业院校思想政治教育的新境界。

（执笔：刘建平、赵娜、张雅静）

四　实践育人篇

党建引领　思政育人　汇聚高质量发展新动能

从内蒙古到长三角、从东三省到珠三角，2021年，衡职院人忙碌的身影出现在中国经济增长极的前端、职业教育深化改革的前沿、新兴工业科技发展的前线，新思想、新理念、新动作在走访调研思考中日趋明朗和成熟，步履坚实、勇创新路，一系列动作成果初步显现。

从聚焦党委班子建设到凝聚中层干部职工共识、从持续促进"三教"改革到提质培优行动计划，过去的一年里，衡职院人宏观思考、微观执行，以整改为动力、以内涵为重点、以内控体系为保障、以"双修双创型金蓝领"人才培养体系建设为目标，矢志不渝推进学校高质量发展。

越是伟大的事业，越需要开拓创新。展望新的一年，"高质量发展""稳中求进""二次创业"将成为衡职院推进职业教育各项改革的主基调。作为应用型高技能人才培养的基地、工匠精神的践行地，衡职院正用"高质量"响应着地方经济发展的需求。

以党建引领改革发展　书写职业教育高质量发展答卷

2021年7月1日下午，河北省庆祝中国共产党成立100周年大会在革命圣地西柏坡召开，会上，衡水职业技术学院党委荣获河北省先进基层党组织；12月，外语系党总支被省教育厅推荐为"全国党建工作标杆院系"。

这一年，衡职院党委坚持以习近平新时代中国特色社会主义思想为指导，坚持把抓好党建作为第一责任，将党的领导和党的建设贯穿办学治校、教书育人全过程，以高质量党建引领高质量发展，为学校各项事业发展注入"源头活水"，形成了党的建设和各项事业同频共振、齐头并进的良好局面。

学校坚持和加强党对学校工作的全面领导，坚持和完善党委领导下的校长负责制，落实好民主集中制等各项制度，充分发挥党委总揽全局、协调各方的领导作用，保证校长依法行使职权，健全党委统一领导、党政分工合作、协调运行的工作机制，为学校发展提供了坚强有力的政治、思想和组织保证。

同时，学校更加坚定地把党建工作作为长效发展的"基因密码"，将党建重点任务与学校发展有机融合，立足抓常抓长，以优良党风促教风、带学风。如安排党委书记讲"第一堂思政课"等，紧密结合"两个一百年"奋斗目标等重点内容，推进习近平新时代中国特色社会主义思想"三进"工作走深走实；把党建工作与大学生创新创业工作相融合，支持建立学生团队，在助力脱贫攻坚中献智献策；通过"课堂五分钟""微党课"等创新载体，把党建工作真正深入到基层中去、深入到党员中去、深入到学校中心工作中去、深入到学生教学管理中去。

构建大思政格局　立德树人成效全面提升

2021年3月26日，"衡水职业技术学院融媒体中心"正式揭牌，校刊《匠心》首期隆重发布，预示着衡职院在构建建校百年新闻发布平台、打造衡职院宣传阵地、构建大思政格局、扩大社会影响方面又迈出了更加坚实的一步。

学校矢志不渝构建大思政教育格局，筑牢意识形态前沿阵地，围绕思政课程与课程思政建设、师德师风建设、舆情应对、学生社团思想引领、新媒体阵地建设等多项工作，在加强主体、丰富载体、创新方法、落实责任等方面精准施策，丰富"双修双创型金蓝领"人才培养体系，牢固筑起立德树人的思想防线。

学校深入打造"三学三提"主题读书活动品牌，利用"人民学习""处长论坛"载体，凝聚共识、汇聚力量；充分发挥"两院三中心"即"马克思主义学院、创新创业学院、马克思主义知识点研究中心、中华文化自信研究中心、河北职教双创研究中心"效能，做足顶层设计，强力推进立德树人实施。

围绕立德树人这一根本任务，衡职院整合阵地、创新方式，组织学生利用暑期开展"三下乡"社会实践活动，助力种植养殖、留守儿童素质提升、党史学习教育进农村等；设计发布"衡职宝宝"网络表情包，推动社会主义核心价值观进一步深入人心，被《中国教育报》予以报道。

大思政工作格局的形成有效整合了学校思政教育资源，凝聚了思政工作合力，在学生价值养成、专业素质培养、创新思维和创业能力引导上实现了持续升级增效。16名在校生应征入伍献身国防；经济管理系18会计2班团支部被评为团中央活力团支部；百余师生参演本市建党百年诵读音乐会，切身感受党的光辉历程。

党史学习教育深入开展　从建党百年历程中汲取奋斗力量

2021 年 3 月 3 日，衡水职业技术学院召开专题会议学习习近平总书记在党史学习教育动员大会上的重要讲话精神，并通过"人民学习·衡水职业技术学院智慧教室"大屏直播学习了国防大学教授金一南主讲的《苦难辉煌：中国共产党百年筑梦之路》。这标志着该校党史学习教育正式启动。

这一年，衡职院党委把党史学习教育作为贯穿全年的重大政治任务，利用主题宣讲、专题读书班、中心组学习等形式，坚持集中学习和自主学习相结合、规定动作和自选动作相结合，全面系统学习党的百年奋斗史，专题深入学习习近平总书记在庆祝中国共产党成立 100 周年大会上的重要讲话精神、弄懂弄实十九届六中全会精神、精读总书记关于学习党史的重要论述；中层干部以"党史+处长论坛"为学习交流平台，强化干部"四力"提升；全体党员则以"党史+人民学习"直播平台为载体，辅以河北干部网络学院课程、学习强国学习等形式，形成学比赶超的氛围；建成并发挥具有 600 余幅历史图片、近 2 万文字的"中国精神"图片展暨"四史"教育实训基地作用，从百年党史中汲取精神力量。

与此同时，学校举办了"光荣在党 50 年"纪念章颁发仪式暨"两优一先"表彰大会；充分利用校史馆针对学生开展红色主题教育。各党（总）支部分层次、多渠道、全覆盖、创新形式开展党史学习教育，组织大学生党史学习教育宣讲团深入乡村中小学开展宣讲、"青年马克思主义者培养工程"学生骨干开班学习百年党史；向中组部官方网站推介刊发衡职院《以高质量党建引领高校高质量发展》文章；在校内召开"学党史·强信念·感党恩·跟党走"文艺汇演、"学党史悟思想　诵经典迎百年"朗诵比赛，让大学生从百年党史中汲取奋进的智慧和力量，让党史学习教育在学生中走深走实。

"十四五"强势开局 "二次创业"击鼓催征再出发

2021 年 9 月 9 日，衡水职业技术学院举行 2021 年秋季学期教师节表彰大会暨"二次创业"动员会，号召全校上下瞄准"省域高水平高职学校"建设目标，以归零的心态和持续奋斗的状态投身学校"二次创业"新征程之中。

打造"省域高水平高职学校"、向国家"双高"发起冲刺，短板多、差距大、压力重，在充分酝酿与思考中，校党委终保持着奋楫者的姿态，提出在"二次创业"中高起点击鼓催征。学校在充分分析现代职业教育面临的重大机遇的基础上，提出、总结、完善、优化了"扬长补短"发展理念、"三个融合"发展思路、"一体多翼"发展战略、"一校两制"办学体制、"双修双创型金蓝领"人才培养体系。另外，学校还创造性地提出瞄准"省域高水平高职学校"建设目标，把握坚持改革创新、坚持产教融合、坚持质量立校"三个坚持"主线；深化"三学三提"主题读书活动，解放思想大讨论，提质培优行动计划，"爱衡职、做贡献"主题教育实践活动、纠正"四风"和作风纪律专项整治五种载体；弘扬"三牛精神"，逐项破解影响学校发展的突出问题，推动学校各项事业实现新飞跃。

提质培优增值赋能吹响建设
"省域高水平高职学校"集结号

2021年5月27日，衡职院召开"职业教育提质培优行动计划（2020—2023年）任务（项目）"工作部署会，将提质培优作为落实学校"十四五"规划及学校内涵建设、高质量发展的重要抓手。截至年底，提质培优获得立项项目33项。

围绕提质培优，学校全力推进各方面建设，2021年度，专业布局进一步优化，新增人工智能技术应用、集成电路技术、飞行器维修技术等专业；初步确立交通运输、装备制造、信息工程、数字商贸、学前教育、现代农业6个专业群；建立健全国家、省、校、系四级教学能力比赛机制；2门课程分别获得省级精品在线开放课程二、三等奖；《以创新创业教育实践提升人才培养质量的研究》《融入区域发展的高职院校"一体多翼""一校两制"办学模式研究与实践》均荣获河北省教育教学成果一等奖；大数据与会计、机电一体化技术、思政教学团队被评为省级教学团队，实现了省级教学团队零的突破；校企"双元"合作开发教材——《ERP财务业务一体化实训教程》（第三版）（用友U8V10.1版）被评为"十三五"职业教育国家规划教材；学校共开设1+X证书试点12个，并牵头负责"室内设计职业技能等级证书"1+X证书的全省考核工作；拥有省级高技能人才培训基地、技能大师工作室、民族文化传承创新示范专业点、高水平生产性实训基地、应用技术协同创新中心以及职业院校教师素质提高计划国家级培训规划项目各 1 个。

校企合作纵深发展 高起点建设产业学院汇集新动能

2021 年 3 月 10 日，由衡水职业技术学院和吉林航空维修有限责任公司合作共建的衡水职业技术学院吉航航空产业学院正式揭牌。本次合作共建航空产业学院，开展航空人才培养战略合作，既顺应了高等职业教育支撑经济高质量发展的必然要求，又促进了"引企入教"，实现了校企资源的有机结合和优化配置。

华为 ICT 产业学院、中德智能制造国际产业学院、日月光半导体产业学院、吉航国际航空产业学院、智慧康养产业学院……过去的一年，衡职院运用创新思维、借景思维等方式，聚焦国家战略，紧跟行业发展调整办学模式；在致力广度的同时，学校还注重提升校企合作水平和层次，开展深层次战略合作，共建科研技术团队，加强科技攻关和产品研发利用；同时利用各个产业学院建设，集中资源培植一批特色、重点和优势专业，如新能源汽车维修、飞机维修、人工智能、半导体制造等，打造学校高质量发展的第二引擎。

协同育人提质增效 产教联盟服务地方经济大格局

2021 年 5 月 28 日，衡水职业技术学院牵头并联合衡水市各区县的职业院校、行业协会和企业共同发起成立衡水市产教融合联盟，共筑产教融合命运共同体，重点打造人才培养、产教融合、乡村振兴、协同创新平台，促进校企优质资源共享，推动教育链、人才链与产业链、技术链深度对接，服务地方经济社会发展。

这一年，面向经济社会主战场、面向国家治理大战略、面向区域发展新需求，衡职院积极实践"三个融合"办学思路，即校园融合产业园、专业融合产业链、课程融合岗位群，紧紧围绕河北省 12 大新兴产业和衡水市"3+2 市域主导产业体系"和"9+5 县域特色产业集群"来建设教学区调整专业，助力衡水经济高质量发展。截至 2020 年底，以衡水特色骨干企业为主体，积极推进校企合作，与 90 多家企业建立校企联盟，牵头成立"现代装备制造协同创新中心"等 20 个协同创新组织；建立"乡村振兴学院"服务国家重大战略，积极融入区域经济社会发展；派出教师参讲 2 万人同时在线的河北省商务厅电子商务示范创新大讲堂；向企业派驻了机电系、计算机系、艺术系等十几名大学教授科技特派员，到企业进厂房当工人，实现企业利润增长 500 多万元。

改革创新破除瓶颈　混合所有制模式优势彰显

2021 年 4 月 20 日上午，市领导到位于武邑县的衡水职业技术学院交通运输学院项目现场召开项目推进协调会。项目总占地 455 亩，其中一期占地 270 亩，建筑面积 10.8 万平方米，包括综合办公楼、教学楼、实训楼、宿舍楼、食堂等16 栋建筑，预计 2022 年即可投入使用。

改革创新是推动学校高质量发展的关键一招和根本动力。随着学校内涵建设的提升、社会影响力的扩大，生源数量和质量迎来极大飞跃，但教师数量与办学空间呈现出明显不匹配。为此，衡职院党委积极探索，摸索出混合所有制模式的新路子，建成衡水职业技术学院交通运输学院，解决了大量学生求学需求。其作为河北职业院校股份制混合所有制办学试点，承载着校区拓展、发展优势专业、实现高级人才储备等功能；吉航国际航空产业学院、华为 ICT 产业学院、日月光半导体产业学院、智慧康养产业学院和中德智能制造国际产业学院将相继落户该校区，未来发展大有可为。

同时，为了解决教师编制短缺、高级人才不足、职称晋升受限、薪酬制度不完备而导致的办学活力不足问题，衡职院出台《创新高校人员总量管理试点工作实施方案》，积极探索人员总量管理，并适时将政策优势转化为工作优势，推动实现更高质量、更有效率、更加公平、更可持续、更为安全的发展，为建设"六个新衡水"提供人才支撑和智力支持。

荣誉佳绩捷报频传　奖项含金量创历史新高

2021 年 11 月 23 日，衡职院在 2021 年河北省职业院校技能大赛教学能力比赛中，6 个参赛团队全部获奖，其中一等奖 1 项、三等奖 5 项。

这一年，衡职院积极推进"三教"改革，通过参加教学大赛提升师资水平和教学质量，以及师生创新水平和动手能力，佳绩频传、成绩斐然。6个教师团队参加省教学能力大赛，获得一等奖1项、二等奖2项、三等奖3项；学生参加省级以上各类技能大赛，获奖44项，其中一等奖6项、二等奖10项。如经管系学生获得河北省高校会计技能大赛一等奖和二等奖；多位教师在省教师教育教学信息化比赛中荣获一、二、三等奖……

涌现出一批善于学习、勤于思考的业务"双师"型教师，如作为中国科学技术协会第十次全国代表大会代表的廖智慧、河北省"最受关注的科技创新人物"王素芹、荣获河北省高等职业教育创新发展行动计划优秀课程的王莺等。

与此同时，学校还荣获了国管局、国家发改委、水利部颁发的"公共机构水效领跑者"和国管局、国家发改委、财政部颁发的"节约型公共机构示范单位"两项荣誉，为创建节水型高校、节水型城市交出了满意的答卷。

严字当头暖字打底　竭力做实常态化疫情防控教育教学

2021年11月3日下午，衡职院组织开展了秋冬季新冠肺炎疫情防控应急演练。从启动预案、明晰流程，全员防控、规范台账、现场呈现、掌握要领、固强补弱、精准施策等环节入手，全力阻断疫情向学校蔓延。

防止疫情向学校扩散、守护师生安康、维护校园稳定是教育系统的一项重大政治任务。衡职院始终以高度的责任心和强烈的使命感，坚持底线思维、强化风险意识和大局意识，坚决守住校园这片净土，确保师生生命安全。教学期间，衡职院每周一次全校师生核酸检测；坚持"日报告""零报告"、记录行程轨迹以备流调、做好个人安全防控宣传。坚持人物同防、多病共防，规范消杀流程、规范台账管理等。

作为教书育人的重要阵地，衡职院积极处理好疫情防控和教育教学的关系，强化意识形态建设，引导学生向上向善，做到疫情防控和课堂教学"两不误、两促进"。组织艺术系10名学生绘制抗疫主题作品，并到隔离酒店将其送给支援辛集医务人员；举办校园"冰雪运动会"、足球比赛，丰富封闭期间校园文化生活；在教职工中开展"爱衡职、做贡献"活动，把激发出来的工作热情和进取精神转化为做好疫情防控、课堂教学、科研等各项工作的不竭动力。

（执笔：张春福、王二冬）

培育特色社团　助力学生全面发展

学生社团是繁荣校园文化生活的生力军和主阵地，是广大青年学生全面提升综合素质、培养兴趣爱好、展示才华智慧、扩大求知领域、实现价值引领，陶冶艺术情操的重要平台和载体。

近年来，衡水职业技术学院大学生社团工作坚持立德树人这一根本，致力打造社团特色，塑造"四维文化场"工程，广泛开展了集思想性、知识性、艺术性、趣味性于一体的社团活动，为青年学生提供了锻炼自我、展示自我、提升自我的平台，在学生思想引领和成长服务中不断发挥作用，在校园文化建设中不断发力，成功营造了"厚德、笃学、尚能、创新"的校园文化氛围，取得了良好的育人成效。

全方位打造社团特色"四维文化场"

学生社团是学生依据兴趣爱好、专技特长自主、自愿、自发组成的学生群众性组织。从学生社团本身的职责定位和时代责任出发，它促进了学生个性化发展，在团结和凝聚学生智慧和力量、展示时代青年精神风采方面具有不可替代的作用；从学校内涵建设方面来看，丰富多彩的社团活动是校园文化建设的源头活水，为打造健康、文明、活力向上的校园文化内涵奠定了基础；从人才培养方面来看，通过社团活动，学生从传统文化、革命文化和时代精神中汲取营养，培养学生的社会责任感、担当意识、创新精神和实践能力，提升综合素质，促进学生成长成才，整体提升了学校的育人成效。

衡水职业技术学院历经百年薪火相继、砥砺前行的变迁，积累和传承了优良的文化传统和成熟的育人体系。校团委总结多年来社团建设经验，提出了建设社团特色"四维文化场"建设理念，以此推进新时代发展背景下社团建设的改革和创新。

"四维文化场"以立德树人为核心理念，从政治思想教育高度、社团规模化建设宽度、内涵质量提升厚度和持久文化浸润长度四个方向打造大学生特色社团，不断提高社团活力、增强社团覆盖面、扩大社团教育影响力，从而发挥学校大学生社团文化磁场辐射效能，带动整体校园文化建设水平提升。

高度：加强思想政治引领，打造思想教育高地

深入学习贯彻习近平新时代中国特色社会主义思想，及时传递党和国家方针政策、时代精神和社会主义核心价值观是校党委对所有社团坚持正确建设方向的基本要求，并为每个社团配备一名思政课教师指导社团活动。校园广播站、国学社、读书社、"党旗红"党史学习社等思想政治类社团定期开展了"党史上的今天""百年奋斗路，启航新征程"党史学习系列活动，以及"学党史强信念感党恩跟党走"诗歌朗诵、文艺汇演等社团活动，开展自我思想政治教育。

为有效传达党的十九大和十九届历次全会精神，深入开展党史学习教育，庆祝建党百年，衡水职业技术学院成立了"衡湖红荷"大学生党史教育宣讲团，由思政教师、专职辅导员和专业教师作为指导教师，结合专业特长，组织社团成员通过科技文化"三下乡"，先后到衡水市阜城县后宋村小学、衡水市滨湖新区彭杜中学、衡水市景县华家口村、衡水桃城区天玺幼儿园等十余个城区、村镇和学校开展党史宣讲教育，以推进党的思想理论在广大人民群众中入脑入心，践行社团"学习"任务和"传播"使命，引领青年学生坚定"四个自信"，牢记"四个意识"，凝聚起广大青年学生矢志不渝跟党走、同心共筑中国梦的磅礴力量。

宽度：加大社团覆盖面，形成百花齐放建设局面

学生社团大致分为思想政治类、创新创业类、学术科技类、志愿公益类、文化体育类、自律互助类等，学生通过参与各式各样的社团活动体现个人价值，增加社会认同感，在提高学生综合素质的同时，繁荣了校园文化。为营造良好的个性成长环境，普惠所有学生群体，学校通过管理手段和激励措施扩大社团规模，扩充社团数量，以此增强文化场的辐射效应。一是改革管理模式，鼓励由相关部门、教学科研机构和教师直接指导社团建设，促进社团指导的专业化

进程。二是改革学生综合素质评价体系，激发学生参与社团的积极性和主动性。三是加强社团组织和文化建设培训和交流，逐步拓宽学生认知视野，培养创新能力。四是强化社团审批和退出机制，加强过程管理和监督，促进社团健康成长。五是增加人、物、场地等支持力度，提高保障机制。

通过调查发现，近几年，学校共建成覆盖工作、学习、生活、创新创业、管理等各类社团 84 个，全校经常性参与社团活动的学生始终稳定在 60% 以上，充分体现了社团参与人员的广泛性，有效丰富了学生第二课堂和社会实践活动，促进了学校人才培养质量的提升和校园文化的繁荣。

厚度：重点培育特色社团文化，合力打造品牌活动

在推进特色社团"四维文化场"建设过程中，打造特色内涵是核心任务，通过建设大学生特色社团、培养特长学生、设计特色载体，进一步挖掘社团文化的精神内核，发挥品牌社团、社团之星和特色载体引领教育功能，增强社团特色文化磁场育人功能。

特色社团建设。学校综合统筹社团建设特色和学生个性特长，由指导教师和社团骨干共同参与制订特色社团建设计划，通过自评和互评的方式强化社团建设过程评价，通过定期开展社团特色成效验收，促进社团核心价值体系的形成，从而打造特色社团，形成文化场的磁场效应与学生个性特长的良性互动发展。衡水职业技术学院现已重点支持培育了青年志愿者协会、新思想艺绘社、大学生记者团、"衡湖红荷"党史学习社、国学社、青年成长中心和衡智机器人工作室等一批在文化艺术、学术科技、志愿服务和创新创业等方面具有广泛影响的精品社团，打造了"七彩校园·缤纷社团"社团迎新月；"逐梦新时代，青春谱华章"毕业巡礼季；"青春飞扬·成就梦想"社团文化节等系列品牌活动。多彩的社团活动成为丰富课余生活、构建和谐校园的有生力量。

青年志愿者协会。近几年，吸收志愿者 2100 余人，共计服务 88303 时长，开展了国际马拉松比赛、文明城市创建、"寸草心敬老爱老"行动、乡村振兴扶贫等系列活动。2019 年，协会成员组成的"通语明志"志愿服务团队开展的"推普脱贫"行动得到教育部语言文字管理司和团中央的感谢和表扬，并获得河北省三下乡"优秀实践单位"荣誉称号；2020 年，"启趣宏志"志愿服务团队助力乡村振兴，获得河北省"优秀实践团队"荣誉称号，校团委获得衡水市最美服务组织、河北省优秀实践单位等荣誉；2021 年，获得第五届最热公益校园

"益动星空"全国高校百强荣誉。"新思想艺绘社"成立于 2019 年，艺绘社成立之初就把学习宣传习近平新时代中国特色社会主义思想进农村作为己任，以新思想为内容开展农村系列墙绘社会实践活动。他们用画笔描绘国家富强、民族振兴、人民幸福的美好前景，先后为 14 个村墙绘 58 幅作品，得到乡亲们广泛的认同，激发蕴藏在人民群众中的巨大创造力，凝聚人民群众实现"两个一百年"奋斗目标和中国梦的磅礴力量。

特长学生培养。以学生为主体，为学生搭建全面发展的舞台，充分挖掘与发挥个体特长是特色学生培养的出发点和基本路径。在鼓励学生特色发展的大平台下，学校培养了一大批优秀学生，彰显了榜样的力量，增强了社团特色文化的感召力。

张倍豪是衡水职业技术学院计算机软件专业毕业生，在校期间，通过学校众创空间创立"衡智倍豪创意机器人工作室"，他带领团队成员凭借刻苦的钻研精神和超强的科技研发能力，获得了多项省、部级荣誉。团队研发的智能手杖先后获得第十五届全国大学生机器人大赛创业赛团队三等奖、第二届"中国创翼"青年创业创新大赛银翼奖。2017 年，在共青团中央、全国学联主办，哈尔滨工业大学承办的第十六届全国大学生机器人大赛上，工作室作品"生物空气净化器"荣获二等奖。在取得丰硕科技成果的同时，张倍豪的团队和个人也收获了团中央首届全国"阳光奖学金"特别奖暨"践行工匠精神"先进个人荣誉，获得"河北省最美大学生"称号。

张倍豪毕业后组建了甘肃省倍豪智创教育科技有限公司，研发了 STEAM 单片机科技教育系统，最终联合发起了"优思国际青少年素质教育联盟"（已有 28 个合作国家）并出任全国秘书长与西北分盟会长一职。同时在建党 100 周年来临之际，倍豪的技术团队也率先推出了"党建+区域治理大数据平台"献礼建党 100 周年，并在白银市白银区武川乡研发建设了涵盖"大党建+区域治理+智慧农业"的新农村治理方案等。

优秀毕业生"剪纸公主"王斯颐用刻刀绘制青春之梦，其通过在衡水职业技术学院培养的兴趣和创新发展平台，注册成立了"衡水王斯颐工艺品有限公司"，产品不仅在国内热销，业务还拓展到俄罗斯、韩国，她也因此被称为"剪纸公主"。凭着一把刻刀、几张红纸，王斯颐用巧手匠心创造出了属于自己的青春之梦。

特色载体设计。一个社团组织代表着一种文化磁场，其独特化育人功能体现在特色社团活动和特有文化内涵中，为保持社团活力，适应时代发展趋势，学校从社团发展定位出发，不断创新载体设计，打造品牌活动，增强社团文化育人效能。一是创新活动形式。签名承诺、集会宣誓、爱心帮扶、实践体验、文艺汇演等是吸引和凝聚青年的有效手段，既要利用传统活动形式的经验，又要根据接受群体特征添加时代因素，使活动焕发时代光彩、凝聚时代精神。二是创建活动品牌，学校在全面实施项目化管理的前提下，引导各社团坚持"抓质量、重质量、出精品、创特色"的工作思路，进一步挖掘活动的内涵与深度，打造活动品牌，发挥品牌效应。三是创新阵地载体。利用报刊、展板、班团会、网络新媒体等宣传阵地，积极开展各类文化教育活动，尤其使互联网成为反映社团风貌、开展社团互动和展示社团风采的阵地和窗口，利用衡智众创空间平台、安平第一党支部、大学生广播站等平台作为学生社团活动的基点，拓宽活动阵地，更广泛服务广大师生。四是特色实践方面，结合科技文化下乡社会实践、志愿服务、专业技能比赛等实践活动，增强社团服务能力，吸引和激发学生的参与热情，取得了良好的社会效果，激励了一批又一批社团人不懈探索的勇气。

长度：多举措加强文化传承，打造长效运行机制

大学生社团特色文化建设是一个长期而持续的过程，要以文化建设为核心、以活动为载体、以创新为突破口，不断提高社团的生命力、吸引力和创造力，建设充满朝气的社团，丰富校园文化内涵，推进校园文化建设的深入开展。

做好特色社团文化传承的重点是抓质量以促进社团的品牌化建设，其内在要求就是健全制度体系和建立富有创新力的长效机制，紧紧围绕特色社团文化内涵主线，深入从制度文化建设、活动载体创新、文化传承与塑造、考核激励机制四个方面构建社团文化模式。健全的制度体系是对特色社团建设工程的基础保障，社团结合时代特点和要求创新形式开展活动，吸引青年学生积极参与，青年学生在社团活动和学习中实现文化传承，实施自主管理和自我提升，从而提高综合素质。社团通过建立合理科学的评价体系和考核机制促进社团健康发展，通过社团优胜劣汰考评机制，对那些特色鲜明、成绩突出、管理规范、考核优秀的社团重点培育，打造精品社团，促使其在螺旋上升过程中打造特色文化磁场，进而发挥辐射效应，带动和强化整体校园文化场建设。

衡水职业技术学院着眼学生社团长远发展，不断完善社团自身建设。积极推动各类社团的全面发展，大力扶持思想政治类社团成长，发挥其在提高学生思想道德素质、坚定"四个自信"、做到"两个维护"方面的作用；热情鼓励

创新科技类社团，着力培养竞争意识和创新意识；积极倡导社会公益型社团，深入开展社会公益服务和志愿服务实践活动；正确引导文艺体育类社团，为大学生个性发展、自主成才搭建舞台。通过加强机制建设、制度建设、文化建设，提供必要的人力、智力、物力等资源的支持，从而实现社团的可持续发展。

（执笔：李兰秀）

社会实践活动持续助力乡村振兴

党的十九大报告提出实施乡村振兴战略。在乡村振兴中，让亿万农民在共同富裕的道路上赶上来，让美丽乡村成为现代化强国的标志、成为美丽中国的底色是我们不懈追求的目标。这就为广大青年学生特别是从农村走出来的大学生提供了广阔的舞台，使他们能够在乡村振兴的社会实践中发挥更大作用。衡水职业技术学院历来高度重视学生社会实践活动，鼓励广大青年学生扎根中国大地，了解国情民情，通过社会实践坚定理想信念、练就过硬本领、投身强国伟业。近年来，学校依托长期开展社会实践活动的经验，将党史学习教育融入社会实践中，把社会实践作为检验育人成效的重要载体，深入开展了形式多样的社会实践活动，全力助力乡村振兴事业。

大学生成才离不开社会实践

大学生通过"三下乡"社会实践活动能够了解困扰农村发展的问题在哪里，也可以知道村民心中在想些什么、最需要什么，从而在与村民沟通时更有亲近感，更容易扬长避短。天时地利人和让大学生在乡村振兴中大有可为。与此同时，教育实践是大学课程的重要组成部分，是人才培养的必要环节。大学生成长进步没有捷径可走，必须经历基层磨砺、实践摔打。与以育人为主的高校工作相比，基层一线是大学生"增能补钙"的练兵场，基层历练既有利于输出高校的智力资源，也有利于厚植为民情怀、锤炼担当作为。特别是文化、科技、卫生等方面的基层社会实践活动是培养和提高大学生实践能力、实行素质教育、大力推进"三全育人"的有效途径，对进一步激发大学生成长成才、奋发进取的主动性、积极性、创造性，增强大学生建设祖国、实现伟大中国梦的责任感、使命感和紧迫感具有重要意义。

实践是认识的源泉，是最好的导师。从 1997 年开始，中宣部、中央文明办、教育部、共青团中央、全国学联共同组织实施了全国大中专学生志愿者暑期"三下乡"社会实践活动。20多年来，近千万名充满理想、充溢激情、充盈活力的青年学子，以及数十万支社会实践团队在暑期里奔赴山乡、村寨、医院、学校，成为青年学生服务农村经济社会发展，在实践中受教育、长才干、做贡献的重要方式。

作为衡水唯一一所高职院校，衡水职业技术学院的"三下乡"社会实践活动可以追溯到20世纪末，先后有200多支小分队通过"三下乡"活动了解农村、读懂中国、献计献策，甚至有人为此献出了生命。特别是近五年来，为全面贯彻落实党的十九大精神、习近平新时代中国特色社会主义思想，以培育和践行社会主义核心价值观为主线，围绕立德树人这一根本任务，衡水职业技术学院持续深入开展社会实践活动，并且取得了一定成绩："通语明志"推普脱贫社会实践小分队得到教育部语言文字应用管理司和共青团中央青年发展部联合感谢信表彰；2019—2021年，院团委被省委宣传部、共青团河北省委、省教育厅、省人社厅、省扶贫办和省学联六部门联合授予河北省大中专学生志愿者暑期文化科技卫生"三下乡"优秀单位荣誉称号；2020年"启趣宏志"实践团队、2021年"青春筑梦乡村振兴"实践团队分别荣获河北省文化科技卫生"三下乡"社会实践活动"优秀实践团队"荣誉称号。

"双聚焦"在基层实践中展现新作为

时代在变化、国情在变化、农村在变化，大学生课外社会实践的方向也应顺应时代大潮而做出调整，用脚步丈量田地，以实干书写担当、回答时代之问。

衡水职业技术学院的做法是"聚焦时代、聚焦需求"。比如在2019年，衡职院社会实践聚焦庆祝中华人民共和国成立70周年、纪念五四运动100周年展开社会实践；2021年，聚焦中国共产党建党百年和学习宣传习近平新时代中国特色社会主义思想开展社会实践活动。近两年，衡职院又聚焦脱贫攻坚、乡村振兴大局，根据调研实践的实际情况和需求，在开展精准扶贫调查研究、科技支农服务、关爱留守儿童等方面发力。

具体来讲，衡水职业技术学院社会实践团队有理论普及宣讲团，主要围绕习近平新时代中国特色社会主义思想和党的十九大精神，开展宣讲报告、学习座谈、调查研究等；乡村振兴战略调研团，组织青年师生深入乡镇、农村，进行"乡镇信息化与互联网+"知识普及，为农户集中培训互联网、电子商务知识；教育关爱服务团，依托亲情小屋、青年之家、乡村学校等阵地，开展留守儿童学业辅导、亲情陪伴、自护教育、素质拓展等形式的精准关爱志愿服务；文化艺术服务团，重点围绕社会主义核心价值观培育和践行，开展艺术创作、惠民展演、全民阅读、文化普及等唱响社会主义核心价值观的主旋律，弘扬社会正能量等。

例如，衡水职业技术学院"启趣宏志"三下乡社会实践小分队利用暑期时间，以线上、线下相结合的方式对贫困地区河北省阜城县后宋庄村儿童进行了"启趣宏志"儿童文化素养提升活动。前期线上"云调研"了解到该村儿童的兴趣爱好和学习需求；通过线上"云组队"组织专业能力强的学生提前备课、录课；通过"云课堂"讲解剪纸技巧，诵读《少年中国说》，讲中国传统故事、疫情防控小知识实操等内容；通过"云捐助心连心克时艰同战疫"捐助活动，与村两委成员、儿童及家长代表连线，将师生捐助购买书籍、绘本和学习用品等运输到该村捐赠，并设立青少年"悦读室"。与此同时，为保持帮扶连续性，建立学前教育专业学生和该村儿童结对子联系卡进行长期交流、辅导和实践。

再如，"乡村兴·党旗红"实践分队赴石家庄赵县任庄村服务乡村振兴。讲解除草、除虫、施肥等绿色产业发展相关知识，与果农交流推广先进果树生产技术，帮助果农进行果实套袋、拆袋、梨树保护、果实采摘、装箱入库等工作，既服务了农村振兴，进行了科技普及，师生也在实践过程中锻炼了技能、增长了才干。

又如，"初心为民"团队14名成员前后赴衡水、秦皇岛、石家庄、沧州、邯郸等地的20多个农村开展调研实践，深入剖析了特色农产品滞销问题的根源，以找出农产品营销策略创新的切入点，为具有地方特色的农产品量身定做了销售方案。

在偏远乡镇小学推广普通话、组织社会实践小分队毛笔之乡——侯店村宣传党的十九届六中全会精神、"习近平新时代中国特色社会主义思想艺绘社"成员深入14个贫困村绘制文化墙、师生春节前进基层宣传社会主义核心价值观并送春联送福字、进村入户帮助村民维修电脑……形式多样的活动始终符合时代之需、面准农村短板。

发挥高校智慧，以社会实践助力乡村振兴

经过若干年的实践，我国高职院校已经基本形成了服务乡村振兴大格局的

主要路径，包括党教育扶持、产业提升、实践教学、文化引领等多个方面，但在乡村振兴效益最大化、持久化、代表性、典型性方面还是有所欠缺。这也是今后大学生实践团队的发力点和着眼点。总体来说，可以从以下几方面入手：

一是形成合力上共同推动。乡村振兴不仅是农业生产的事情，也是一项农业农村现代化的系统工程。学校各院系在学科、专业、人才培养等方面都具有懂农业、亲农村、爱农民的优势，是乡村振兴战略实施的先锋部队。因此，要协调校内外专家、资源聚力乡村振兴，全校上下都要行动起来，自觉担负起历史使命与责任。

二是培养热爱农村的人才。乡村振兴不是一两年的事，而是一个长期奋斗的过程。要持续推动乡村振兴，就要为农业发展、农村进步培养一大批留得住、用得上的高素质人才。衡水职业技术学院与安平县政府成立的"乡村振兴学院"就是要共同大力探索人才培养的新模式，把乡村振兴的理论研究与实践推向新高度，真正培养出"懂农业、爱农村、爱农民、有理想、有本领、有担当"的农业农村现代化高素质创新人才。虽然目前尚处于摸索阶段，但相信不久的将来定会有所成果。

三是鼓励大学生参与农业类创新创业。双创工作是高职院校的一个优势发力点，创客团队有广泛基础，可以围绕农业产业发展、农业技术服务、农产品销售、农业教育培训等方面开展创新创业实践，促进产学研用融合发展。更重要的是，双创成果可以及时应用到农村中，低成本实现农民增收、乡村富裕。

四是书写科技乡村振兴"高校样本"。高校应该持续组织专家学者、科技服务团等专业力量深入贫困地区一线，带动企业、校友等多方力量帮助贫困地区打造新产业和经济增长点，在延伸产业链、拓展农业功能、发展新型业态等方面提供支持，助力贫困地区"三产"融合发展，打造脱贫攻坚的"高校样本"。

（执笔：李兰秀）

道德模范进校园　培养高素质时代青年

公民的道德水平体现着一个民族的基本素质，反映着一个社会的文明程度。随着我国公民道德建设的不断加强，越来越多践行社会主义道德要求的模范人物涌现出来。他们的先进事迹感召着在校大学生，对大力弘扬社会公德、职业道德、家庭美德，营造知荣辱、树正气、促和谐的社会风尚，促进社会主义核心价值体系建设，为经济社会发展提供强有力的思想道德保障具有十分重要的意义和作用。

党的十九大以来，衡水职业技术学院紧紧围绕"举旗帜、聚民心、育新人、兴文化、展形象"使命任务，切实把道德模范、身边好人、志愿服务各项道德建设工作抓紧抓实、抓出成效，大力弘扬好、传承好身边榜样的力量，不断夯实全校思想道德建设和精神文明建设工作基础，把社会主义核心价值观要求转化为师生的自觉实践和价值导向，努力打造精神文明建设新高地。

加强"学习道德模范，塑造高尚人格"宣传教育

把"道德模范进校园"活动作为加强高校学生思想道德建设的重要载体，把道德模范的高尚品格和先进事迹作为对大学生进行思想道德教育的生动教材，通过板块展、座谈会、演讲等形式，引导和激励青年学生学习道德模范高度的政治觉悟、坚定的理想信念、崇高的精神境界和良好的道德修养，逐步树立正确的世界观、人生观、价值观。

具体案例：2019 年 9 月，学校邀请全国道德模范林秀贞同志为在校生做先进事迹报告。林秀贞在报告中用朴实无华的语言、细腻真挚的情感，为师生们讲述了她 30 载爱心赡养孤寡老人、捐资助学、扶困助贫的感人事迹。同时她希望广大青年学生在生活和工作中要牢固树立正确的人生观、价值观、荣辱观、幸福观，以热爱祖国、服务人民、奉献社会为荣；培养明是非、知荣辱、辨善

恶、分美丑的良好道德风尚，继承和发扬尊老爱幼、团结互助的优良传统；从自己做起，从一点一滴做起，做到孝敬父母、热爱集体、关爱他人；以社会责任为己任，努力学习，立志成才，奋发有为，回报社会，回报家庭。林秀贞的先进事迹深深地震撼着每位青年学生的心灵，使大家受到了一次具体、生动、深刻的社会主义核心价值观教育。

开展"学习道德模范 倡树文明新风"道德实践活动

衡水职业技术学院把组织开展学习道德模范活动与道德实践、道德体验结合起来，倡导和鼓励学生积极投身"创建文明班级""争做文明标兵、文明使者"等精神文明创建活动，引导青少年在活动中感知道德模范、学习道德模范，在实践中辨荣辱、明是非、受教育、长才干、做贡献。

具体案例：学校利用教育基地、红色纪念场馆等场所定期组织学生开展红色文化传承和道德素质教育实践活动。2021年3月，外语系赴衡水滏阳生态文化公园"道德高地 文化衡水"人物墙开展观摩学习活动，引导学生树立"无私奉献、勤劳勇敢、自强不息、乐于助人"的良好品质，培养"知行合一、德才兼备"的新时代青年。

"道德高地 文化衡水"人物墙道德楷模的辉煌事迹润心励人。全国道德模范、感动中国人物林秀贞不计个人得失，慷慨资助14名学生完成学业；全国道德模范提名人物吴殿华割肤救人，第一时间驰援唐山大地震、汶川地震等抗震救灾现场等，模范人物的感人事迹熠熠生辉，温暖和感召着每个人的心灵，为培养学生们高尚的人生品格和道德情操上了生动的一课。

文化墙前，大家跟随历史雕刻，共同追思革命时代出自衡水大地为中华民族复兴伟业做出卓越贡献的革命先烈，激励师生面向未来，砥砺奋进，为"两个一百年"汇聚磅礴力量。

在社会主义核心价值观火炬雕刻前，外语系党总支书记苏红燕高度凝练和集中表达了国家价值目标、社会价值取向和个人价值准则的24字社会主义核心价值观。号召学生作为新时代的青年要自觉践行爱国、敬业、诚信、友善准则，遵循自由、平等、公正、法治的价值追求，为把我国建设成为富强、民主、文明、和谐的社会主义现代化强国而奋斗。教导学生牢记革命先烈和道德模范的精神，勤学基础知识、苦练专业技能，做新时代的高素质技术技能人才。

建立"学习道德模范　争做时代新人"社会风尚

扎实学习科学文化知识、精湛掌握专业技能、服务经济社会发展是在校大学生的首要任务。衡水职业技术学院把组织开展学习道德模范爱岗敬业的典型事迹活动与鼓励学生发愤读书、积极参加社会实践、培养高尚情操和增长职业技能结合起来，引导青年学生争做时代新人、争创青年模范。校团委以"读一本好书、写一篇感言、参加一项社会公益活动、做一件有意义的事、养成一个好习惯"为内容，用榜样的力量引导在校大学生从我做起、从小事做起，做立大志、明大德、成大才、担大任的新时代青年。近年来，涌现了一批批优秀的衡职学子和创新创业的工作典范，为衡水区域经济和社会发展提供了人才保障和优质的社会服务。

具体案例：衡水职业技术学院凝聚和建设了一支高素质、优服务、乐奉献的大学生志愿者队伍，开展了一系列有特色、有成效的志愿服务活动。2021年，我校370名学生参与衡水市马拉松志愿服务；20名学生参与衡水市冰雪运动会志愿服务；121名志愿者投入"满城志愿红"主题集中志愿服务活动；400余名学生深入家乡和社区防疫一线进行志愿服务；依托校团委"志愿者协会"，深入社会和敬老院开展"爱老敬老志愿服务活动"；组织大学生参加科技文化技术"三下乡"社会实践活动等。2021年，衡水职业技术学院荣获第五届最热公益校园"益动星空"全国高校百强荣誉、获河北省大中专学生"三下乡"社会实践"优秀团队"等荣誉称号。

自新冠肺炎疫情暴发以来，衡职院学子敢于担当、冲锋在前，他们主动请缨，积极参加疫情防控志愿服务活动，成为乡镇村口、城市街道社区的安全"守护者"。他们认真核实返乡、返家人员信息，耐心宣讲疫情防控知识，努力筑牢抗疫坚固屏障。他们的工作得到了家乡社区的肯定和好评，收到感谢信百余封。

2019级学前教育14班马舒仪从2020年2月22日开始在河北省沧州市黄骅市楼东村担任志愿者，积极参与疫情防控工作。她对参与防疫工作感受颇深，她这样说道："卡口虽小，但每一个卡口都是阻击病毒的一道屏障，我的工作虽简单，但每一次的登记排查都是对村民的负责，按照逢车必查、逢人必测的原则，对入村车辆和村民进行排查、登记、消毒等工作，做到不漏一车、不漏一人。充分发挥卡口作用，确保排查严肃认真，守护全村人民的生命安全，为全村筑牢阻击疫情的坚固屏障，我认为我的个人价值得到了充分体现！"

凝练"学习道德模范　争做时代新人"工作经验

一是坚持加强领导与全体师生共同参与相结合。学习道德模范是一项全面的道德素质培养工程，涉及方方面面，需要全方位、全体师生的共同参与。在学习道德模范过程中，一方面要充分发挥重点部门、重点岗位的组织保障优势，协调动员各方面力量，加大人力、物力、财力投入，认真解决关键问题；另一方面，要积极组织好宣传教育环节，真正挖掘广大师生看得见、摸得着、信得过、学得到的道德典型。广泛宣传道德模范的感人事迹和思想品德，大力弘扬助人为乐、见义勇为、诚实守信、敬业奉献、孝老爱亲的崇高精神，提高广大青年学生的参与度。

二是坚持典型示范与学生共性成长相结合。在开展学习道德模范和身边好人活动中，一方面，要充分发挥典型示范作用，采取召开座谈会、报告会等形式，大力宣传道德模范的感人事迹和崇高品质，积极开展向道德模范学习活动；另一方面，要充分发挥广大在校学生集体共性成长、互相影响、互相促进的良好作用，塑造团结向上、集体进步的良好局面，让每一名学生依托集体发展找到自我教育、自我提高的有效载体，找到锻炼和施展自己才华的平台和机会。

三是坚持理论教育与实践活动相结合。在开展学习道德模范和塑造时代新人活动中，一方面，要继续开展集中式的宣传教育活动，让广大青年学生首先在思想认识上牢记社会主义核心价值体系，切实提高青年学生的道德素养；另一方面，还要把学习宣传道德模范融入全体师生的思想道德建设之中，大力宣传身边道德楷模的先进事迹，在全校形成学习、关爱、争当道德模范的浓厚氛围，使学习道德模范和塑造时代新人活动深入人心。

四是坚持集中学习与日常制度建设相结合。在开展学习道德模范和塑造时代新人活动中，一方面，要集中力量，整合资源，认真抓好阶段学习工作；另一方面，要着眼长远，建立健全长效机制，及时总结成功经验，特别要进一步完善学习、评选、表彰道德模范和塑造时代新人办法，建立健全学习机制、宣传机制，确保学习活动长效开展。

　　道德模范从来都不是宏大而高不可攀的形象，道德模范进校园活动为青年学生带来了一场生动形象又不失教育意义的精神食粮。而我们身边的道德模范、身边好人就是用不平凡的事迹展现着道德的魅力，书写着人生的价值。

（执笔：李兰秀）

战"疫"青春　彰显衡职学子责任担当

　　青年是最美的社会后备力量，青年是爱国担当的生力军。衡职青年在同人民群众同心抗疫行动中，正在用实际行动书写青春，他们胸有大志、心有大我，与人民同命运，用青春谱写责任、用汗水承载担当。

　　2020 年春节前夕，新型冠状病毒肺炎席卷全球。在这场疫情攻坚战中，衡职学子在校党委的领导、校团委的指导下，积极投身疫情防控志愿服务活动中，他们走出象牙塔，来到抗疫一线，为家乡和社区做出自己力所能及的贡献，用青春力量筑起了抗疫的坚固城墙。一件件红背心、一声声仔细询问、一句句温馨提醒成了一道亮丽的风景线。他们众志成城、携手同行，用实际行动诠释青年之担当，谱写青春之赞歌。自 2020 年以来，有 4500 余名学生参加到抗击疫情志愿服务活动中，彰显了衡职青年的力量和风采。

同心协力，筑牢抗"疫"防线

　　衡职学子践行着志愿者的初心和使命，助力家乡筑牢疫情防控屏障，他们不惧艰辛，主动请缨，在家乡村口或城镇社区入口认真核实返乡返家人员信息，耐心宣讲疫情防控知识，不惧严寒酷暑，克服困难，坚守自己的志愿服务岗位，为家乡和社区贡献自己的青春力量。疫情面前，串联起来的不只是人与人之间守望相助的精神力量，更折射出中华民族同舟共济、共克时艰的磅礴力量。

　　2018 级风景园林设计班张涛同学在寒假期间进行志愿防疫服务时长达 244 小时。每天坚守在村口岗位，排查登记外地返乡人员和每日进出小区的居民，检查其是否有发热等症状，并为村民宣传如何科学预防新型冠状病毒，为村民发放物资。他说："一心赤诚忠向党，防疫事业我站岗。我是一名大学生，更是一名入党积极分子，在疫情防控上，我志愿在方巷口村疫情监测点冲在前、干在先，虽然我不能像医生一样在一线做一名战士，但我可以以疫情防控志愿者的身份贡献自己的一份力量贡献。我会时刻谨记疫情就是命令，防控就是责任"。

2018级工程造价2班学生李泽军每天准时到达自家小区门口登记排查外地返乡人员，给自己片区的居民测量体温并检查来往行人及车辆的出入情况："日复一日地志愿工作让我更加珍爱生命，督促我思考人生的意义。我看到无数坚强的个体，携手抗击、共克难关，我看到我们的民族和国家是如何抗争、愈挫愈勇！我相信，在这场战疫中，我们必将取得完全彻底的伟大胜利"！

这只是积极参与志愿服务工作的部分学生，还有赵宇彤同学在疫情防控期间不仅积极参加社区志愿服务活动，同时心系学校，在抗疫物资紧张的时刻，毫不犹豫地用自己的压岁钱向学校捐赠20箱消毒液、500个口罩等。像田璐珊、李世伟、张可欣、张清楷、刘炳权、安泽宁、王新源、张泽、刘慧宇等同学，他们响应当地疫情防控工作的号召，积极投身志愿者行列，服务家乡、社区的防疫工作。他们的工作得到了家乡社区的肯定和好评，共收到400余封表扬信、感谢信和荣誉证书。在收获感谢信的同时，学生们感悟到了这份担当的意义，纷纷表示自己做了一名志愿服务者本该做的事情，应更加努力承担起青年人的时代担当，为建设祖国做出贡献。

他们是青年志愿者，是聚集在一起的萤火。他们听指挥、见行动，为构筑疫情防控的人民防线贡献了青春力量，彰显了当代大学生的精神面貌和责任担当。

多措并举，线上、线下同质同效

面对疫情防控和教育教学两个战场，全体师生立即响应，自觉坚持居家学习，结合学生的学业要求，把"战场"从学校转到家中，从线下转到线上，用语音传递温暖，用文字传输知识，用责任心、爱心、奉献精神传达力量，在这场没有硝烟的战场上，衡水职业技术学院全体师生迎难而上，谱写了一首积极奋进之歌。

2021年春季开学期，校党委书记李增军同志为学生进行题为《防疫情 上网课 学党史 跟党走》线上教学开学第一课授课。李增军通过分析解读国内外疫情形势和防控状况，展示抗疫阻击战中的中国答卷，向学生传递中国共产党领导全国各地各族人民同心抗疫取得的阶段性伟大胜利。同时提醒学生们全球疫情仍未结束，国内疫情防控形势依然严峻，大家要坚定疫情终将被人类战胜的信心，号召大家要学习并弘扬伟大抗疫精神，坚定中国抗疫中的制度优势和文化优势自信。动员学生遵守线上教学秩序，集中线上学习和线下自学相结合，做到疫情防控和学习两不误。学会珍惜、勤奋学习，以正确的世界观、人生观、价值观来指导自己的选择。

广大衡职学生自律自强，通过"以学抗疫""健身战役"的方式加入全民抗"疫"的行动中，响应"停课不停学"的号召，借助手机、电脑等工具搜集学习资料，观看网络课程，进行专业学习。为增强体魄，学生居家借助简单的器材进行健身运动，在克服困难创造条件学习的同时，也收获了与天斗、与地斗、与困难斗的乐观主义精神，同时展现了当代大学生的朝气和活力。

倾情歌颂，传递抗疫精神

根据属地疫情防控工作要求，疫情期间，校园实行封闭管理，为丰富学生校园文化生活，校团委组织了"风华正茂 艺心向党"庆祝建党百年文艺汇演、"百年奋斗路，启航新征程"党史学习教育等系列活动；"口才对决 挑战人生"趣味辩论赛；"2021 社团文化艺术节"等多项文娱活动。其中重点打造"青春在战疫中绽放"主题宣讲系列活动，进一步宣讲"抗疫精神"。"抗疫精神"对处于人生"拔节孕穗期"青年学生的价值引领具有重要引导和激励作用，是培养学生爱国情怀和进行集体主义、社会主义教育的重要素材。学生思想政治教育结合伟大的抗疫斗争实践，深挖"抗疫精神"的丰富内涵和时代价值，将"抗疫精神"的育人功能和时代价值充实到学生的爱国主义、集体主义和社会主义教育中，引导学生进一步增强对中华民族、对中国共产党和对中国特色社会主义的深厚情感，激励学生以坚定的理想信念和极大的热情投身伟大的社会主义现代化强国建设之中，为实现我国第二个百年目标和中华民族伟大复兴提供源源不断的人才支持。

衡职院众学子纷纷用自己的方式参与到这场众志成城的战疫之中，通过录制视频、宣传语、绘画创作、画作捐赠、默哀致敬等方式，向奋战在抗疫一线的工作者们。致以最崇高的敬意。

当武汉新冠肺炎疫情肆虐之时，在各系团学组织的倡导和带领下，全体学生共同参与到为武汉加油的声援之中。学生们通过录制微视频，一声声的"我为武汉加油，为白衣天使加油"，喊出的不只是青年学生为疫情加油打气的气势，更是衡职学子"有理想、有本领、有担当"的新时代精神风貌。

　　艺术系学生发挥所长，以画诉衷肠、表敬意，开展致敬"最美逆行者"画作捐赠活动，号召本系学生利用所学专业进行画作创作，并从中挑选出 10 幅优秀作品，在衡水 101 名支援辛集核酸采样人员结束隔离时刻，为他们献上了精心绘制的抗疫主题画作，并送上真情问候。这些作品包括动漫、速写、彩铅等，均融入国旗、党旗、医者等元素，颂扬了抗疫工作者闻令而动、白衣执甲、逆行出征的大爱精神。更有心的是，学生们还在每幅画作背后写下祝福的话语，并留下了自己的名字。学生们纷纷表示，将以这些"最美逆行者"为榜样，乐于助人、勇于奉献，将来走上工作岗位后积极向善向上，不辱使命，不负青春韶华，做一个对国家、对社会有益的人。

　　外语系学生手执画笔为抗疫呐喊，在这场没有硝烟的战疫中，他们自发创作宣传海报，把感动化作创作的激情，一笔一笔画出他们心目中的抗疫英雄，为自己加油、为中国加油。各种各样的海报为大家带来正能量，拂去寒冷，带来希望。

　　习近平总书记指出，人无精神则不立，国无精神则不强。精神是一个民族赖以长久生存的灵魂，唯有精神上达到一定的高度，这个民族才能在历史的洪流中屹立不倒、奋勇向前。新时代青年学生肩负着全面建设社会主义现代化强国的责任和实现中华民族伟大复兴的时代重任。青年学生不仅要提高干事本领，还要提升精神境界，树立远大理想追求，将个人追求与集体利益、人类命运紧密结合在一起，最终成为具有无私奉献精神的时代新人和社会主义伟大事业的合格建设者和接班人。艰巨且复杂的抗疫斗争正在锻炼中国的青年一代，将自身发展融于社会发展之中，伟大的抗疫精神成为青年一代的价值追求和行为自觉。

　　没有打不倒的敌人，没有克服不了的难关。没有一个冬天不可逾越，没有一个春天不会来临。有党和政府的坚强领导，有全国人民的共同努力，有无数青年志愿者的无私奉献，人民一定能打赢这场防疫战。衡水职业技术学院的团员青年们用实际行动践行新时代青年学子的使命担当，为疫情的全面胜利贡献着青春力量。

（执笔：李兰秀、史乐乐）

"职业教育活动周"展现技能育人新成效

在衡水职业技术学院，每年 5 月的职业教育活动周（以下简称职教周）已经成为学校展示技能育人成效的舞台。学校通过技能比武、社会实践、文艺汇演、线上线下布展、成果汇报等活动，向社会宣传展示学校办学成绩，扩大社会影响力，促进学校高质量发展。

校党委书记李增军表示，衡水职业技术学院深入贯彻落实习近平总书记关于职业教育的系列重要指示和全国职业教育大会精神，坚持新时代职业教育改革创新，落实立德树人根本任务。学校就是要通过职业教育活动周，展示职业教育"长入经济、汇入生活、渗入人心、融入文化、进入议程"的改革发展成果，讲好职教故事、放大职教音量，弘扬劳动光荣、技能宝贵、创造伟大的时代风尚，营造全社会崇尚技能、人人学习技能、人人享有技能的技能型社会氛围，为社会主义现代化强国建设培养德智体美劳全面发展的社会主义建设者和接班人。

自 2015 年以来，学校已连续 8 年举办职教周展示活动，它既是一种推进职业教育影响力，促进职业教育高质量快速发展的制度性、常态性活动，也同时成为督促职业院校改革创新、深化内涵建设的必要性、自主性的展示活动。职教周上"技能成就出彩人生""技能服务美好生活""技能助力区域发展"等系列内容充分体现了学校从规模建设向内涵发展的历程，鼓舞了学生、家长以及社会对职业教育发展的信心，增强了社会认同感和投入意识，促进了职业教育作为一种教育类型的大发展、大繁荣，为社会主义现代化强国建设培养大批高素质技术技能型人才奠定了坚实基础。

技能成就出彩人生

围绕"人人出彩，技能强国"活动主题，学校通过"学、读、展、唱、演"活动展示当代高素质技术技能型人才培养模式。全体师生持续开展"三学三提"主题读书活动，加强党史学习教育，召开处长论坛、青马培训、书香校园、同读一本书等学习交流和读书活动，举办"技能人才展时代风采，学前奋进庆百年华诞"书画展和歌舞表演、教育教学成果展、展技能秀风采职业技能大赛、创新创业火种节、学生实习作品展等各类专业技能展示活动。

学前教育专业学生和艺术类专业学生的实习书画、手工、扎染、书法、剪纸等作品展览布满教学楼的参展大厅和楼道，营造了浓厚的专业技能氛围；红色经典歌唱、舞蹈表演精彩呈现在大学生活动中心，加深了艺术文化浸润，丰满了学生情感；生物工程系插画比赛、计算机系网络安全知识竞赛、经管系电子商务技能比赛、机电系无人机飞行表演、3D 打印展演等活动无一不彰显职业教育技能育人成效，以及职业教育前途广阔、大有可为的职业教育新风尚。

学校 2018 届优秀毕业生张倍豪现任"优思国际青少年素质教育联盟"（已有 28 个合作国家）全国秘书长与西北分盟会长，他用过硬的专业技术技能和坚韧的拼搏精神书写了精彩的青春，成为技能成就出彩人生的典型代表。

张倍豪从高中时起就凭借浓厚的兴趣和刻苦钻研，接连斩获全国各项机器人竞赛大奖，在衡水职业技术学院的大力支持和帮扶下，成立衡智倍豪创意机器人工作室，在校期间，带领团队研发的创新创业项目曾获得省级以上奖励 5 项，因此获得"河北省最美大学生代表"称号、"全国匠心精神"（全国仅十人且张倍豪为年龄最小）先进个人荣誉；毕业后开启了创业之路，先后成立石家庄雄智医疗科技有限公司、甘肃省倍豪智创教育科技有限公司，研发出单片机科技教育系统——STEAM 教育，并联合发起了"优思国际青少年素质教育联盟"（已有 28 个合作国家）出任 CEO。同时，他带领的技术团队也率先推出了"党建+区域治理大数据平台"献礼建党 100 周年，并在白银市白银区武川乡研发建设了涵盖"大党建+区域治理+智慧农业"的新农村治理方案等。

技能服务美好生活

为了贯彻落实全国职业教育大会精神，大力弘扬"劳动光荣、技能宝贵、创造伟大"的时代风尚，宣传展示"技能：让生活更美好"，进一步营造全社会支持关心职业教育的良好氛围，计算机系师生利用所学的专业知识和技能，定期在校内和社区开展义务维修电脑活动，帮助同学和社区人民群众解决因电脑故障而带来的不便。义务维修活动既服务了社会，增加了社会影响力，又锻炼了学生们的实践能力，师生用实际行动践行了"技能服务美好生活"的活动主旨，传承了互帮互助、团结友爱的中华民族优良传统美德。

生物工程系聚焦插花艺术和宠物美容技术，展示教学成果，每年伴随职业教育活动周，举办特色系列活动展"艺术插花展演"和"宠物美容展演"，彰显"技能让生活更美好"主题。他们以展演搭台，相互切磋技艺，检视职业教育与职业训练的成果，既传递了技能创造美好生活的价值理念，又激发了学生的兴趣，提高涉农专业学生的花艺专业技能水准。2021年，在首届"校园杯"全国职业院校宠物护理与美容职业技能大赛中，一举夺得全国一等奖1项、二等奖2项的好成绩。

学校利用技术人才优势，每年暑假积极组织师生开展文化科技"三下乡"主题实践活动，分别到农村、街道社区、红色革命圣地等开展党史学习教育类、助力乡村振兴类、助力疫情防控类等实践活动，获得了人民群众的赞誉，取得了良好的实践效果。2019年，衡水职业技术学院"通语明志"推普脱贫社会实践小分队获得河北省"优秀实践单位"荣誉称号，并获得团中央和教育部语言文字管理委员会的表扬；2020年，共青团衡水职业技术学院委员会获河北省教育厅、共青团河北省委"三下乡"优秀实践单位荣誉；"启趣宏志"实践小分队获优秀实践团队荣誉；2021年，"初心为民"和"乡村兴·党旗红"服务农村振兴团队实践成效在"河北省学生联合会"公众号"乡约青春"板块作为优秀案例进行展示；2021年，衡水职业技术学院"青春筑梦　乡村振兴"实践团队获河北省委宣传部、河北省教育厅、共青团河北省委等部门授予的社会实践优秀团队荣誉。

技能助力区域发展

一是提供人才支撑。学校2020届毕业生1578人，年终就业1501人，就业率95.12%，500强企业就业243人。2021届毕业生2016人，截至9月1日，毕业生就业1868人，就业率92.66%，对口就业1614人，对口就业率86.4%，500强企业就业216人。应届毕业生本地市就业392人，本省就业1101人，本区域就业1493人，本区域就业人数占毕业生总数的79.93%，对区域经济发展起到了一定的人才支撑作用。

二是服务行业企业。学校依托智力与资源优势，通过技术攻关、设计研发、技术服务、员工培训等多种形式服务行业企业。2020—2021学年，教师主持取得包装制造业用除尘装置、橡胶止水带挤出机、可定尺锯切整捆钢筋的全自动化生产线、智能垃圾分类装置、研达课堂软件等 16 项专利,参与专利研发 26 项,主持技术研发课题 12 项。

依托学校人才及技术优势,立足衡水本地产业需求,服务企业技术研发、技术攻关、产品加工等,机电工程系为河北可耐特玻璃钢有限公司开展"高性能快速链接高压 FRP 输油管"研发,实现创收 200 万元;为河北威拓信息技术有限公司设计研发"便携式行政执法箱和执法商标扫描仪",实现创收 500 万元;为河北星辰工程科技有限公司设计研发"声屏障装配生产线装备",为昆山百福丰成自动化科技有限公司进行"铝板打磨焊接一体机动画设计",效果良好;为河北泰华伟业科技有限责任公司打印定制产品两种。面向社会开展下岗职工培训、新型职业农民、企业员工等多种培训,培训规模达 7220 人次,其中培训复转军人等特定群体 1030 人次,培训小微企业 970 人次。机电工程系为衡德高速公路有限公司开展"高速公路机电工程施工安全、高速公路机电工程构成体系"培训。经济管理系为衡水市电商产业协会、衡水快合财务咨询有限责任公司、衡水运朋房地产开发有限公司等行业协会、企业等 15 家单位,开展了直播电商培训、初级会计师培训、企业管理培训等多个项目培训。

三是开展社会服务。学校校内实践基地配备国内先进实验实训设备,部分校内实训室向社会开放,本学年,校内实践基地社会使用频率 2000 人时。学校众创空间向社会、企业创客开放虚拟仿真实验室、智能控制实验室等 30 多个实训室,为创客创意设计、产品研发、实训实验等提供免费服务。

承办第一届河北省中华职业教育创新创业大赛等多项省市级赛事,承办衡水市"大众创业万众创新活动周"等多项活动,承接 2021 年度衡水湖马拉松志愿者体能测试、2021 年度公务员录用四级联考暨选调生考试体能测试等多项社会服务。2021 年,学校为"衡水湖国际马拉松"提供 370 名志愿者,自本项赛事开赛以来,连年被评为"志愿者先进集体"。二级心理咨询师陈惠哲教师参加了由清华大学和北京幸福公益基金会组织的"抗击疫情心理援助热线"活动,为身处疫情困扰的 20 多人提供心理援助,参加了衡水心理咨询师协会组织的消防救援人员心理减压活动,为衡水市 60 余名消防救援人员进行了团体心理辅导。

四是服务乡村振兴。积极服务乡村振兴发展战略,连续两年参与"冀台同韵·美丽乡村"——全省乡村振兴带头人素质提升计划培训活动,累计培训相关从业人员近 10 万人。与饶阳县政府联手打造"电子商务产教融合实训基地",加强电商高技能人才培养培训,为培育农产品品牌增值赋能,围绕蔬菜种植、现代农业经营、电子商务等项目，举办 9 期全县新型职业农民培训班。依托专业及人才优势，连年为景县、武强、饶阳等地开展农民技术培训，培训内容包括畜牧养殖、农林技术等，培育了大批爱农业、懂技术、善经营、能创业的新型职业农民队伍。此外，为加快推进新一轮精准扶贫，根据市委市政府统一部署，学校派出驻阜城县古城镇后宋村、东徐村两个扶贫工作组，工作组深入贯彻落实中央、省、市扶贫工作精神，以"农民增收、全面脱贫摘帽"为目标，本着"长远扶、扶长远"原则，在"扶智"和"扶志"两方面努力攻坚，持续做好巩固提升和防返贫工作。

正如校党委书记李增军同志在 2021 年职业教育活动周启动仪式上所讲，学校要贯彻落实习近平总书记关于职业教育的重要指示精神，落实立德树人根本任务，学习贯彻职业教育大会新精神、新理念、新要求，掀起学校二次创业建设的新高潮。面对新的机遇，必须要走出"舒服区"，再接再厉进行二次创业。思想上要紧跟时代步伐，深入学习大会精神，树立现代职业教育理念；观念上要升级转型，跳出办普通教育的理念，树立办职业教育的理念、高等教育的思路；行动上要创新思维、拓展思路，不断强化内涵建设，增强自身吸引力、竞争力；作为上要敢于担当、善于作为，下定决心解决痛点、堵点、难点，凝心聚力开展二次创业；方向上要质量立校，坚持立德树人，育好学生、培优教师，做强专业、做大培训；精神上要团结协作、凝心聚力，以斗志昂扬的精神状态、更加过硬的工作作风，团结一心、奋力拼搏，全面推进学校高质量发展，实现新跨越、再创新辉煌。

（执笔：王二冬）

五　校园文化篇

"三学三提"主题读书活动凝聚发展共识

近年来，我国对高等职业教育的政策不断倾斜，职业教育迈入前途广阔、大有可为的新天地。在此背景下，如何走出一条适合自身的办学之路，并在实践中培养出行业所需的高素质技术技能人才、能工巧匠、大国工匠成为关系每一所高职院校生存发展的现实命题。

作为一所建于1923年的院校，衡水职业技术学院在近百年的发展历程中，取得过诸多璀璨夺目的辉煌成就，培养出一大批不同行业、不同领域的佼佼者，伴随着时间的脚步，闪现着不同的时代色彩。

纵观近几年的发展史，亦可称之为衡职院发展史上的"高光时刻"：发展模式得到河北省领导的肯定，全国各地兄弟院校纷纷前来交流；2016—2020年，学校领导班子连续五年被省委考核确定为优秀等次，2021年7月，校党委又获评河北省先进基层党组织，荣获"国家级众创空间""河北省双创示范基地"，"吉航（国际）航空产业学院""华为ICT产业学院""乡村振兴学院"频频落地，"河北省民族技艺传承职业教育集团""衡水市产教融合联盟""衡水职业技术学院交通运输学院"挂牌成立，"现代装备制造协同创新中心""航空维修专业产教融合实训基地"建设稳步推进……

靠发展凝聚人心，靠创新激发活力。自2016年至今的五年时间里，衡职院党委创新性打造了"三学三提"主题读书活动品牌，并将其作为推动学校各项工作的有力抓手，凝聚共识的引领力量。通过提升人的主动性、积极性，实现自主学习、自我剖析、集体学习、集体讨论，在学思践悟中明确方向、在学思知行中凝聚共识，提振了干部职工干事创业的精、气、神，为学校全新全面发展带来契机。这五年又是衡职院内涵式发展不断深化的五年，一批标志性、引领性的发力点成果初显，学校"十四五"发展的"四梁八柱"搭建了起来。

"三学三提"：涵养学校精神、凝聚发展动能的过程

回望 2016 年的衡职院，彼时正处于由加速发展到提质发展的稳定上升期，优质校建设步伐亟待加快、产教融合急需深化、双创内涵建设尚待提升、集团化办学有待开启，有机遇，但也矛盾重重……

"十三五"发展改革蓝图如何一步步变为现实？处于瓶颈期和攻坚区的改革大业怎样积聚奋发向前的动力？随着职业教育深化改革的集结号响彻中国大地，历史也向衡职院提出了这样的考题。

"发展缓慢成效低，其根源依旧是人和人的思想问题。人心是最大的政治，共识是奋进的动力。要凝聚共识，大家首先要达成共识，我认为共同学习便是最直接的通往共识的有效方式。勤学、学懂、弄通、做实是面对挑战应有的态度。我们通过'三学三提'主题读书活动，在学习中把职责、工作摆进去，从阅读中把握规律学会方法、学习智慧，以事半功倍的成效开展创造性工作。"作为"三学三提"主题读书活动的发起者和倡导者，衡职院党委书记李增军开宗明义，谈及了"三学三提"对于学校发展的特殊意义，"大家共同学习、共同提高，一起学习一些文章、一起读一些书、一起听专家做报告、一起思考同样的问题，就会逐步形成对问题、对事情相同或相近的看法，我们身上会有越来越多共同的东西，这就是'神似'，这是一种凝聚力，是思想和认知的统一，是共同价值观形成的过程，是学校精神和学校文化培育的过程"。在他的主持下，2016 年 9 月，衡职党委出台了《关于在全院开展"三学三提"主题读书活动的实施意见》。

"三学三提"即学时政，提升政治素质；学经典，提升人文素养；学业务，提升工作能力。为了推进工作、共同学习，学校定期编印《经典选读》读本，翻阅读本，如同走进一个广阔无垠的思想世界：在每期读本中推荐四篇文章，一篇毛泽东或邓小平等老一辈无产阶级革命家的文章、一篇习近平同志最新的讲话或文章、一篇权威专家关于教育或职业教育方面的业务文章、一篇经典的文学作品或大家小文，同时，推荐一本书供大家阅读。

除了《经典选读》载体，学校党委作为活动推广的主导力量，密集出台政策，加强部署调度，并将其纳入《"十三五"校园文化建设规划》，提升到制度层面进行设计；构建"学校倡导、教授指导、师生参与、系部运作"的运行模式，每月组织专题讨论，形成了自上而下大力推动和自下而上积极响应的联动

机制，催生了全方位、全链条的全员阅读文化生态；在两次党员大会上专题讨论，帮助大家解开了思想上的扣子、迈出了实干的步子，营造了长才干、增学识、提素质的氛围，让学校事业焕发勃勃生机。

"我们尝到了阅读和学习带来的快乐和甜头。"对于"三学三题"活动，外语系书记苏红燕深有感触。五年前的外语系招生面临一定困局，个别专业萎缩，学生就业前景黯淡，系内教师对未来信心不足，正是"三学三提"给苏红燕带来了良机。该同志借助集中读书活动，通过与教师交流研讨中发现问题并共同思考了解决办法，形成了群策群力的工作格局，增设学前教育、高铁空乘等专业方向，而今已成为在校生最多的系部。"回想五年来的'三学三提'读书活动，是读书帮我们改变了工作模式、提升了工作效率、拓宽了工作思路。"

招生就业处副处长王瑞于 2017 年调任机电系担任党总支副书记，2020 年担任系主任并主持全面工作。从行政岗走到教学管理一线岗位，他压力倍增，起初有些茫然。通过"三学三提"活动，他掌握了管理的方法和智慧，2019 年又被委以重任负责"河北职业院校股份制混合所有制办学试点"——衡水职业技术学院交通运输学院建设协调工作。他说："而今在工作中驾轻就熟和读书不无关系，书读多了、思考久了，真正体会到了增军书记所说，从知识到方法再到智慧的学习的三重境界。"

全神贯注地学习、深入透彻地思考、坦诚认真地交流……一次次的自我学习、一次次的集体讨论，全体衡职人的思想观念激浊扬清、百川汇流；学校党委和各系部处室之间良性互动，让每名教师都沉下心来，在读书学习中改变思维模式、把握发展规律、凝聚思想力量，在互相交流中进一步坚定了信心、明确了方向。

学时政："以学促教"推动理论学习走深踩实

走进衡水职业技术学院，在教师备课室、课堂教学上、学生社团里、文艺晚会中、新媒体阵地上……校园的每一个角落都闪耀着习近平新时代中国特色社会主义思想的光芒。

每一位教师拿到《经典选读》读本后，会写下读书笔记，将要点感悟与同事讨论、与学生课堂分享。"一边是沉甸甸的知识，一边是跟潮的时代感，还有些许人生哲理，老师的讲课越来越有味道""书本上枯燥的理论经过老师的串联而变得鲜活生动了"……上课的学生们如是说。

"2016 年的第一期读本中就有习近平总书记的理论文章或讲话，后续每期中都有这一内容。这与后来党中央提出开展学习习近平新时代中国特色社会主义思想不谋而合。依照校党委要求，推进习近平新时代中国特色社会主义思想'进教材、进课堂、进头脑'是思政课战线的头等大事和重中之重。"思政课教师杜青茶表示："教师们学习总结的过程是加油鼓劲的过程，是在思想上、政治上、行动上与党中央提出的要求对标看齐的过程。用党的创新理论武装大学生、引领大学生，培养担当民族复兴大任的时代新人，高校教师责无旁贷。"

不仅是社科部，其他系部也通过学习《经典选读》形成了读书报告会、读书沙龙、主题征文、微书评等活动载体链，推动构建了"一总支一品牌、一支部一特色、一党员一旗帜"的生动局面。通过阅读的牵引与涵养，全体教师以"守土有责、守土负责、守土尽责"的意识，以"热爱讲台、敬畏讲台、站稳讲台"的情怀，通过精准授课，使习近平新时代中国特色社会主义思想"进教材、进课堂、进学生头脑"，让真理的光芒照亮课堂。

与此同时，衡职院坚持党建引领、思想铸魂，"马克思主义知识点研究中心"编印了 8 万多字的《党的十九大报告知识点解读》作为学校内部学习资料印发给师生，对师生思政工作发挥了有力的导向、引领和促进作用；安排党委书记讲"第一堂思政课"等，紧密结合习近平新时代中国特色社会主义思想、"两个一百年"奋斗目标战略部署等重点内容推进"三进"走实。多彩的内容让广大师生不断感受着时代的脉搏和国家的需求，也延伸出知识背后的感召力量，点燃了师生双方的热情。探讨式、参与式、实践式、参观式、竞赛式等各种课堂活力满满……

"通过读书活动，我阅读了一些邓小平的文章，发觉很有兴趣，我又读了《邓小平自述》以及大量回忆和研究邓小平同志的著作，更好地领会了邓小平理论的渊源脉络、科学体系、精髓要义和品格魅力，越来越深刻地感受到'马克思主义是很朴实的东西，很朴实的道理'。"人事处处长刘磊表示，"增加智慧、增强本领，这是党员干部胜任本职工作的内在要求和必要的基本功，通过读书活动，我也有了一个平静的心态、理智的头脑以及开放的胸怀。"

"纸上得来终觉浅，绝知此事要躬行"。衡职院不局限于理论灌输，而且通过创新平台建设，让"三学三提"、思政课程、社会实践、成才路径互为补充、相得益彰，全方位提升学生思想政治素养：学校鼓励学生创办了"习近平新时代中国特色社会主义思想艺绘社"、为美丽乡村设计绘画了文化墙、宣传习近平新时代中国特色社会主义思想等；在衡职院职教云网络资源平台建设"思政课堂资源库"，重点打造"形式创新、话语创新、技术创新"的"课堂思政五分钟"，融入爱国主义电影展播、学习国家领导人系列讲话等内容，围绕立德树人目标，让"三进"成为教师和学生看得见、摸得着的精神大餐；于 2020 年 3 月在图书馆筹建了"中国精神"图片展暨"四史"教育实训基地，通过 600 余幅历史图片、近 2 万文字，共计 28 块展板，图文并茂形成党史学习教育入耳入脑入心的良好氛围。除了此项创新之外，衡职院还在"国家级众创空间"——衡智众创大厦组建了"双创大厦党支部"，将校内和校外的党员创客组织在一起，有条不紊地开展着各项党务工作，在读书交流中提升在校生对社会的认知等。

秉持初心，杏坛深耕。通过潜移默化地引导、关键发展节点的支持，衡职院还正面影响着大学生的向上学风、价值观念和行为方式，真正使习近平新时代中国特色社会主义思想内化于心、外化于行、善学善用，指导学生成才之路。各系学生踊跃参加全国、省级创业技能大赛，争牌夺旗问鼎擂台，累计获得 300 多个奖项，跃居全省高职院校前列。

学经典、学业务：推动内涵式发展提质扩面

《对我院"双创型金蓝领"的思考》《以集团化办学方向引领高职办学模式改革》《读"高质量发展现代化职业教育为强国建设提供坚实人才支撑"》《紧跟专业群建设，做好本职工作》《深化产教融合　高校如何变革》……近几年，衡职院形成《"三学三提"主题读书活动成果集锦》五册，教职工撰写文章千余篇，涉及党史理论学习、职业教育发展改革、经典名篇感悟等，字里行间有思考、有见解、有自我剖析、有自我规划。

文章虽好，若不与实践结合并付诸行动，也是空中楼阁。对于衡职院的教职工，要求其不仅善于思考、撰写文章，而且能讲到实处、落在实处。"处长论坛"作为"三学三提"主题读书活动的延伸，是校党委激励中层干部勤思考、敢亮相、能讲课、表态度、抓行动的舞台，使干部职工在学中干、在干中学，把学习成果体现到提高履职能力、推动学校高质量发展上来。

在首期处长论坛中，教务处处长李敏以《职业教育提质培优行动计划的学习和思考》，解读了国家《职业教育提质培优行动计划（2020—2023 年）》27个部分 56 项内容，大家就"1+X"证书、"双师型"教师要求、人才培养方案等方面深入探讨，启迪了思路，开阔了眼界；第二期由学生处处长李兰秀做了《以"双控"机制建设为抓手，不断推进校园安全专项整治行动》的报告，剖析了疫情防控常态化下的学生安全管理工作，具有积极的现实意义。

"结合本部门业务工作，联系实际边学边思考，在学习中把握政策，在学习中启迪思路，在学习中完善措施，从而真正学有所思、学有所悟、学有所获、学以致用"，院长李建广认为，"三学三提"主题读书活动、"处长论坛"好似一种"倒逼"机制，督促干部职工将学习内容转化为工作实践，带动了本部门人员理解政策、推动业务、提升能力，形成了部门"合力"，取得了部门成果，从而带动学校持续、稳步向前。

为了便于教师业务学习，衡职院先后成立了"马克思主义学院""马克思主义知识点研究中心""中华文化自信研究中心"，以马克思主义经典著作研学和中华文化典籍阅读为重点，引领和推动"三学三提"主题读书活动扎实开展；积极搭建数字化阅读平台推广"互联网+阅读"、不定期举办"书香衡职读书节""晒书周"活动；调整升级图书馆借阅服务；举办"中国梦·大国工匠"衡水大讲堂，弘扬劳模精神、劳动精神和工匠精神；打造"书香校园"，让学生和教师们一同阅读经典、阅读思想、阅读文化、阅读精神……

在浓厚的业务学习氛围中，衡职院涌现出一批善于学习、勤于思考的业务"双师"型教师，如作为中国科学技术协会第十次全国代表大会代表、走进人民大会堂并聆听了习近平总书记现场讲话的廖智慧；荣获河北省高等职业教育创新发展行动计划优秀课程的王莺；指导学生捧回国家级"双创"大奖、荣获20多项国家专利、为企业年节约资金千万元的张雨、李桂玲、彭军强教师等。

学习与阅读启迪了思路、拓宽了眼界，令衡职院基于服务高职教育改革发展的现实需要，迈向在从量变到质变的历史性拐点，成果纷至沓来，具体如下：

在教学方面，《以创新创业教育实践提升人才培养质量的研究》《融入区域发展的高职院校"一体多翼""一校两制"办学模式研究与实践》荣获河北省教育教学成果一等奖等。

在产教深度融合方面，坚持"开门办学"，主导成立"衡水职业技术学院交通运输学院"，牵头成立"河北省民族技艺传承职业教育集团"和"衡水市产教融合联盟"；建立"电子商务产教融合实训基地""新能源汽车技术专业高水平实训基地""航空维修专业产教融合实训基地"；以衡水特色骨干企业为主体，积极推进校企合作，牵头成立"现代装备制造协同创新中心"等20个协同创新组织，闯出了一条高等职业教育创新发展的路子。

坚定信心再启程：为"二次创业"积蓄力量

2020 年 6 月 3 日，一场由中国改革报社副社长、中央电视台特约评论员杨禹带来的《征程万里阔艰难更向前——2020 年两会解读》学术分享会在报告厅开讲，这标志着"三学三提"主题读书活动持续走深走实，更前沿高端、更具开阔视野的新载体、新平台——"格局商学""人民学习"正式拉开帷幕。该平台授课专家是党建专家、知名学者、商界领袖等，迄今为止，已有王蒙、金一南、汪建新、陈东琪等多位专家通过视频直播方式为衡职院教师授课 18 次。

如何让"三学三提"主题读书活动进一步得以延伸，转化为干事创业的助推剂？在建党百年、建校百年之际，如何进一步凝聚思想力量、以更加坚定的信心和饱满的热情开启"二次创业"新征程？这是肩负开创新局面历史责任的衡职院党委始终思考的问题。

为了凝聚智慧，开创新的发展格局，衡职院党委不仅利用好"人民学习""处长论坛"载体，而且对衡职院融媒体中心校刊《匠心》"读书"栏目改版，登载"三学三提"相关内容，刊发干部职工对未来的规划和对业务的思考成果。同时，校党委始终保持着奋楫者的姿态，在充分分析现代职业教育面临的重大机遇的基础上，提出、总结、完善、优化了"扬长补短"发展理念、"三个融合"发展思路、"一体多翼"发展战略、"一校两制"办学体制、"双修双创型金蓝领"人才培养体系，并定义为"十四五"发展规划的关键词。另外，还创造性地提出了"五个一"路径：瞄准一个目标，即省域高水平学校建设；把握一条主线，即坚持改革创新、坚持产教融合、坚持质量立校"三个坚持"主线；用好一个抓手，即提质培优；深化一个载体，即"爱衡职、做贡献"教育实践活动；弘扬一种精神，即"三牛精神"。

"由中专转型升格为高职院校是我们第一次创业。面临新的机遇，全体教职员工要再接再厉进行'二次创业'，加速向高水平院校迈进。"校党委书记李增军多次在校内大会上强调，广大教职人员要如饥似渴地学习，树立办职业教育的理念、高等教育的思路；善于走出"舒服区"，强化内涵建设，不断增强自身的吸引力、竞争力；敢于担当、善于作为，凝心聚力开展"二次创业"；改革创新建强校，坚持立德树人，育好学生、培优教师；团结协作聚合力，全面推进学校高质量发展，实现新跨越、再创新辉煌。

以党建统领工作全局，使教学科研、集团化办学、创新创业、招生就业、产教融合等各项工作在良性循环的轨道上稳步提升；围绕京津冀协同发展战略，对接河北十大战略，聚焦衡水"3+2"市域主导产业体系和"9+5"县域特色产业集群整体优化专业设置；到2025年，争取建成1~3个高水平专业群，形成结构优化、协调发展、特色明显、社会服务能力强的专业格局；推进校企深度合作，实施"引企入校""订单培养"，共建大师工作室、生产性实训基地等，在各项领域，衡职人正加快脚步，在职业教育的内涵建设中，提质培优、增值赋能，在省级优质专科高等职业院校建设之路上快马加鞭。

"绿阴不减来时路，添得黄鹂四五声"。即将迎来百年校庆的衡水职业技术学院仿佛坐上了快速奔驰的高铁，手中的相机和笔刚刚定格下生动而美丽的瞬间，而列车又驶向了我们期待的下一站。

（执笔：李洪来）

"中国精神图片展" 开辟思政育人新渠道

习近平总书记指出："一个民族的复兴需要强大的物质力量，也需要强大的精神力量。没有先进文化的积极引领，没有人民精神世界的极大丰富，没有民族精神力量的不断增强，一个国家、一个民族不可能屹立于世界民族之林。"①历史的车轮滚滚向前，伟大的精神历久弥新。当今中国正处于实现中华民族伟大复兴的关键时期，国家强盛、民族复兴需要物质文明的积累，更需要精神文明的升华。

青少年是祖国的未来、民族的希望。习近平总书记指出："青少年阶段是人生的'拔节孕穗期'，这一时期心智逐渐健全，思维进入最活跃状态，最需要精心引导和栽培。'蒙以养正，圣功也。'就是说青少年教育最重要的是教给他们正确的思想，引导他们走正路。"

衡职院党委高度重视广大师生的思政教育、党史学习教育，不断推陈出新，提升教师和学生爱国、爱党境界，涵养为国、为民情怀，将自筹自建的"中国精神图片展"打造成"基地做课堂、展览做教材、党员做教员"的党史教育公共实训基地，作为立德树人的重要阵地，既是对"不忘初心、牢记使命"主题教育的深化，也是党史学习教育和"四史"宣传教育的生动教材。

植根精神沃土　培育栋梁之才

中国共产党自成立以来，走过了百年的峥嵘岁月，积淀了弥足珍贵的民族精神财富，形成了中国共产党人的精神谱系。从伟大的建党精神直到今天的脱贫攻坚精神、伟大抗疫精神、北京冬奥精神等，集中彰显了中华民族和中国人民长期以来形成的伟大创造精神、伟大奋斗精神、伟大团结精神、伟大梦想精

---

① 习近平在文艺工作座谈会上讲话（全文）[EB/OL]. 共产党员网，2014-10-15.

神，彰显了一代又一代中国共产党人"为有牺牲多壮志，敢教日月换新天"的奋斗精神。我们党之所以历经百年而风华正茂，饱经磨难而生生不息，就是凭着这种革命加拼命的强大精神。

2020年8月，衡职院建成"中国精神图片展暨'四史'教育公共实训基地"，两年来不断修改完善。用近30块展牌系统介绍中国共产党人精神谱系第一批伟大精神50余种，集中展示中国共产党发展壮大历程及各个发展时期的精神风貌。首先展示中国共产党的精神之源——伟大建党精神，然后按新民主主义革命时期、社会主义革命和建设时期、改革开放和社会主义现代化建设新时期、中国特色社会主义新时代四个历史阶段，重点展示中国共产党人因不同时代、不同地区、不同人群、不同奋斗任务而形成的风格各异、特征鲜明的22种典型性的精神类型，有井冈山精神、长征精神、延安精神、西柏坡精神；抗美援朝精神、大庆精神、雷锋精神、焦裕禄精神、"两弹一星"精神、塞罕坝精神；改革开放精神、特区精神、抗震救灾精神、载人航天精神、工匠精神、女排精神；脱贫攻坚精神、抗疫精神、"三牛精神"、探月精神、新时代北斗精神、北京冬奥精神等。这些伟大精神是中国共产党自成立以来百年峥嵘岁月积淀的民族精神财富，凝聚了中华民族的灵魂，体现了社会主义核心价值体系的精髓，将红色基因融入师生血脉。学校不断创新教育形式，丰富教育载体，探索"四史"教育与校园思政教育融合，全方位、多渠道在师生中开展"四史"知识教育，切实引导广大师生胸怀"两个大局"，紧扣"两个一百年"奋斗目标，坚定理想信念、厚植爱国情怀，紧密团结在以习近平同志为核心的党中央周围，为实现中华民族的伟大复兴而努力奋斗。

"中国精神图片展暨'四史'教育公共实训基地"的建成是学校创新开展思想政治工作和党史学习教育的新形式，基地旨在落实立德树人、传承民族精神，通过讲述中国故事、重温中国历程、传承中国精神，充分发挥"四史"教育公共实训基地在党史学习教育中以及思想政治理论课中的示范教学和实践体验作用，通过体验式、沉浸式的现场教学活动，讲好中国故事、挖掘思政元素，发挥基地的课程育人、文化铸魂、实践炼能作用，全面提升学校"三全育人"工作水平，为国家建设培育有理想、有担当、有专长的复合型技术技能型人才提供精神保障。

课堂搬到展馆　穿越时空传承

我校"中国精神图片展暨'四史'教育公共实训基地"组建思政教师党史学习教育宣讲团，开展党史学习现场教学、教育实践，重温党的光辉历程，从党史中汲取智慧和力量。基地深化党的创新理论学习教育，增强党史学习教育的创新性、实效性，积极贯彻落实习近平总书记关于深入学习"四史"的讲话精神，助力校内外师生群众学史明理、学史增信、学史崇德、学史力行。

新生入学教育第一堂思政实践课在基地进行，学生们认真品味近百年的中国共产党发展史，感悟中国共产党人与时俱进的时代创造，感悟中华民族的坚韧不拔、自强不息，感悟中国人民的勤劳智慧、艰苦奋斗，正在以爱国主义为核心的民族精神薪火相传，振奋着民族复兴的梦想奋勇前进，正在以改革创新为核心的时代精神鼓荡神州，激励着学生们在逐梦、筑梦的道路上锐意进取，在实现中华民族伟大复兴的历史进程中做出时代青年的时代贡献。入学教育促进了新学生树立正确的人生观和价值观，增强了新学生的凝聚力和集体荣誉感。

思政课从教室搬到展馆，在参观中国精神图片展和聆听中国共产党人故事时，学生们了解了中国共产党人在各个历史时期形成的伟大精神，深刻感悟到了其蕴含的丰富精神内涵。学生们不仅巩固了党史知识，更是感受到了共产党人在百年征程中披荆斩棘、践行初心、接续奋斗的精神力量，使思政课、党史课不再枯燥乏味，图片展通过鲜活地记录红色历史、生动地宣传红色精神，成为校园内的一片精神家园，滋养着全体教职工和学生，在红色文化铸魂育人中发挥了重要作用。

图片展通过历史图片形象化展示、文化长廊艺术化设计、思政教师感性化讲述等表现手法，生动全面地展示了中国精神谱系，并运用交流式、互动式、沉浸式等多重现场体验模式，突破了传统课堂的局限，拉近了历史与师生的距离，"学生能够更深刻理解领会伟大建党精神的内涵和实质，让伟大建党精神在心中生根发芽"。

吸引观摩交流　促进学习提升

自我校"中国精神图片展暨'四史'教育公共实训基地"开放以来，接待师生参观万余人，社会人士2500余人，受到社会各界和师生好评。

人无精神则不立，国无精神则不强。深入贯彻落实习近平总书记在党史学习教育动员大会上的重要讲话精神，把党史学习教育作为重大政治任务抓紧抓实，党委理论学习中心组学习、师生党支部主题党日活动、"四史"学习实践活动、党风廉政教育实践等活动均定期在基地开展，进一步重温党的奋斗史、谨记党的初心和使命、发扬党的精神血脉已成为党史学习教育和传承红色基因的重要活动。

与此同时，校党委更加注重学习好、继承好中国精神，讲述好中国故事，传承好中国基因，引导全体党员干部和师生学党史、悟思想、办实事、开新局，切实做到学史明理、学史增信、学史崇德、学史力行，把学习教育成果转化为"十四五"开好局、起好步的强大动力。

在中国精神的浸润和激励下，全体师生员工自觉自发做到用行动、用细节、用汗水践行中国精神，凝心聚力、砥砺奋进，围绕提升办学层次，实现高质量发展目标，正全力以赴投身到学校"二次创业"的建设之中。

（执笔：王二冬、曹淑兰）

校史馆沉淀衡职精神　百年路记载辉煌历程

砥砺前行一百载，万千桃李竞芬芳。衡水职业技术学院从筚路蓝缕的踽踽前行、到踏平坎坷上下求索，直至创新发展的新时代，已经走过整整一个世纪的峥嵘岁月。回望百年征程，无论时空转换、时移世易，一代又一代衡职人始终怀揣一颗赤子之心，将"云山苍苍，江水茫茫，先生之风，山高水长"作为立身传道、无悔追求的精神境界和高尚情怀，躬身践履为党育人、为国育才的神圣使命。

六师肇基，历史有痕

翻开史书厚重的一页，让我们去寻找衡水职业技术学院的肇始篇章。据《冀县志》载：民国改元，河北省（时称直隶省）共有五所师范学校，分列天津、保定、滦州（今滦县）、顺德（今邢台）、宣化五地。深、冀二州及清河、故城等县学子阻于路途遥远、往返艰难。有鉴于此，民国十二年（1923），省会议决复于冀县设校，由省财政厅拨给经费，购冀县城南民地90余亩建筑校舍，定名"直隶省立第六师范学校"，并委派曹秉国负责创办事宜，出任首任校长。

曹秉国先生是冀县马厂庄人，早年留学日本，时任职于直隶省教育厅。他探求新知，术业精湛，此次受命回乡创办"六师"，抱定造福桑梓的初心。学校始创，万事艰难，曹秉国上下奔走，不辞劳瘁，征校址、建校舍、聘教员、修课程，奋力开启知识殿堂的新基业。不久之后，一所崭新的学校昂首屹立在古老冀州的大地上。1929年夏，曹秉国离校他就，由当时著名教育家郑际唐先生接任执掌学校，他应时而进，革故鼎新，如推行"知行合一"新教法，设置劳作、自习辅导课，成立女生部、首举女子班等，将时代新风注入办学实践，为六师发展带来新的生机与活力。

六师在设置基础文化课之外，还开设了儿童心理学、教育学、教材、教法、测验统计等专业课程，突出师范教育的特点。教师大多聘自名牌院校、留学归国人员或社会名流，这些先生都曾名重一时，受到学生敬爱。其中为聘请当时在国内音乐界享有盛名的陈振铎先生来校任教，六师千方百计筹措经费，购置钢琴，满足其"先备钢琴，然后应聘"的条件要求，其延揽人才之诚可窥一斑。管理严格、追求卓越的六师用自身光芒吸引了周边三十多个县的优秀学子前来报考就读，短短几年，迅速发展为河北颇有盛名的一所师范学校。正如校歌所唱："茫茫冀野，首载禹贡。赓续前贤，历出精英。唯我六师，屹立古城。"

红色基因，勋业流芳

六师办学正逢中国共产党领导人民群众进行推翻"三座大山"伟大斗争的历史时代。党的引领组织、革命力量的感召、进步思想的启蒙催生革命火种在六师萌芽、成长。1929 年深秋，保属特委政治交通员刘旭东来到六师，秘密发展学生党员和党组织，组织召开第一次党员大会，选举产生了六师党支部，石世珍、耿汝功、阎文轩等学生当选党支部委员。从此，六师的学生运动进入了有组织、有领导、有理想、有目标的新阶段。

在党支部的组织领导下，六师进步学生紧密团结，用青春、新知和热血宣传真理、反对奴化教育、与反动当局的高压政策和学校的落后势力进行英勇抗争。他们多次掀起学潮斗争、走向社会传播马列思想、参加抗日救亡活动等。一大批学生在斗争实践中锻炼成长，自觉担当起思想启蒙、唤醒民众的使命，引领冀南民众于黑暗中奋起斗争、追寻光明，由星星之火形成燎原之势。

1937 年，日寇入侵，六师停办。但其红色血脉、红色文化基因和光荣革命传统继续得以发扬光大。许多学子投身革命，奔赴抗日最前线，为了民族解放而浴血奋战，用热血和生命谱写了一曲曲气贯长虹、可歌可泣的爱国主义的英雄壮歌。另据不完全统计，在六师毕业生中，走出了 8 位副部级和 38 位省军级干部，成为共和国的栋梁之才。

烽火岁月，勇承国运

1948 年，解放战争节节胜利，解放区迅猛扩展。中央根据形势发展，计划从老区抽调一大批干部支援新区建设。冀南行署鉴于冀县师范深厚的文化基础，决定在此创办一所培养干部人才的学校。于是，冀南建设学院应运而生。建院实行院长负责制，艾大炎同志出任首任院长。部分原六师教师和社会上一些知识渊博、德高望重的知识分子应聘任教。

建院根据社会需要设置专业，开设有研究班、司法班、政训班、教育班和师范班。在学制安排上灵活多样，不做统一规定。研究班、司法班、政训班属短训性质，学时为半年左右，教育班约为一年。师范班则较规范，学制为两年。这样的安排适应了当时革命形势发展对不同干部人才的需求。在教学方法上，教师除课堂讲授之外，还结合各班专业实际和学员文化水平，采取讨论式、案例式、调研式、互助式等，营造形成了一种民主研讨、自主学习的浓厚氛围。

建院在办学中继承和发扬光大抗大精神，特别注重师生的思想政治工作，培育师生关心国事、艰苦奋斗、民主团结、实事求是的优良校风；组织师生利用课余时间自建校舍、开荒种地，改善学习和生活条件；自排自演文艺节目，丰富课余文化生活陶冶革命情怀等。培养了一大批有理想、有抱负、有知识、有能力的专业人才，为日后省师办学奠定了良好的基础，更留下了艰苦创业、为党育人、为国育才的宝贵精神财富。

赓续薪火，弦歌不辍

1949 年 8 月，河北省人民政府成立。根据区划变更和人才培养需要，决定在冀南建设学院的基础上，成立河北省立冀县师范学校，隶属省教育厅管理。自此，一所三年制中等师范学校开启了新的办学历程。

原建院院长刘润秋出任省师第一任校长，在其调离后，吴念久接掌帅印。省师办学期间，把师资队伍建设放在工作的重中之重，采取多种举措提升教师素质，如发展党员教师，加强师德教育；实行教师招聘，建立动态管理、优胜劣汰机制；成立教研组，开展教学研究等。重视科学管理，突出师范教育特点，培养发展学生的个性和特长，特别是把学生的专业思想教育放到重要位置，加强教育实习组织管理，引导学生热爱教育事业。省师以优良的校风、严谨的管理、雄厚的师资、高质量的教学而闻名遐迩，享誉冀南大地。

20 世纪 50 年代末，由于区划调整等多重原因，经省教育厅批准，省师于1960 年 8 月迁址衡水，与原衡水县师合并，更名为"河北衡水师范学校"。1975年，衡师在冀县省师原址建立分校。1979 年，河北冀县师范学校恢复独立办学。

日月其迈，岁律更新

百废待兴的冀师在艰苦环境下努力拔节生长，首届招收高中毕业生 502 人，按文理分科，共编为十个班，学制均为两年。办学初期，郭振辉同志任党总支书记，主持学校全面工作。为尽快推进办学步入正轨，学校倾力修建校舍、整修操场、改善基础设施；深入周边小学调研，加强教学建设；安排和支持青年教师业务进修，提升学历水平等，学校面貌开始呈现新的变化。

1984 年 3 月，冀师领导班子调整，张鸿喜任学校党总支书记、校长。在改革春风的吹拂下，冀师人紧追时代步伐，外出学习取经、开阔眼界，对内解放思想、转变观念；建章立制、加强管理，改善教学秩序；组织探索"精讲、讲活、多练"教学方法，重视"小学教法"研究和应用，提高教学质量；在全体教师中组织开展"评优促教"活动，推行教职工岗位责任制等，激发了学校发展的生机与活力。

1986 年 6 月，郑立冬继任冀师总支书记、校长。新一届领导班子以贯彻《三年制中等师范学校教学方案（试行）》为契机，谋划学校改革方案，制定落实计划措施，全面推进新方案实施。进行课堂改革、开设选修课、发展课外兴趣小组、组织社会实践活动，教育教学工作呈现出一派蓬勃发展的新气象。1992 年 6 月，学校顺利通过了省教委组织的新方案落实情况检查评估。

1994 年 8 月，郭来湖任冀师校长，并于次年 1 月接任总支书记职务。面对"一个学校、两个战场"的局面，领导班子一手抓教育教学质量建设，以推行"四个兼顾"优化课程结构，强化素质教育，一手抓衡水新校区筹建，高标准规划、高质量施工，实现了两条战线凯歌高奏。1998 年 11 月 1 日，冀师在新校址举行"建校 75 周年暨搬迁庆典"大会，吹响了跨向新征程的集结号。

2001 年 4 月 30 日，河北省人民政府发文，批准在冀师县师范的基础上建立衡水职业技术学院。同年 6 月 8 日，学校隆重举行"衡水职业技术学院揭牌仪式暨成立大会"。从此，踏上了从中师向高职的转折之途，揭开了学校发展史上崭新的一页。

转型发展，再赴新征

实现由中专到高校的转型升级无疑是一个化茧成蝶的痛苦过程。建校初始，教育理念转变、专业规划建设、教师素质重构、办学条件提升、体制机制改革等一系列前所未遇的问题亟待解决。面对新课题、新挑战，首任学院党委书记王长春、院长郭来湖率领全校干部教师学理论，转变办学观念；邀请专家指导专业建设和教学工作；建立数控实训室、装潢实训室、家电维修等专业实训室，开辟校外实训基地；加强师资培训，与河北师范大学联合举办成人学历教育，与天津工业大学联合举办研究生班，开展第一届青年教师教学标兵、青年优秀教师评选活动等，大力推进学校向高职院校转型发展。

2007 年 7 月，学院主要领导干部调整，杜金瑞同志任党委书记、赵江同志任院长。新一届领导班子抓住首轮高职院校人才培养工作评估的机遇，全面推动教育教学改革。推行中层干部竞争上岗，建立院、系两级管理体制机制；根据产业和社会需求，调整专业结构和专业方向，突出定位特色；首举教学改革试点专业和精品课评选，推进内涵建设；举办第一届专业带头人和青年骨干教师评选，设立院级教学团队建设项目，与河北科技大学合作举办研究生学历学位进修班，多途径提升教师素质；统筹规划六系专业实训室、多媒体教室建设，改善教学条件；建立专职辅导员队伍等，使学校人才培养工作跃升上一个新的台阶。2008 年 11 月，学校人才培养工作顺利通过国家和省联合评估组的检查验收，这标志着学校转型发展进入到一个全新阶段。

2011 年 8 月、2013 年 11 月，王锁马同志和麻士琦同志先后接任党委书记和院长职务。2013 年 12 月 26 日，学校党委召开了中国共产党衡水职业技术学院第一次党员大会，开启了以高质量党建工作的新成效推动学校事业发展再上新台阶的新征程。学校全面贯彻党员大会精神，以迎接第二次人才培养工作水平评估为动力，在全校大力开展"强基础、提质量、促发展，创建活力学院、和谐学院、品牌学院"活动；加强校企合作，实施引企入校，与衡水习三内画艺术有限公司、河北天泰软件科技有限公司等举办订单班；探索"以赛促教、以赛促学、以赛促改"，提升人才培养质量，学生在全国和省级技能大赛中凯歌高奏，其中在第二届全国"特步杯"电子商务实战技能大赛中，由经济管理系 5 名电子商务专业学生组成的"放飞梦想"团队，经与来自全国 1132 所大中专院校、5405 支参赛团队激烈交逐，最后斩获本科组、高职组和中专组总决赛终极大奖——"特步之星杯"。推动创新创业教育工作，创建大学生创业孵化基地，创办"衡智众创空间"，培育师生创业项目，取得突出成绩，先后被省教育厅、省科技厅授牌"河北省大学生创业孵化示范园"和省级科技企业孵化器、省级众创空间。

蝶变奋进，铸就华章

2015年10月，李增军同志调任学校党委书记。校党委牢记和履行主体责任，推动全面从严治党向纵深发展，在加强政治建设、思想建设、组织建设、作风建设、纪律建设、制度建设六位一体的自身建设中，牢牢把握正确的政治方向，增强"四个意识"，树立"四个自信"，做到"两个维护"，认真贯彻民主集中制，严格落实意识形态责任制，构建起全面从严治党的责任体系。

积极履行把方向、管大局、做决策、抓班子、带队伍、保落实的领导职责，坚持从全局性、前瞻性、战略性的高度研究和规划学校改革发展蓝图，创造性地提出了"扬长补短"发展理念、"一体多翼"发展战略、"一校两制"办学体制、"三个融合"发展路径和"双修双创型金蓝领"人才培养模式等，带领学校走出一条独具特色、创新发展的新路子。

围绕打造"双修双创型金蓝领"育人体系，学校科学构建"三全育人"工作格局，成立"马克思主义学院"，搭建起思政课程与课程思政建设、师德师风建设、学生社团建设、意识形态阵地建设等立体多维的大思政平台；积极实施引企入校，建立"校中厂"，推行现代学徒制，深化双创教育，建立产业学院，探索混合所有制办学模式，牵头成立衡水产教联盟，创办衡水交通运输职业教育集团，深度推进产教融合、校企合作；制定《学院章程》，建构内部质量保证体系，全面提升学校治理水平；坚持人才强校，内培外引，提升双师素质，加快汇聚一流教师队伍；开展"三学三提"主题读书活动和"爱衡职、做贡献"主题实践活动，涵养干部教师的内涵追求、创新精神和高雅品位，打造书香校园；大力弘扬工匠精神，开办"中国梦·大国工匠"衡水大讲堂，搭建起一个融合工会界、职教界、产业界共商工匠精神培育的有效平台，迈出了创新发展、特色发展的铿锵步伐。

学校跨越发展的风采赢得了广泛的社会声誉，荣获"全国三八红旗单位""国家级众创空间""河北省双创示范基地"等多项授牌。2019年，学校新创办的二级学院—交通运输学院，被省政府确定为河北省首批职业院校股份制混合所有制办学试点。卓有成效的实践探索被省政府及教育厅主要领导誉为"衡职院经验"和"衡职模式"。

规启宏图，逐梦前行

按照省委统一安排，2020年，学校顺利进行了党委换届。5月，李建广同志调任学院党委副书记、院长。6月29—30日，学校召开第二次党员大会，在开幕式上，党委书记李增军同志代表第一届党委会做了题为《不忘办学治校初心 牢记立德树人使命 奋力开启河北省优质专科高等职业院校建设新征程》的工作报告。大会选举产生了新一届党委委员和纪委委员，讨论通过了关于第一届党委会工作报告的决议和纪律检查委员会工作报告的决议。会议号召学校各级党组织、广大党员以习近平新时代中国特色社会主义思想为指导，深入贯彻党的十九大精神，全面落实全国教育大会精神和《国家职业教育改革实施方案》，聚焦立德树人根本任务，坚持改革创新，树立"扬长补短"发展理念，实施"一体多翼"发展战略，构建"一校两制"办学机制；坚持产教融合，沿着"校园融合产业园、专业融合产业链、课程融合岗位群"的发展思路，打造融入地方经济社会发展的新生态；坚持质量立校，以诊断改进为动力、以内涵建设为重点、以内控体系为保障，构建以"双修双创型金蓝领"为目标的人才培养体系。

乘学校第二次党员大会胜利召开的东风，党政领导班子根据党员大会确定的未来五年学校发展的目标、战略和思路，深入调研、集思广益，科学编制学校"十四五"发展规划，并以召开一届四次教职工代表大会暨工会会员代表大会为契机，在全校吹响了深入推进"二次创业"、全面提升办学治校水平、奋力创建"省域高水平高职学校"的进军号。

九万里风鹏正举，举目起壮志；一百年长河浩瀚，荡胸生豪情。回望来路，衡职人已将砥砺前行写入基因；展望未来，将进一步弘扬光荣传统、赓续红色血脉、光大学校精神，开拓创新，再铸辉煌。

（执笔：张增岭、刘建平、王二冬）

打造"衡职蓝" 提升学校品牌形象

习近平总书记指出:"要全面加强和改进学校美育,坚持以美育人、以文化人,提高学生审美和人文素养。"校园文化被视为大学校园的风骨,是学校特色文化精神的重要组成部分,也是一座大学不断发展壮大的灵魂所在,发挥着倡新风、树文明、聚人心、展形象的作用,对于提升师生道德素养、优化校园人文环境有着深远意义。衡水职业技术学院秉承百年的文化积淀,学校领导高度重视校园文化建设,守正创新,大力实施"衡职蓝"品牌形象工程,塑造学校文化品牌,提升学校整体形象,充分发挥校园文化标识潜移默化的育人功能,进一步增强全校师生的归属感和认同感,提升学校文化软实力。

文化塑形象,为品牌打造注入"源头活水"

2019年7月2日,衡水职业技术学院印发校党委会研究通过的《关于推广使用"衡职蓝"色彩标准的通知》,并正式颁布了《衡水职业技术学院"衡职蓝"学校标志、标准字与标准色使用规范》,设计制作了衡水职业技术学院视觉形象识别系统(Visual ldentity System)基础要素系统,简称"衡职蓝"。由此,"衡职蓝"正式成为学校品牌形象设计的主色调和代名词。

此系统是学校形象的静态表现,是从外观上对学校的各种视觉因素进行的统一规划设计,涵盖全校范围内的办公、会务、宣传、环境布置等各方面。蓝色是天空和海洋的象征。"衡职蓝"以天空蓝、深海蓝为主色调,寓意"海阔凭鱼跃,天高任鸟飞",学校如大海般博大精深,学无止境、学海无涯的文化氛围。以黄、红、绿为辅助色彩,寓意铸就精彩人生,这也体现了衡水职业技术学院广阔的胸怀和开放的办学思路。

"衡职蓝"这一主色调与培养"双修双创型金蓝领"人才目标相契合。2019年11月,学校通过河北省内部质量保证体系诊改复核。股份制混合所有制办学试点、会计专业群、新能源汽车技术专业高水平实训基地、成本会计在线精品课程、企业管理在线精品课程、现代装备制造应用技术协同创新中心、冀派内画、武强木板年画技术技能大师工作室、工艺美术品设计示范专业点 8 个项目入选第二轮河北省高等职业教育创新发展行动计划（2019—2021），争取项目资金 830 万元。

"衡职蓝"采取将校园特色文化、品牌推广、视觉技术三者有机结合的方式，推动校园文化提质升品，提升校园文化软实力，VIS 视觉识别系统可以统一品牌形象，提高品牌传播效率，使优秀的校园文化涵养广大师生，服务社会发展，同时增强文化自信。这一特色校园文化品牌的建立与推广、对更好地展现高校形象、实现高校的社会服务功能提供了生生不息的源头活水。

融入传统元素，铸造立德树人之"魂"

春风化雨，润物无声。大学校园作为广大学生生活、学习、成长的地方，校园文化建设对学生们的学习、生活、成长都起到至关重要的影响，在思想育人、文化育人中的作用发挥得越来越显著。悠久的校史校情、优良的校风学风都是一所高等学府的精神归属。育人先育德、育德先育魂，这个魂就是中华民族优秀传统文化。

"衡职蓝"品牌形象的设计采用了视觉形象识别系统基础要素系统，不仅以时尚的美学理念熏陶学生心灵，以臻于至善、精益求精的严谨治学态度启迪学生智慧，更是以优秀的传统文化元素涵养学生品德。

"衡职蓝"在楼宇命名中，从博大精深的中华文化中汲取营养，把优秀的传统文化作为立德树人的"根"与"魂"融入校园文化建设中。1 号教学楼命名为"逸夫楼"，这是为纪念邵逸夫先生捐赠而命名，让学生们对邵逸夫先生心怀感恩的同时，学习其心怀大爱、甘于奉献的高尚品格。2 号教学楼命名为"博雅楼"，取自崔骃《七依》"入博雅之巧"，崔骃作为博陵（今安平县）崔氏家族的杰出代表，不求高位，不畏强权，弘扬孔孟之风，堪称后世表率。学生们观"博雅"二字，便能从中感受衡水古圣先贤的高风峻节。3 号教学楼命名为"明德楼"，取自儒学经典《大学》开篇第一句"大学之道，在明明德"，阐明了高等院校的办学宗旨首先就在于弘扬光明正大的品德，为学生们树立正确的人生观、价值观指明方向。4 号教学楼命名为"行思楼"，取自《论语》中的"勤于思，敏于行"一句。5 号教学楼命名为"务本楼"，取自《论语·学而》

中的"君子务本，本立而道生"一句，教导学生们做人做事要专心务实。综合楼命名为"德润楼"，取自《淮南子·泰族训》："尧治天下，政教平，德润治。"阐明了高尚的品德在社会治理、政治教化中的作用，让学生们以"德"沁润身心。

此外，校园内的石刻也多采用浅黄色石头，以阴雕形式、魏碑字体雕刻社会主义核心价值观等内容，右上角红色字体与印章结合，古香古色；左下角刻以兰花图案，清新雅致，石刻整体具有浓郁的中国风，凸显了文化自信。

"衡职蓝"中的这些传统文化元素以视觉冲击的形式直击学生心灵，锤炼学生品德、熏陶学生情操、培养学生的健康心理和健全人格，在潜移默化中教育引导学生扣好人生"第一粒扣子"，树立高尚品德。

优化设施环境，彰显校园人文之"美"

一座大学不仅楼宇命名要风格统一，楼体、指示牌、灯杆、道旗等硬件设施的色调也应有统一的规划设计。"衡职蓝"品牌形象设计对此兼而有之，以匠心独运的设计，巧妙地将"衡职蓝"融入整体的校园景观陈设中。

门楼采用蓝色背板形式，大面积的色彩强化学校的主题色，中英文搭配更具国际化视野，加上辅助图案的点缀形成组合记忆，让学校品牌植入更广泛的视觉呈现中。

楼顶采用 LOGO+汉字作为楼体主标识，整体以学校专用蓝色为主，简洁醒目，强化学校的品牌色彩，增加信息的传播精准度。

道路指示牌采用专用蓝色和灰色为主色调，采用轴氏坐标形式或者竖式平面标识形式，展示方位信息，蓝底白字，辅以青绿色，增加了灵动性和青春气息。

灯杆道旗采用金属异形发光灯箱形式，蓝色外框与学校标准色相结合，展示内容可随时更换调整。

如此，"衡职蓝"品牌形象设计涵盖了学校大门改造、学校道路指示牌设计、学校灯杆道旗设计、餐厅标识、教学楼、图书楼标识、办公楼标识等各个方面，丰富的内容、严谨的表述、精准的标识、时尚的风格、赏心悦目的色调、别出心裁的设计，处处彰显着衡水职业技术学院简约时尚创新的人文之美，徜徉其间，令人赏心悦目，游目骋怀，流连忘返。

统一物品风格，展示办公用品之"雅"

"每一个伟大品牌设计的背后是一种策略，品牌设计抓住了人们的思维方式和感觉。""衡职蓝"采用的 VIS 视觉形象识别系统是一项系统工程。由表及里、由外而内，进而达到内外兼优、表里如一的整体效果。"衡职蓝"的蓝色调和设计风格从楼宇外观、旗帜标识等进一步延伸到办公用品。相同的设计理念，统一的色调风格，会起到点铁成金的效果。

众所周知，一般大学的办公用品涵盖教学、档案、办公、会务、证件等多个方面，可谓种类驳杂，样式丰富，因缺乏统一的形象设计而很难实现风格的统一，极易给人留下杂乱无序的不良印象。"衡职蓝"理念的提出和 VIS 视觉形象识别系统的设计应用解决了这一难题。蓝色作为基准色，经过艺术设计，广泛应用到信纸（空白　横纹）、信封（国际型　国内型）、公文袋、资料袋、传真表头、便笺纸、卷宗夹、档案袋、档案盒、笔记本封面、纸杯、办公用笔、文件夹、工作证、桌牌、公文包等办公用品上，除了标准化、规范化之外，将真实的品牌体验与新的视角融合在一起，为品牌创造统一的、系统化的视觉应用形态，形成了"衡职蓝"系列办公用品清新雅致的风格，从而带给学生一种系统化的独特的品牌视觉体验。同时，在学校餐厅以"衡职蓝"理念设计了餐盘，白色为底色、辅以蓝色校标和边框，体现干净卫生，材料采用环保材质长久使用，减少一次性餐具的消耗，为学生营造了全方位绿色健康用餐环境，使现代化"衡职蓝"形象理念与文明用餐相结合、绿色环保与校园归属相融合，在学校餐厅让一日三餐飘出"家的味道"、营造"校的温馨"、传承"自然和谐"。

创新传播形式，突出形象宣传之"新"

"赤橙黄绿青蓝紫，谁持彩练当空舞。"随着网络传媒手段的普及，表情包的使用越来越广泛，成为当今社会尤其网络领域中人们的一种新的表达方式和文化现象，好的表情包不仅能代替文字，形象地表达使用者的心情，更为对话增添了趣味性。

"衡职蓝"品牌形象设计过程中，与时俱进，守正创新，在校党委书记李增军同志的创意和策划下，运用传播概念和新颖的造型设计打造了衡水职业技术学院卡通形象代言人——"衡职宝宝"。2020 年 12 月 24 日，"衡职宝宝"以及"衡职宝宝"微信表情包正式推出上线。"衡职宝宝"突出了高职教育特色，赋予了表情包更多的文化内涵。区别于普通的吉祥物推广，对于"衡职宝宝"，设计者做了全面考量。卡通形象以一个可爱的卡通人物为造型，身穿蓝色服装，凸显了"衡职蓝"这一主色调，与培养"双修双创型金蓝领"人才目标相契合。学校以"衡职宝宝"为原型，融入了社会主义核心价值观内容，推送出"富强宝宝""民主宝宝""和谐宝宝""公正宝宝""爱国宝宝""诚信宝宝"等 12 个卡通形象；另外还包含了根据习近平总书记"撸起袖子加油干"等金句而制作的 24 个"衡职宝宝"表情。

"衡职宝宝"以及"衡职宝宝"微信表情包推出和上线以来，表情包下载已突破万次，阳光快乐、幽默诙谐的卡通形象受到社会广泛关注和好评，成为创新大学生思想政治工作的新型网络载体，推动了社会主义核心价值观进一步深入人心。

"不要人夸好颜色，只流清气满乾坤。"衡水职业技术学院倾力打造"衡职蓝"，加强学校品牌形象设计，是校园文化建设过程中浓墨重彩的一笔。"衡职蓝"以海天之底色、博大之胸怀，凝聚起学校携手同心的发展合力，引领了学校规范严谨的治学风尚，展示了学校立德树人的文明气象，塑造了学校守正出新的人文风采，提升了学校的文化软实力。"衡职蓝"不仅成为人人夸赞的"好颜色"，更是学校担当使命，为国育才的"清风正气"和"技能报国，匠心筑梦"的宏伟蓝图。

（执笔：王二冬、范小英）

"中国梦·大国工匠"公益大讲堂走进衡职院

2019年6月18日，"中国梦·大国工匠"衡水大讲堂在衡水职业技术学院举行。活动由中华全国总工会宣传教育部、劳动和经济工作部共同指导，由中国职工国际旅行社总社、燕园科技园管理集团有限公司、中国建设教育协会、中国职工焊接技术协会联合主办，由衡水职业技术学院承办，来自全国工会界、职教界、产业界和政府部门的大国工匠和领导、专家、企业家及其他同人共同出席活动。活动以"中国脊梁，强国一代"为主题，弘扬工匠精神、劳动精神和劳模精神，共议职业教育培育高技能人才和工匠精神之道。全国劳模张雪松、郭晋龙、高森、孔繁敬等与1000多名师生共话"工匠精神与青年成长"，同奏"中国梦·劳动美"新时代主旋律。

中国职工国际旅行社总社党委书记赵世洪表示，大讲堂是弘扬劳模精神、劳动精神和工匠精神的宣讲活动，是宣传劳动模范先进事迹、展示大国工匠风采、彰显工人阶级崇高品格的红色园地，用以激发广大职工和学生勇于担当使命，努力奋斗，为实现中华民族伟大复兴中国梦贡献力量。

河北省教育厅副厅长贾海明表示，职业教育是一项培养大国工匠的事业，面对新要求、新任务，要大力培育和弘扬工匠精神，让工匠精神落地生根，哺育成千上万的"大国工匠"脱颖而出。

河北省总工会副主席韩立群表示，河北各级工会广泛组织开展了工匠人才选树宣传活动，一批身怀绝技、技艺高超的大国工匠脱颖而出。高技能工匠人才是全国职工的技能标兵，已经成为广大职工群众心目中的超级偶像和争相追捧的明星。

北京大学首都发展研究院院长李国平表示，在国家创新发展大背景下，区域功能定位的变化给衡水带来新的机遇，建议要以新格局、新策略、新业态快速实现经济结构转型升级。大力培养新型复合型人才和现代新型工匠人才是调整产业结构转型升级的重要支撑。

大讲堂举办了"职业教育与工匠精神交流会"，劳模张雪松、郭晋龙、高森、孔繁敬与季铁华、刘志国、魏巍、张东风等专家学者就围绕培育工匠精神展开深入的研讨交流，会后，衡水职业技术学院党委书记李增军发表了"中国梦·大国工匠"衡水大讲堂《2019衡水共识》（简称《共识》），《共识》指出，工匠精神是人类社会发展中创造的璀璨辉煌的文明成果，更是中华民族的优秀特质与精神禀赋，其基本内涵可以解读为精益求精、持续专注、守正创新、追求卓越。中国特色社会主义进入新时代，培育和弘扬工匠精神可以为经济高速增长向高质量发展转型提供催化剂，可以为"中国制造"向"中国智造"升级赋予新动能，可以为职业教育"规模扩张"向"内涵式发展"转变注入新品质。国家已将建设知识型、技能型、创新型劳动者大军上升到战略高度，大力推进职业教育改革发展。培育德技并修的高技能人才是时代对职业教育提出的新要求、新任务，鲜明地凸显了职业教育在培养大国工匠、培育工匠精神的实践中，承担着神圣职责和庄严使命。用工匠精神涵养职业教育，以职业教育培育工匠精神，产教融合、校企合作是必由之路。应积极构建职业教育与产业精准对接、职业院校与企业深度合作的体制机制，实现资源共享，形成育人合力，把工匠精神作为职业素养培育的核心品质，融入人才培养全过程，不断提升基于德技并修的人才培养工作水平。大讲堂活动是宣传劳模先进事迹、展示大国工匠风采、培育和践行社会主义核心价值观、彰显工人阶级崇高品格的红色阵地，是引领形成"劳动光荣、知识崇高、人才宝贵、创造伟大"社会氛围的新时代载体，必将激发广大职工和青年学生勇于担当使命，积极投身建设，让青春在为祖国、为人民、为民族、为人类的奉献中焕发出更加绚丽的光彩。

衡水职业技术学院与燕园科技园管理集团共建衡水工匠职业学院，双方的合作契合了职业教育"三个转变"的要求和方向，为深入实施"一体多翼"发展战略和"一校两制"办学模式改革，职业院校融入地方经济发展创造和提供可借鉴、可复制的模式和经验。衡职院将以"中国梦·大国工匠"衡水大讲堂为新起点，围绕工匠精神开展更广泛、更多元、更深入的研讨交流，不断拓展多样化的交流机制和多层次的对话平台。坚持在继承中创新、在创新中发展，不断丰富工匠精神的时代内涵，充分激活职业教育改革的源头活水。加强与各举办和参与方在文化、教育、科研、产业等领域的合作，为工匠精神培育和创新发展注入智慧和力量。

（执笔：刘建平、王二冬）

"衡职宝宝" 表情包彰显网络思政育人新成效

为更好地落实职业教育立德树人根本任务，增强高校德育工作与网络思政的融通互动，有效探索德育教育的载体，推动社会主义核心价值观、道德规范以及良好行为习惯养成工作进一步深入人心，衡水职业技术学院（以下简称衡职院）运用传播概念和新颖的造型设计打造了卡通形象代言人"衡职宝宝"。巧妙融入 24 字社会主义核心价值观，积极推动思想政治工作传统优势与新媒体、新技术高度融合，把教书育人的领域延伸到网络平台，把立德树人的影响扩展至网络空间。通过互联信息化网络、社团文化活动、师生管理体系等着力构建方向正确、内容完善、载体丰富、常态开展的德育工作体系，促进德育工作的专业化、规范化、实效化，形成"三全育人"德育工作格局，持续推进办学模式和人才培养模式改革向纵深发展。

有效利用网络优势，发挥正面引导作用

习近平总书记在全国高校思想政治工作会议上曾强调："要运用新媒体新技术使工作活起来，推动思想政治工作传统优势同信息技术高度融合，增强时代感和吸引力。"①

网络具有信息量大、覆盖面广、自主性强、开放度高等特点，随着互联网与传统行业的深度融合，其深刻影响着青年一代的行为养成。互联网在信息和交流方面的优势是无可辩驳的，这使其成为思想舆论的重要阵地和国际舆论斗争的新领域，互联网为思想教育工作提供了一个先进的工具和前所未有的机遇，也对高校思想政治教育工作提出了新的要求。在网络的冲击下，高校学生的学

---

① 习近平在全国高校思想政治工作会议上强调　把思想政治工作贯穿教育教学全过程［EB/OL］．共产党员网，2016-12-08.

习、生活和行为方式都在发生着深刻改变，其人生观和价值观也在潜移默化地发生变化，这就要求高校的思想政治教育工作必须做出相应改变以适应新形势、新环境的要求。

在不断翻新的网络传媒形式中，网络表情包以大众喜闻乐见的形式被广泛使用，成为当今社会尤其网络领域中人们的一种新的表达方式和文化现象，好的表情包不仅能代替乏味的文字，形象表达使用者的意图和心情，更为对话增添了趣味性。

为增强高校网络思想政治工作和学生的交流互动，推动社会主义核心价值观进一步深入人心，"衡职宝宝"应运而生。这是全面贯彻党的教育方针、坚持社会主义办学方向、落实立德树人根本任务的有效尝试；以培养"双修双创型金蓝领"人才为目标，努力构建全员、全方位、全过程育人体系，完善德育工作长效机制的形式创新；同时在推动德育教育的实践创新，提高德育工作的针对性、实效性和主体性，形成良好的育人环境，开创德育工作新局面方面具有全新意义。

积极拓展内涵外延，引导青年学生形成正确价值观

"衡职宝宝"突出了高职教育特色，赋予了表情包更多的文化内涵。区别于普通的吉祥物推广，对于"衡职宝宝"，设计者做了全面考量。卡通形象以一个可爱的卡通人物为造型，身穿蓝色服装，凸显了"衡职蓝"这一主色调，与培养"双修双创型金蓝领"人才目标相契合；服装上还配有蓝色的衡职院校徽，象征着衡职院工作将不断推陈出新、实现新的跨越。

同时以"衡职宝宝"为原型，经过精心策划、细心打磨，融入了社会主义核心价值观内容，推送出"富强宝宝""民主宝宝""和谐宝宝""公正宝宝""爱国宝宝""诚信宝宝"等12个卡通形象；同时根据习近平总书记金句设计了"加油干""你好""勤奋读书""撸起袖子加油干"等24个常用表情包，呈现了幽默诙谐、严肃活泼、阳光积极的"衡职宝宝"形象。2020年12月，衡职宝宝在"中国教育报"和"衡水职业技术学院"微信公众号进行发布和报道，提供下载渠道，目前下载量达2万人次。

目前，"衡职宝宝"网络表情包已经成为衡职院在校大学生通用的、以图会友的流行的网络话语表达体系，适应了广大青年学子的话语特性，有助于实现爱国、正己、法治等正确人生观、价值观的有效传播。

大学生们认为，"衡职宝宝"表情包形象严肃又不失活泼，用在任何场合、任何人身上都毫无违和感。"衡职宝宝"充分考虑了网络传播的个性化与多样性，体现出了大学生的个性和风格。

与此同时，学校结合校园文化建设和德育特色品牌建设目标，持续拓展"衡职宝宝"的外延，探索表达内容，根据各系专业优势和特点，细化责任分工，详尽安排进度，并要求各系不断创新表达方式，丰富核心价值观、校训、文明校园建设等不同系列"衡职宝宝"形象品牌库，实现第一阶段品牌建设的载体要求。

学校还举办了有关"衡职宝宝"的活动，如"领养宝宝"活动，举办领养仪式，要求"领养人"或"领养团队"以被领养"衡职宝宝"的内涵和建设标准要求自己，使个人或团队具备和"衡职宝宝"同样的品质或属性，从而整体打造德育教育水平，形成由点带面、全面开花的建设局面；开展评选"优秀宝宝"，以一个学期建设为周期，在学期初开展领养"衡职宝宝"活动，学期末根据宝宝特有品质开展"优秀宝宝""优秀宝宝班集体""优秀宝宝团队""宝宝五好宿舍"等评选活动，表彰先进、树立典型，大力宣传和推广，产生了具有社会影响力的品牌效应。

构建全矩阵育人体系，培养社会主义合格建设者和接班人

以理想信念教育为核心、以社会主义核心价值观为引领、以全面提高人才培养能力为关键，构建内容完善、标准健全、运行科学、保障有力、成效显著的工作体系，形成全员、全过程、全方位育人格局，着力培养德智体美劳全面发展和担当民族复兴大任的社会主义建设者和接班人，这是衡职院不变的育人主题。

除了借助网络手段应用"衡职宝宝"构建育人体系之外，衡职院围绕立德树人的根本任务，通过整合阵地、载体、机制，创新教学方式、传播手段等要素，积极推进"进教材、进课堂、进头脑"扎根工程，同时让"十九大精神"浸润青年学子心灵，推动习近平新时代中国特色社会主义思想在师生中学懂、弄通、做实，落地生根。

创新文化建设载体，拓展育人形式。例如，衡职院广泛深入开展"三学三提"主题读书活动、"读书文化节""寝室文化节""中华优秀传统文化国学经典诵读大赛"等；开展"习三内画、武强年画、思颐剪纸、定窑进校园"等文

化建设活动，建设一批艺术大师工作室，引导高雅艺术、非物质文化、民间优秀文化走近师生；大力发展"习近平新时代中国特色社会主义思想艺绘社"学生社团和"通语明智"推普脱贫攻坚宣传等实践育人精品项目。

对接企业文化建设，大力弘扬工匠精神。2021年衡职院重点建设了"饶阳电商产业园实训基地""衡水职业技术学院吉航（国际）航空产业学院"等教学实习实训基地，实现了校园文化与企业文化对接，引导学生在岗位锻炼中体察和学习企业员工对品质、忠诚、敬业态度等匠心精神的坚守。组织开展"大国工匠进校园"活动，邀请行业企业专家、技能大师、文化名人开展学术技术报告会，大力弘扬工匠精神，厚植工匠文化，培育恪尽职业操守、崇尚精益求精的风尚，使之成为学生自觉坚定的价值追求。

创新形式、内外兼修，构建网络表达体系。建立"衡职大思政"官方微信平台，开设微党课、微语专题、校园文化品牌展示等栏目，增强网络思想政治教育的吸引力、覆盖面、针对性和实效性。选拔学生骨干，组建网络引导志愿者队伍，在宣传部专职教师的指导下，主动对接社会热点、师生诉求，适时讨论网络议题，撰写时事评论文章，强化正面引导。组织校内网络评论大赛，引导学生关注时事、观察社会、理性表达，不断增强明辨是非的能力。

（执笔：王二冬）

六　创新案例篇

"九红九色"铸魂育人 "浸润思政" 走新入心

——外语系思想政治工作创新案例

    "九红九色"学党史活动是在建党一百周年来临之际，外语系举全系之力重点打造的以党史学习为引领、以学前教育专业各艺术课程为依托、以教学活动和学生活动为载体，充分调动全系师生积极性，充分挖掘课程思政新内容，充分落实党史学习教育总要求，以丰硕成果向建党百年献礼的一堂思政大课。

一、"九红九色"活动背景、内容及组织

    "携来百侣曾游，忆往昔峥嵘岁月稠。"时值建党百年，为落实学校党史学习教育大会精神，党员、教师要做到"学党史、悟思想、提能力、做表率"，学生要做到"学党史、强信念、感党恩、跟党走"。利用我系学前教育专业优势，充分挖掘各类教师特色本领和专业功力，充分发挥党员和教师师德师风伟力，把党史学习、四史学习融合和渗透在专业教学及其全时间、全过程，具有外语系鲜明专业特色、丰富多彩、多重意义的"九红九色"党史学习教育活动应运而生。

    该活动全称为"九红传承红色基因，九色赓续红色血脉"学党史（简称"九红九色"学党史），系列活动共分为九个模块，分别是"红色故事讲起来、红色歌曲唱起来、红色舞蹈跳起来、红色美术画起来、红色手工做起来、红色书法写起来、红色旋律弹起来、红色诗词诵起来、红色戏剧演起来"。系党总支牵头成立书记、系主任为组长，党总支委员、各支部委员为成员的"九红九色"学党史活动执行小组，成立骨干专业教师、辅导员为主体的专业指导团队。该活动覆盖全体外语系在校生，活动时间从2021年4月起贯穿全年。

    "九红九色"学党史系列活动在系党总支的领导下，按照"每项任务都落地落实，每名教师都担当担责，每个环节都追求卓越，每项工作都出新出彩"的具体要求，建立管理制度，力戒形式主义，注重统筹兼顾。把学习教育和中心工作结合起来，和统筹疫情防控与推进我系各项工作高质量发展结合起来，和

"不忘初心、牢记使命"主题教育、"三学三提"读书教育活动常态化结合起来，建立任务分解表，加强督促指导。活动执行小组对各分管教师的任务进展开展督导，确保突出"九红九色"特色，保证学习教育质量，做好宣传引导，严格落实意识形态工作责任制，牢牢把握党的历史发展的主题主线、主流本质，带领师生学出坚强党性、学出信仰担当。

二、"九红九色"活动开展效果

"赓续红色血脉，讲好红色故事"，主题活动充分结合学前教育专业讲故事技能，用党史中的红色故事浸润学生思想、传递红色基因。广泛发动全系专业课教师推荐技能优秀学生参赛，备赛过程中，指导教师从党史知识入手，深刻分析故事背景、内涵、角色、感受，排练过程中，师生们往往讲得热泪盈眶，甚至感动得抱在一起痛哭。就是这样一个个震撼人心的血泪瞬间、一段段感人至深的革命故事、一串串可歌可泣的英雄传奇从学生们的心中讲了出来。比赛中，选手们精神饱满、激情满怀，用声音传递力量、用故事传递真情，让聆听的同学们热血沸腾。通过参加讲红色故事活动和观看红色故事演出，使师生树立了砥砺前行、不屈不挠的牢固信念，坚定了敢于拼搏、成就梦想的无畏决心。

"不忘初心得始终，砥砺前行谱华章"，在红歌大合唱、红歌演唱、钢琴弹奏和红歌视频录制、钢琴曲目四手联弹等活动中，师生通过歌曲演唱和钢琴弹奏，共同回顾党的百年光辉历程。排练过程中，师生深挖歌曲背后的历史背景，感受歌曲创作的革命环境，体会作者创作时的爱国、爱党情怀，学生用内心最饱满的歌声和最铿锵的琴声来颂扬党的丰功伟业、百年风华。"唱响新时代主旋律，弹奏中国梦新内涵"，我系排练录制了由专业教师和学生共同演唱和弹奏的《唱支山歌给党听》《卢沟谣》《国家》三首耳熟能详的红色歌曲视频，让师生们在歌声中感悟信仰的力量，唱出"永远跟党走"的坚定信念。歌曲抒发了对党和国家走过的百年辉煌历程和取得伟大成就的由衷赞叹，抒发了对祖国未来发展的热切期待，以及对建设美丽衡水、建设美丽衡职院的雄心壮志和美好愿景。

"赤橙黄绿青蓝紫、谁持彩练当空舞"，"红色舞蹈跳起来"项目共开展红色舞蹈展演、团体操、"那片红树林"舞蹈比赛等学生活动五场，毕业汇报舞蹈专场更是精彩节目迭出。通过重跳经典舞蹈选段、重温红色舞蹈内涵、新编红色舞蹈节目等多种任务驱动，结合舞蹈课程内容和学前专业舞蹈标准要求，经过师生们反复构思、精心设计、刻苦排练，每一个动作都精打细磨，每一个表情都反复体会，每一个学生都真情投入，师生们在排练过程中学习党史、领会精神、激发斗志、树立品格，传承红色经典、弘扬革命精神、肩负责任使命，最终呈现出一场场色纯、味浓、精彩的红色舞蹈演出。

"书不完千秋伟业，画不尽百年风华"，"万博杯"书画汇展以校企合作为实现路径，扎实推进"红色书法写起来、红色美术画起来、红色手工做起来"各项目的具体要求。第八届"绿芽杯"书画汇展继续深挖我系书法、绘画、手工、幼儿园环境创设等技能课程中的党史教育精髓和思政要点。其中，剪纸共创作包括中国梦系列、中国精神系列剪纸作品百余幅，硬笔书法创作毛泽东诗词作品百余幅，绳编党徽更是精致美观、熠熠生辉。红色展览布景将幼儿园环境创设课程与建党主题元素有机结合。通过拓展思路、整理素材、倾心创作的过程，紧贴"学党史、强信念、感党恩、跟党走"总要求，潜移默化、润物无声地将党史故事、党史精神、党史情怀传授给学生。"九红九色"学党史之万博幼儿园"学前专业扎染技法培训"第一期的顺利开班，拉开了我系学前教育专业服务社会的新篇章，更是党史学习教育活动"我为群众办实事"的真切体现。培训内容紧贴幼教美术学科需求，课程设置科学、系统、严谨，通过授课进一步优化了我市幼教骨干教师队伍建设，拓宽了我市幼教骨干教师视野，增强了我市幼教骨干教师新课程实施能力，推动了衡水市学前教育教学质量再上新台阶。

"诗诵青春信仰，志承百年荣光"，"红色诗词诵起来"活动以注重红色诗词选材，注重革命主题感悟、注重学生切身体会为切入点积极排练系列节目。经过层层选拔，优选 10 余个朗诵节目参加最终评比并推送毕业汇报。将党史学习教育与培养学生的语言表达能力紧密结合、与培养学生的文化素养紧密融合。要求学生要做到能说会讲、口才出众、文明雅致，打造出口见文化、言谈现素养、去粗俗之气、除刁蛮之态、清无知之相、断浮浪之形的衡职院幼儿教师新品牌。

"中华儿女多奇志，不爱红装爱武装"，红色戏剧作为我系特色才艺展示项目一直倍受各级领导重视，红色戏剧节目参演衡水市委宣传部等主办的"百年领航·同声诵党"诵读音乐会，为中国共产党百年华诞献礼。对于本次任务，外语系党总支高度重视，严格落实"一个支部就是一个堡垒，一名党员就是一面旗帜"的总方针，以党支部为坚强后盾，以党员教师为开路先锋，以开展"九红九色"学党史活动为方向引领，结合学前教育专业课程改革要求，提升党史学习教育对广大师生的吸引力、感染力、牵引力，激励大家从党的百年辉煌历史中汲取经验智慧、凝聚奋进力量。在这次市级演出后，又开始精心谋划2019 级毕业汇报舞台剧，节目中，学生表演者将聂耳、田汉等老艺术家的角色把握得准确到位，将国歌诞生的心路历程展现得淋漓尽致，为在场的观众带去一场感人至深的爱国主义教育。

三、"九红九色"活动对外语系工作的促进作用

知行合一，学史力行，实干为要。"九红九色"学党史系列活动的开展使党的创新理论深入人心、落地生根，全系上下已将党史学习教育产生的不竭动力和创新思路转化到具体工作之中，以服务学校高质量发展、助推系部优质建设、打造外语系高水平专业群作为今后的努力方向。

政治统领抓专业建设。2021年4月，五位青年党员教师履新各专业教研室主任，立志打造学前教育专业出品牌、创特色、上水平。努力发展现代家政服务与管理专业、婴幼儿托育服务与管理专业，力争跻身省内高校前列。党员骨干教师主动担责，牵头制定专业建设规划、计划，修订完成《课程标准》。在党员教师的不懈奋斗下，已完成《幼儿照护》1+X证书预算申报工作，以及《保育员》《育婴员》证书的试点院校和考核站点确认工作。落实构建"双主体"育人模式，实施"双元导师"制度，我系党员教师赴万博、大风车等合作幼儿园进行教学指导、技能培训，创新产教融合方式，扩大产教融合覆盖。

创新思路抓教学改革。"九红九色"学党史系列活动的最大特色就是紧密结合学前教育专业各技能课程内容，将舞蹈、美术、手工、音乐素养等课堂教学内容与活动、比赛、展演、汇展等形式有机融合。通过学党史系列活动的各项目结果展示，总结出课程教学中突出成果和缺项不足，将这些经验反哺课堂教学，提供改革素材，促进教学改革落实落地。"红色故事讲起来"活动中，师生讲故事要求有角色的模仿、扮演，声音、声调、表情和肢体动作等都要体现故事中情节化的人物、动物和角色的身份，要求课堂教学要追求感情的外化，以及内心流露情感的展现。外语系在课程内容上将翻转课堂、混合式教学、行动导向等教学理念融为一体。在课前、课中、课后三个教学阶段，将信息技术与课程进行整合打造，合理运用虚拟仿真、岗位实践等创新的感知方式，优化实践教学。应用启发式、探究式、讨论式、参与式等教学方法，促进学生创新能力的培养。

夯实责任抓课堂革命。通过"九红九色"学党史系列活动，全系师生不断发掘、持续总结、提炼引用诸多红色经典案例用于"课堂思政五分钟"教学内容，扎实推进课堂思政教育，贯彻《学校三全育人实施方案》，构建大思政育人格局，将思政元素渗入所有课程之中。2021年以来，由我系党员教师组队参加学校微课比赛、教师教学能力比赛、河北省外语课程思政比赛，分获院级二等

奖以上 5 人次，省级奖项 7 人次。落实学校《课堂教学改革方案》，完善英语、手工课堂革命典型案例，建成在线 Spoc 课程 16 门，建设院级在线精品课程 4 门，1+X 证书课证融合 3 门。

建好阵地抓意识形态。"九红九色"学党史系列活动在全系已经成为固定模式、推升档次、巩固阵地、教育性强，可复制、可推广、可传承的红色教育活动成果。全体党员教师在"九红九色"学党史的洪流中牢牢把握立德树人这一根本任务，牢固把握意识形态正确方向，重视思想宣传和文化建设，大力做好思想政治教育工作。系党总支意识形态工作分析研判会、教材排查等规定动作加强对课堂、讲座等意识形态阵地的管理。掌握少数民族、信教师生情况，深入推进习近平新时代中国特色社会主义思想进课堂、进教材、进学生头脑。

立德树人抓教师团队。外语系党总支一贯重视党员教师团队打造，抓住党史学习教育活动契机，充分利用"九红九色"学党史系列活动，加强对党员教师团队合作能力、创新能力、干事创业能力的锻炼和提升，做为民服务的"孺子牛"、创新发展的"拓荒牛"、艰苦奋斗的"老黄牛"。锤炼坚持马克思主义党性原则，坚持实事求是的党员教师团队，"让有信仰的人讲信仰"，为外语系后备干部培养乃至学校长远发展奠定干部基础。"吐辞为经、举足为法"，教师的一言一行都给学生以极大影响。教师队伍的思想政治状况具有很强的示范性，我系坚持教育者先受教育理念，让教师更好担当起学生健康成长指导者和引路人的责任。通过"九红九色"学党史活动，紧密结合学校师德师风建设总要求，严格做到以德立身、以德立学、以德施教，我系教师队伍观念、素质显著提升。牢记教师的初心，始终坚持党的领导，为党育人、为国育才，培养德智体美劳全面发展的社会主义建设者和接班人。

濡润浸心抓学生培养。脑中有理想，人生才不偏航；心中有信仰，脚下才有力量。通过"九红九色"学党史活动，我系学生学习党史的积极性、自觉性、主动性空前高涨。青年大学生朝气蓬勃、充满活力、奋发有为的气质和斗志被充分激发，努力提升自身素养，坚定自强理想信念，打通未来就业渠道，树立学技报国志向，让学生的思想与国家伟大事业相关联，在为人民谋幸福中实现自我价值。

四、"九红九色"活动的综合效应和价值依归

"踏遍青山人未老，风景这边独好"，中国人民的伟大创造精神、伟大奋斗精神、伟大团结精神、伟大梦想精神是一代又一代中华儿女创造和积淀出来的，更需要我们一代又一代传承下去。

"九红九色"学党史活动正是一堂传承红色血脉的思政大课,正是一次刺激思想觉醒的作风教育,正是一场砥砺勇攀高峰的学习实践。"九红九色"学党史活动是深化外语系党建的时代要求,是高校走在教育战线前列,承担起办学治校的主体责任,把方向、管大局、做决策、保落实,以高质量党建引领高质量发展的最好说明。"九红九色"学党史活动使我系师生深刻认识了"三个来之不易",深刻认识了中国共产党为什么"能"、马克思主义为什么"行"、中国特色社会主义为什么"好"。"九红九色"学党史活动是深化外语系党建的动力源泉,党的百年历史是始终加强党自身建设的历史。坚持全面从严治党,不断推进党的自我革命,党才能焕发出无穷的生机与活力。"九红九色"学党史活动是深化外语系党建的价值依归。"高校立身之本,在于立德树人",外语系始终把握使青年全面健康成长的总要求,实现党史学习教育在系党建中的价值目标。

伟大思想引领伟大政党、伟大政党创造伟大成就、伟大成就续写伟大荣光。一年来,外语系党总支落实学校党史学习教育活动部署,按照学史明理、学史增信、学史崇德、学史力行的要求,精心组织实施、有力有序推进,全系师生历史自觉、历史自信大大增强。通过"九红九色"学党史系列活动,聚焦培根铸魂、聚力青年力量、聚情师生服务,厚植爱党、爱国、爱社会主义的情怀,进一步增强"四个意识",坚定"四个自信",做到"两个维护",牢记初心使命,忠诚履职尽责,坚定前进信心,增强为实现中华民族伟大复兴而不懈奋斗的精神动力。

一锤一锤夯实战斗堡垒,一砖一瓦铸就伟大工程。外语系将继续坚持"衡水湖畔一颗璀璨明珠""冀中南地区一张亮丽名片""京津冀区域有一定知名度"的目标定位,形成互为依托、协调发展的专业格局。继续深化"九红传承红色基因,九色赓续红色血脉"学党史活动持续贯穿、持续开展、持续发力,在新的起点上,坚持社会主义办学方向,紧扣立德树人根本任务,在党的建设、教书育人工作中,不断改革创新、奋发作为、追求卓越,为把我校建设成为省域高水平高职院校而努力奋斗,为实现"两个一百年"奋斗目标和中华民族伟大复兴的中国梦而努力奋斗。

（执笔：赵明、苏红燕）

构建"双树双成"育人机制
打造"三全育人"创新平台

——经济管理系思想政治工作创新案例

习近平总书记指出，教育兴则国家兴，教育强则国家强。高校的立身之本在于立德树人，教师要成为塑造学生品格、品行、口味的"大先生"，学生要心无旁骛，学成文武艺，报效祖国和人民。为了贯彻落实全国高校思想政治工作会议精神，构建大思政育人格局，经济管理系以学校党委倡导的"三学三提"主题读书活动为契机，结合实际探索实施了"双树双成"三全育人新举措。

一、"双树双成"的背景、基础及思路

（一）"双树双成"的建设背景

为了坚持党对高校的领导，加强和改进思想政治工作，培养中国特色社会主义合格建设者和可靠接班人，2017 年 2 月 27 日，中共中央、国务院印发了《关于加强和改进新形势下高校思想政治工作的意见》。《意见》指出，要强化思想理论教育和价值引领，把理想信念教育放在首位，切实抓好马克思列宁主义、毛泽东思想学习教育，广泛开展中国特色社会主义理论体系学习教育，深入学习习近平总书记系列重要讲话精神，引导师生深刻领会党中央治国理政新理念、新思想、新战略，坚定"四个自信"。要发挥哲学社会科学育人功能，加强对课堂教学和各类思想文化阵地的建设管理，加强教师队伍和专门力量建设，推进高校思想政治工作改革创新，加强和改善党对高校的领导。《意见》的出台为经济管理系开展思政教育、提高人才培养质量提供了政策方向和指引。

（二）"双树双成"的建设基础

经济管理系成立于 2008 年，目前共有七个专业方向，其中包括：大数据与会计、会计信息管理、会计信息管理（智能财务方向）、电子商务、电子商务（互联网运营方向）、电子商务（3+2 两年制）、市场营销（新媒体营销方向），

学生共计 1062 人，教职工共计 33 人。其中，副教授 8 人，讲师 14 人，讲师以下 11 人，双师教师 16 人，双师占比 64%，专职教师 20 人，专职占比 60.6%。经济管理系拥有一个省级骨干专业群和省级骨干专业。

　　曾经，经济管理系规模一度萎缩，专业停招、学生人数减少，学生旷课、上课睡觉和玩手机现象增加，集体荣誉感缺失从而导致教育教学质量下滑。系领导班子多次针对此问题进行研究探讨，并专门召开全体教师座谈会专题研究如何端正教风和学风，为贯彻执行学校党委开展党员"两学一做"和全体教师"三学三提"主题读书活动，创造性地进行延伸和实践，提出了"双树双成"主题活动。

　　（三）"双树双成"的主要思路

　　"双树双成"是旨在端正教风和学风而开展的主题教育实践活动，"双树"指的是树立正确的世界观、人生观、价值观和树立积极的生活态度、学习态度；"双成"指的是成功和成才。

　　"双树双成"的具体内容是依托教师、辅导员岗位职责和学生学习生活的具体要求而拟定的，目的是通过规范和量化师生的日常工作和学习方式，全员发动、上下联动、教学相长，塑造经济管理系"团结协作、务实高效、生动活泼、开拓创新"的系风。

　　概括起来"双树双成"为"学"（学问、学术、学习）和"做"（做人、做事），具体要求是：全（全系联动、以上率下、不留死角）；严（严格纪律和制度、不折不扣）；实（做人实在，工作实际）；坚（持之以恒，坚持到底）。

二、"双树双成"的工作措施

　　以坚持党的领导为原则，以端正教风和学风、提高思政工作水平和人才培养质量为目标，以机制建设、队伍建设、文化建设等为抓手，整合资源、汇聚力量，有重点、分步骤不断提升工作成效，形成品牌亮点。

　　（一）加强党的领导与政治建设

　　1. 提高政治站位，统筹谋划部署。坚持把党的政治建设摆在首位，认真履行"一岗双责"，通过召开党总支委员会会议，对党建工作进行筹划部署，坚持每周召开党政联席会，把党的建设贯彻教育教学、学生管理、师资队伍建设等工作的始终。2017 年成立了由系党总支书记和系主任任组长的"双树双成"主题活动领导小组，统筹部署"双树双成"育人工作的开展与实施，系领导班子成员坚持做到每天读书看报及网络信息浏览一小时、每周听课一次、每周与结对学生谈心一次、每周接待师生一次（书记主任接待日）、每周硬笔书法一张和粉笔字一板、每周一上午 10：30 系领导班子碰头会一次、每月召开班子生活会一次（总支委员会）和时政集中学习一次、每周值班一天、每学年科研课题一个或者专业论文一篇、每学年以讲座或党课等形式的公开讲座一次、每学年包联一个班级。

2. 健全组织结构，强化责任担当。进一步完善总支部、支部组织的结构和支部委员的人员配置，实现党支部书记"双带头人"目标。各支部结合自身特点，开展支部建设，明确领导干部的主体责任，体现出更强的战斗力，在系部日常工作中充分发挥领导带头作用和战斗堡垒作用，坚持做到每月参加民主生活会一次、参加时政集中学习与讨论一次、每名党员教师包联一个班级、每周与结对学生谈心至少一次。优化团总支组织结构和人员配置，充分发挥团组织在学生群体中的思想和引领作用，组织各团支部严格落实团中央"三会两制一课"文件精神。

3. 严抓思政教育，打牢思想基础。以习近平新时代中国特色社会主义思想为指导，以学习贯彻党的十九大及十九届历次全会精神为重点，通过党史学习教育、"三学三提"、文化艺术节、"二次创业"解放思想大讨论、学习强国平台和学习中国平台等形式组织经常性学习。组织党总支委员，党员每学期至少讲党课、团课各一次。坚持每周开展读书分享活动，不断巩固师生的思想基础。

4. 开展"经管学子杯"大学生文化艺术节。通过文化艺术节不同项目、不同活动的举办，逐渐引导学生努力强化自身思想觉悟、学习专业技能、注重自身整体素质的培养，使学生树立良好的精神风貌。2017 年、2019 年、2021 年先后组织了"经管学子杯"第五届、第六届、第七届大学生文化艺术节，开展了丰富多彩的思政教育活动，进一步提升了"双树双成"主题教育实践活动成效。

（二）积极开展教师教风建设

1. 加强教师思政工作能力建设。做好非党员教师的思想政治与组织发展工作，发展并培养有潜力的年轻教师入党，加强大学生思政工作的力量。建设"课堂五分钟思政"特色思政课程，组织全系骨干教师、辅导员，从中国特色社会主义、中国政治军事、中国传统文化、历史名人、经典音乐、诗词美文、经济前沿等方面遴选课程内容，制作线上课程资源。

2. 优化师资队伍建设，推动科研与教学相互促进。构建学习型师资队伍，以读书分享、课题研究、学习班等形式深入学习党和国家、省市、学校系列文件，学习大学生思想政治教育理论，学习文献资料，端正教师教风，提升师资队伍的专业化与理论水平。以工作坊的形式、科学研究的理念，要求全体教师做到每天读书看报网络浏览一小时、每周硬笔书法一张和粉笔字一板、每学年指导学生或个人参与技能竞赛一次、每学年研究课题一个或者撰写论文一篇、每两周听课一次、每学期撰写个人工作计划和总结。

3. 探索辅导员与任课教师协同育人模式。创新辅导员与任课教师队伍建设，探索辅导员与任课教师协同育人模式，形成育人工作合力，改革人才培养模式，将思政教育融入人才培养全过程，要求全体辅导员教师每个工作日进课堂听课一次、每个工作日至少找一名学生谈心、每周至少进一次宿舍、每周至少组织一次小型座谈会、每周与任课教师交流本班学生情况一次、每个月给学做一次主题报告。坚持每周召开学生管理人员例会，交流学管工作经验、研究学生工作，检查学生宿舍、教室，汇总本周情况，统筹安排下一阶段工作。2019 年 9 月，以"双树双成"为载体培育良好学风的实践研究"申报校本研究专项项目，并获批立项，通过项目研究，明确了"双树双成"育人思路，创新了人才培养模式。

（三）做好学生干部队伍系统化、职业化建设

1. 积极推动组织建设，扎实开展思政育人。按照《中国共产主义青年团基层组织"三会两制一课"实施细则（试行）》文件要求，在系党总支的指导下，不断完善团基层组织建设，坚持党的领导，完善各班团支部、支部委员会、团小组建设，促进共青团队伍建设。通过支部大会、支部委员会、团小组会、团课等形式组织团员认真学习习近平新时代中国特色社会主义思想，贯彻落实党的十九大及十九届历次全会精神，积极组织党史学习教育，坚持做到每学期开团课不少于 2 次、团支部大会不少于 4 次，每周组织团支部委员会和团小组会。每学期开展入党积极分子思政学习班不少于 5 次，将党史学习教育深入基层。

2. 积极优化团学组织，大力培养学生干部。整合系团总支和学生会，明确各部门职责分工，遴选具有足够胜任力的学生担任部门负责人，明确团总支和学生会与班级的关系，理顺学生工作流程，明确团学会干部任职与考核办法，做到有规可循。坚持每学期开设学生干部培训班不少于 5 次，定期开展针对性的学生干部思想政治素养提升和工作能力专项训练，增强学生干部的组织性、纪律性、团结性、时间观念和全局意识，提高学生干部的整体素质，加强系团总支和学生会各部门之间的学习和交流，提高学生干部的工作能力，更好地发挥学生干部在学生自我教育、自我管理、自我服务中的作用。

（四）促进学生学风转变与职业能力提升

1. 推行综合素质测评，严抓学风建设。全面推行综合素质测评工作，严格落实学校文件规定，用制度推动学生提升自己的职业胜任力。要求学生每天读书看报网络信息浏览一小时、每周送给自己一句鼓励的话、给父母打一次电话、进行一次宿舍和教室卫生大扫除、写一篇周记，每月做一次好人好事、请假不超过一次，每学期参加一次集体运动等。公开、公平、公正地开展评优评模工作，严格执行学生管理各项规章制度，奖励先进、督促后进，促进学生职业能力得以提升。

2. 指导学生做好学业与职业生涯规划。以用人单位的需求标准指导学生做好学业与职业生涯规划，全程指导学生职业能力的提升。要求学生自入学起进行个人学业成长规划，填写学生成长手册，每学期初做好个人学期学习与工作计划，期末进行个人总结并进行自我鉴定，并由辅导员教师进行总结评价。

3. 大力开展"大学生职业素质拓展训练营"。每学期面向全体学生、学生干部定期组织素质拓展训练。建设职业技能竞赛备赛室，创立职业技能竞赛特训营，每学期积极组织各专业学生参加各级各类职业技能竞赛。

三、"双树双成"取得的成效

经济管理系实施"双树双成"主题教育实践活动以来，党员干部带动全体师生全员聚力，塑造了"团结协作、务实高效、生动活泼、开拓创新"的系风，构建了系统化的思政工作体系与育人机制，搭建了"三全育人"的创新平台，促进了人才培养质量的稳步提升。

（一）强化党建引领，筑牢发展建设基石

一是切实做好组织发展、党员教育、入党积极分子培养等工作，探索形成党员保持先进性的长效机制，为党源源不断地输送新鲜血液和后备力量，目前学生党员占党员总数的 22.76%，经济管理系党总支连续 4 次荣获校"先进基层党组织"荣誉称号。二是探索党建带团建的组织设置，加强党对团组织、对学生组织的领导，促进党总支、党支部、团总支、团支部、支部委员、团小组系统化建设，扩大党建工作的影响力，经济管理系 2018 级会计 2 班团支部获评"全国高校活力团支部"和省级"五四红旗团支部"两项殊荣，系团总支荣获校级"优秀团总支"称号。三是建立党员联系学生制度，每位党员联系班级、联系宿舍、联系团学干部，帮扶困难学生，与学生结对子，助力特殊学生的学业成长，帮助他们解决实际困难，累计联系帮扶学生干部 300 余人，帮扶困难学生 600 余人。

（二）立足课堂教学，提升教学科研能力

一是强化课程思政建设。聚全系教师之力建设了"课堂五分钟思政"线上课程资源库，包含了中国特色社会主义、中国政治军事、中国传统文化、历史名人、经典音乐、诗词美文、经济前沿 7 个方面 304 个课件。二是推动科研与教学相互促进。构建了"课岗对接、课赛融合"人才培养模式，打造了一支"专兼结合、校企融合"的师资队伍，在专业建设、课程建设、技能竞赛、学术研究方面取得了丰硕成果。近五年经管系教师独立或以第一作者发表论文 64 篇，其中核心期刊论文 10 篇，参与撰写并发表核心期刊论文 4 篇；主持各级各类科研项目 39 项，其中市厅级项目 16 项，市社科联项目 8 项，院级项目 11 项，其他项目 4 项；主编教材 3 本，参编教材 50 余本，出版专著 3 部。参研其他单位或部门人员主持的省级课题 2 项，省重大招标项目 1 项，市厅级项目 5 项。主持省级创新发展行动计划 4 项，省级教师创新团队 1 项，省教学成果奖 1 项，市级教科研成果奖 2 项。主持建设两门创新发展行动计划在线精品课程项目，并荣获省级一等奖。

（三）培育学管队伍，助力学生成长成才

一是优化了辅导员教师队伍，逐步形成了由专职辅导员为主、兼职辅导员为辅的学生管理队伍，坚持做到了每个工作日至少进一次课堂、至少找一名学生谈心，每周至少进一次宿舍、组织一次小型座谈会，每个月给学生做一次主题报告。近五年，累计培养省级优秀班集体 1 个、院级优秀班集体 10 个。二是倾力打造了一支系统化、职业化的，由学生党支部、系团总支领导的系统化学习型学生干部队伍，定期开展学生干部训练营，对学生干部思想政治素养提升和工作能力进行专项训练。三是探索并实践了辅导员与任课教师协同育人模式，实现了辅导员与任课教师双育人。近五年，经济管理系先后获得国家级荣誉奖励 4 项，省级荣誉奖励 98 项，32 名学生通过专接本考试，近 20 名毕业生参军入伍。

（四）完善机制体制，营造思政育人良好氛围

将思政教育贯穿学生从入学到毕业全过程。一是构建了思政教育机制，充分利用团课、团支部大会、团支部委员会、团小组会等形式，以习近平新时代中国特色社会主义思想为指导，积极学习党的十九大及十九届历次全会精神，积极开展党史学习教育活动。二是大力开展"经管学子杯"大学生文化艺术节，打造了"红色文化教育""专业技能竞赛""校园文化艺术节"等富有特色的大

学生系列活动，提升了学生思想政治觉悟，锤炼了学生专业技能，丰富了学生课余生活。实施"双树双成"以来，累计举办三届"经管学子杯"大学生文化艺术节，组织活动近40项，参与师生近3000人次。三是大力开展"大学生职业素质拓展训练营"，面向全体学生、学生干部定期组织素质拓展训练，累计开展素质拓展训练9次，参训学生达400余人。四是建设职业技能竞赛备赛室，创立职业技能竞赛特训营，积极组织各专业学生参加各级各类职业技能竞赛，近五年，经济管理系学生累计获得省级及以上级别竞赛奖励106项。

（执笔：曹俊生、张明伟、杨海源、李倩）

立足实际开展"四自教育"
创新实践培育时代新人

——机电工程系思想政治工作创新案例

党中央、国务院印发的《关于新时代加强和改进思想政治工作的意见》指出，要加强学校思想政治工作，加快构建学校思想政治工作体系，实施时代新人培育工程，完善青少年理想信念教育齐抓共管机制，培养德智体美劳全面发展的社会主义建设者和接班人。根据文件精神，近年来，机电工程系不断创新学生管理工作路径，以"自我管理"为中心、以"自我教育""自我服务""自我完善"为根本，逐步形成了"四自教育"管理模式，培养学生成为德才兼备、全面发展的时代新人。

一、"四自教育"的实施背景

近几年，由于部分高职院校生源质量参差不齐，来源有统招、单招、3+2，导致学校学生整体素质偏低，学生学习兴趣普遍不高，自我管理能力较差，影响着学校人才培养的质量。高职教学学制多是三年制模式，学生集中在学校学习两年半，到企业顶岗实习半年，自我管理能力差的学生在学习生活中表现出缺乏主动性、积极性、比较懒散和被动。为了改善这种情况，我系提出"四自教育"管理模式，让学生管自己能管的事、做自己能做的事、服务自己可以服务的人，通过"四自教育"培养大学生良好的道德意识、纪律意识、自主学习意识和自我约束能力，进而形成良好的校风校貌、营造积极向上和健康的校园文化氛围，培养德智体美劳全面发展的高技能应用型人才。

二、"四自教育"的实施措施

（一）突出思政先行，进行自我教育

早在两千多年前，孔子就提倡"内自省""内自讼"，要求人们自觉地改过迁善。自我教育是"四自教育"的基石，教育可以使人认识灵魂之内已有的美德，自我教育则要求我们通过自我认识培养自信的品格、通过自我要求培养自强的品行，通过自我践行培养自立的品质。当然，自我教育的目的并不只是学习知识和技能，更为重要的是认识、培养美德。只有这样，才能做到读书明理、做人成才，才能践行进德修业、博物明理。为此，我系从以下三个方面进行探索：

1. 学习平台利用好。组织全体学生参加青年大学习、学习强国等平台学习，并在重要内容的学习中组织学生进行总结反思，交流心得体会，树立正确理想信念，不仅自身实现自我教育，而且带动其他同学从中受到启示和借鉴。

2. 主题活动把握好。紧跟党的大型活动，及时举办各类主题活动，如"学总书记七一讲话做时代的弄潮儿""学党史 听党话 跟党走"等，通过观看该类题材的影视视频，追忆历史，缅怀英雄，反思自我，进行自我教育。

3. 思想引领教育好。高校专业课程教学占据着学生的主要生活内容，教师在指导学生专业课程学习的过程中，通过开展第一课堂教学来延伸第二课堂教育，充分发挥立德树人作用。利用"课堂五分钟"平台等，引导学生树立正确的人生观、成才观。辅导员一方面通过日常的思想政治教育，让学生从思想上认识到良好思想品质对学生发展的重要性；另一方面，组织丰富的以思想政治教育为主题的活动，让学生在活动中实践，以此提升学生的道德品质修养。

通过使学生树立"四自教育"理念，提高自身主动学习意识，掌握正确的学习方法，使自身的努力和授课教师、辅导员的努力得到有效结合，从而实现自身在学习、思想道德、品质修养等方面的全面提升。

（二）选拔优秀干部，实施自我管理

陶行知先生说："最好的教育是教育学生自己做好自己的先生。"即让学生养成自我教育、自行管理的好习惯，并持之以恒。我系从以下两个层面入手：

1. 从系级层面

通过自荐和民主选举，建立优秀、能干的团学会队伍，根据每位学生的特点，分别入职"学习部""组织部""纪检部""文明督察部""体育部""宿管部"等部门，各司其职。

建立健全团学会内部各项制度。参考已有的学生管理制度，团学会制定具体的实施制度，如"团学会成员考核办法""班级考核办法""学生宿舍管理办法"等，在制度的制定过程中，成员反复讨论修改，以保证制度的合理性，在实施过程中，一旦发现不合理之处，及时进行订正，确保各个组织严格遵守规章制度，确保各项制度的执行力和效力。通过制定、修订、完善制度过程，既锻炼了学生思考问题的能力，也使学生们产生了对制度的敬畏感，提高了执行制度的自觉性。

建立"校—系—班"三级联动工作机制。让"校—系—班"三级联动机制"真正发挥作用，学生工作不再依赖学生干部单独完成，而是所有学生都参与进来，形成网格化管理体系。校团委统一给系下发文件，系会按照实际情况结合学生的需求统一部署安排，系团学会负责好下达、落实工作，组织各班级积极参与活动或工作，从而实现系统化管理，充分调动学生们的积极性。"校—系—班"三级联动机制可以更好地为广大学生提供服务，解决学生的问题，切实维护学生的利益，提升广大学生的获得感和幸福感。各级组织还会及时与学生进行沟通，广泛听取学生的意见和建议，对学生不积极、不理解的事项及时进行反馈和调整，对学生乐于参与、效果显著的活动予以保持和传承。

加强社团组织建设，丰富社团活动。社团组织是大学生活中必不可少的一部分，以其丰富多彩的校园活动吸引了广大学生的积极参与，与此同时，社团也可以成为大学生接受思想政治教育的重要阵地。在社团里不定期开展一些主题活动，比如：举办"世界粮食日"演讲比赛，通过演讲这种直击人心的形式来表达浪费可耻，节约光荣的精神；开展"迎新杯"篮球比赛，丰富学生们的课余生活，增强班级凝聚力；举办"王者荣耀"大赛，从策划到举办全程采纳学生们的建议，让学生参与到其中，学生在参与管理的过程中，体会到了"公平"的含义。通过举办系列主题活动，学生既是策划发起者，又是积极参与者，提高了活动效果，达到了活动育人的目的。

加强公寓管理，使自我管理贴近学生生活。公寓是大学生的生活场所，在大学生的生活中占据重要位置。团学会定期组织学生干部走访公寓，不光检查公寓的卫生情况，更要听取学生们对当前公寓管理存在的问题提出的建议，并反馈到公寓管理部门，做到真正为学生服务。同时，为展现宿舍文化，每月举办一次"最美宿舍评比"、每学期举办"宿舍教室交流诊改"会，通过这些活动既让学生重视宿舍的环境，又通过诊改查找自己的不足，达到不断完善自我的效果。

2. 从班级层面

学生是教育的主体。我系在学生管理过程中，辅导员更多的是在学习生活上给予学生必要的指导，亲力不包办，亲为不替代，强化学生的自我管理能力，通过建立良好的自我管理机制，不仅可以创造学生自主发展的空间，也使辅导员从烦琐的工作中解脱出来，做到事半功倍。在班级中，我们通过以下几个方面进行自我管理，大大提高了学生的活动组织能力和制度规矩意识。

通过导助推荐、自荐和民主选举，选拔优秀、协作的班干部队伍。实行值日班长负责制，统领负责当天的所有班级工作。仿照学生会设置，在班级成立"学习部""文艺部""宣传部""体育部"等部门，每个部门都有自己的工作方案和计划，各个班委就是部门负责人，每位学生都要参加其中一个部门作为干事，目的就是调动起所有学生的积极性，为班级的日常管理做出自己的贡献，通过这个活动，增强了学生们的集体荣誉感，也培养锻炼了学生们的工作能力。

以"法"治班，制度严明。"法"即班级管理的制度化，以生为本，把每位学生看成一个具有自身价值的、与教师同等地位的个体。本班的"法"就是让全体学生和辅导员一起制定，逐条讨论，确定统一后作为班规。以"法"治班就是对学生的行为习惯进行强化管理，制度明确，奖惩分明，做到对违纪学生的处理和对表现优秀的学生的奖励均有章可循，让每位学生心服口服。

（三）培养服务意识，进行自我服务

我系以"四自教育"为原则，要求学生干部时刻以"全心全意为同学服务"为宗旨，发扬"勤奋、务实、思考、创新"的工作作风，发挥自身优势，不懈努力，踏实做事，为广大学生的学习、生活和学校的祥和安定做出贡献，主要从以下三个方面着手：

1. 以迎新工作为平台。建立以辅导员为主导，以学生班级导助、迎新学生志愿者为主体的志愿服务队伍，使得新生入学就开始接触"四自教育"管理，而班级导助通过全程辅助辅导员半月的新生入学教育，使"自我服务"意识从学生入学开始便形成并扎根。

2. 以文明创城为契机。我系学生代表进行为期一个月创建文明城市志愿服务，负责机电楼教学区纪律检查、学生宿舍区安全和纪律检查、校园文明卫生监督与劝导、校门秩序维护与管理、校园安全秩序维护与管理等，参与管理的学生把在学习和生活中发现的问题第一时间反映给教师。通过精心组织各种检查活动，为同学们服务，为广大同学丰富多彩的校园文化生活搭建平台。同时在各方面严格要求自己，勤勤恳恳，任劳任怨，以自己的方式给予同学更多的关心与帮助，以自己的实际行动为创建文明和谐校园贡献自己的力量。

3. 以社会服务为依托。我系积极建立大学生实践基地、大学生创业教育平台等，还通过校企合作模式进一步提升大学生实践能力，以此推进"四自教育"管理模式创新。目前我系与中新铁电轨道交通有限公司校企合作近7年时间，成效显著，通过"订单式培养"模式，采取"走出去，请进来"的教学相长手段，明显提升了教学质量，使学生的知识培养与技能锻炼等综合素质显著提高。同时，参加"订单培养"学习的学生，在校期间接受了学校和企业有计划的专门培训，通过顶岗实习的锤炼，深刻领会了企业文化的内涵，自觉接受学校和企业的双重考核，提前完成了由学生到企业员工的心理转变，得到了企业的认可，成为企业发展的生力军，提高了学生的就业质量，实现了企业、学校、学生"三方"共赢，吸引更多学生积极参与服务社会，增强了大学生的服务意识。

（四）做好总结反思，进行自我完善

我系团学会和班委会做好每个学期鉴定反思总结。每学期通过小结、进步和反思、展望做客观的自我评价，及时修正。要求全系所有学生在日常学习中参照"四自教育"管理准则进行自我管理，自己能做到的事情自己做，自己做的事情自己负责，真正实现了班级日常事务学生做、重要事务教师知晓的工作原则。在自主学习上，积极发现学生的闪光点，充分调动学生学习的主动性、积极性，培养学生积极主动学习的兴趣和能力，让学生学会主动学习，让学生在学习中享受乐趣，提高学生的学习成就感，带动了班级学风建设。在自我发展上，学生主动积极策划并参加各种活动，让课外生活变得丰富多彩，带动班级文化建设，促进健康班风形成。通过例会和座谈会，学生们互相鼓励，表彰先进、激励后进，查找自身工作中的不足并及时改正，推动工作不断提升。

三、"四自教育"的成效

我系通过"四自教育"管理模式创新，不断探索实践，积累经验做法，对培养时代新人起到了很好的促进作用。

（一）"四自教育"模式提升了系内综合管理能力

我系"四自教育"的日常教育和实践活动内容涉及面广，参与人数多，学生通过参与活动受益匪浅。学生主人翁意识增强，消除了管理者与被管理者的隔阂。团队精神和社会责任意识增强，求知上进风气浓厚。"四自教育"的开展有力促进了教学相长、和谐共进、全员育人的良性师生关系的建立，大力营造了学生健康成长的良好氛围，充分发挥了学生成才的主动性和创造性，积极引导学生自觉学习、刻苦钻研、全面发展的内在动力，持续加强了学风建设，从根本上提高了人才培养质量。

（二）"四自教育"提高了学生整体素质，为就业打下了坚实基础

在校期间，让学生参与学生、纪律、生活等方面的管理，充当管理者的角色，熟悉管理的内容和管理的机制和制度，发现管理中存在的漏洞，从而使学

生更好地遵守学校的规章制度，养成遵规守纪的习惯，提升执行制度的能力。同时，在管理过程中，通过管理别人，发现自身不足，从而受到教育，更新观念，达到自我教育、自我提高的目的。通过服务他人和服务自己的"四自教育"，参与管理和被管理、服务和被服务、尊重和被尊重、评价和被评价的角色互换，促进学生之间的沟通、交往、理解，帮助学生树立团队协作观念，互相学习，共同进步，为今后走上工作岗位奠定坚实基础。

（执笔：王瑞、董文达、黄翠翠）

传中国文化谱民族设计新篇
讲中国故事建立德树人标杆

——艺术系思想政治工作创新案例

  党的十九届六中全会通过的《中共中央关于党的百年奋斗重大成就和历史经验的决议》指出，"文化自信是更基础、更广泛、更深厚的自信，是一个国家、一个民族发展中最基本、最深沉、最持久的力量，没有高度文化自信、没有文化繁荣兴盛就没有中华民族伟大复兴"。文化自信就是对自身文化价值的肯定、对自身文化生命力的坚定信心。艺术系坚持立德树人这一根本任务，建立全员、全过程、全方位育人体制机制，坚持为党育人、为国育才，始终把要培养有更宽视野、更大责任担当、更多奉献精神和家国情怀的艺术设计人才作为培养目标。

  结合自身专业特色，从教学实际出发，依托学生管理、课堂教学、课程思政、非遗传承、社会实践等方面，把中华优秀文化、中国故事传递给学生，用习近平新时代中国特色社会主义思想铸魂育人，引导学生增强道路自信、理论自信、制度自信、文化自信，厚植爱国主义情怀，把爱国情、强国志、报国行自觉融入坚持和发展中国特色社会主义，建设社会主义现代化强国，实现中华民族伟大复兴的奋斗之中。

一、中华优秀传统文化进课堂，中国元素融入设计进头脑

  中华优秀传统文化丰富而多彩，是指导中国人民生存和发展的精神宝库。我们要不断地继承和弘扬中华优秀传统文化，以主人翁的态度传承中国文化、讲好中国故事，增强民族文化自信心。

  （一）课堂教学注重中国优秀文化的传播

  艺术系注重中国优秀文化进课堂，结合课程思政，在授课过程中把丰富而多彩的中国文化渗透教学的每一个环节。例如，在图形创意课程教学中引入中

国传统纹样内容，让学生了解中国优秀传统文化的内涵并运用到后续的创意中；在家装课程传统中式家居设计案例中提取中国元素融入课程教学；在平面设计课程中，教师带领学生在传统剪纸、刺绣、染织等不同艺术形式中获得创意用于设计创新，通过课堂教学使中国元素入脑入心。

在课程思政中融入承载中国优秀文化的行业故事或者名家事迹，可以对学生产生双重提高，即中国优秀文化的熏陶和专业知识的提高。同时结合国内时政、"平语金句"、传统特色课程，如剪纸、民族鼓等的学习传承，传播中国优秀文化。

（二）设计实训注重中国元素的融入

艺术系在实训项目教学中，通过引入中国元素，训练学生会用中国元素、用好中国元素，让中国元素在设计中大放异彩。

在"企业形象设计"课程中，分析传统戏曲、建筑、花草纹等传统图形的表现手法并结合现代图形进行再设计创造，或者对传统图形进行联想或取舍，整合可以利用的元素，形成新的图形或造型。在这样的传承与创新的过程中，学生对中国优秀文化有了更加深入的理解。

在"立体构成"课程中，分析现代材料与传统材料的应用、传统符号与现代设计的结合，如用塑料设计明式座椅、用不锈钢设计传统茶几，或在现代家具中加入中国传统图案等，鼓励学生不断尝试、创新、突破，设计界需要这样的探索和尝试，我们的学生也需要不断地研究传承中国优秀文化。

在"影视设计"课程中，结合多媒体技术设计水墨画，改变旧的传统模式，形成新的视觉效果。在 AE 教学时，教师加入二十四节气传统文化相关内容，并时刻提醒学生注重融入传统元素。学生在设计作品时，需要自己查询与节气相关的历史资料，了解之后再编写设计文案，学生在学习的同时，潜移默化接受传统文化的教育。

在"项目实训"教学中引入真实的设计任务"故宫文创产品"。在教师的带领下，学生团队一起查阅相关资料，学习故宫的建筑知识，在不懈的努力中，对故宫建筑屋檐上檐角兽的作用和象征做到了详细了解。同时对传统 11 个檐角兽不同的造型特点进行了深入研究，制作出来的各个檐角兽的模型（骑凤仙人、龙、凤、狮子、海马、天马、狎鱼、狻猊、獬豸、斗牛、行什）获得了甲方的认可。

在"室内设计"课程中，教师将众多衡水装修设计案例引入课程和学生一起研究，如在配色的运用、家具的选择、墙面的设计、灯具的选择、配饰的设计等各个方面均融入中国元素，让学生在研究中收获成长，并且设计方案也获得了业主的认可和称赞。

在"景观设计"课程中，任课教师引入真实景观设计案例，带领学生一起研究方案，研究案例所在地的地域传统文化。进行景观设计时，突出地域传统文化和中国元素的应用。例如：在衡水园博园、饶阳园和武强园的设计与施工中，衡水孔颖达公园的设计中，对景观整体布局的规划、对水体的形状、水岸的处理、对建筑造型的设计、对植物的搭配、石景的设计上均考虑将中国元素融入现代景观。在景观落成后，先后多次带领学生到景观现场实地教学，并在景观现场带领学生复盘设计过程和建设过程，学习中国元素融入设计方案的方式方法。

二、依托工艺美术品设计专业、大师工作室建设，推动传统文化进校园，民族技艺进课程

2019 年 6 月，工艺美术品设计专业、冀派内画、武强木版年画大师工作室被省教育厅确认为河北省高等职业教育创新发展行动计划（2019—2021 年）固定建设项目。项目以弘扬工艺美术传统文化、推动工艺美术创新发展、引领工艺美术产业腾飞为目标，成为面向学校、面向企业、面向行业、面向社会的集传技承艺、收藏展示、新品开发、成果转化、社会培训、技术咨询、国际交流、企业孵化、经营销售为一体的综合性平台，同时在学校美育教育中发挥着重要作用。

（一）非物质文化遗产进校园，传承民族技艺

冀派内画和武强木版年画均被收入我国第一批非物质文化遗产名录。冀派内画是一种鼻烟壶内壁绘画技艺，是中国独有的民间工艺，主要分布在河北省衡水市及其周边地区。衡水内画把国画的皴、擦、染、点、勾、撕等技法引入内画。衡水内画立意深邃，构图严谨，线描技法丰富，设色协调精润，书画并茂，雅俗共赏，深为世人所重。其作品豪爽奔放，富有诗情画意，肖像着色清淡，层次分明，富有质感。

武强木版年画是在原始的耕作方式、佛教思想、传统观念和古老的民族习惯影响下发展起来的民间乡土艺术。其构图丰满，线条粗犷，设色鲜亮，装饰夸张，节俗特色浓厚。武强木版年画除大量民间题材外，更注重反映重大时代变革，以表达人们对国事的关心、对人生的美好期望。

作为衡水本地的唯一高职院校，我校自 2010 年申办工艺美术品设计专业培

养民族技艺传承人，与大师共建冀派内画、木版年画大师工作室，使全校学生了解优秀的民族传统文化。

（二）开设传统文化特色课程，学生深受熏陶

为全系学生开设了具有传统文化特色的选修课程，包括"中国美术史""民族鼓""剪纸"等。在这些课程中，学生可以身临其境地亲身感受，亲自动手操作，使学生在培养技能、增长知识的过程中接受传统文化的熏陶。

（三）举办名画作品展，使学生和大师直接对话

在高清历代中国名画展上，通过选取历代名家之精品百余幅，道其生平事迹、画论理念、技法特色、前传后承，使览者窥一斑而见全豹，知一画师而晓一代之画，配以文史注释，系统呈现魏晋尚神韵、唐宋尚法理、元尚意、明尚趣、清尚静的美学格调，学生直接和历代大师隔空对话，使学生在学习知识技法的同时，提高了审美能力，增强了文化修养。

在秘青亚剪纸艺术作品展览中，展出了百余幅剪纸精品，内容涵盖习近平新时代中国特色社会主义思想宣传、非遗传承、民间风俗、衡水湖风景等，题材丰富，展览作品除给师生提供对剪纸艺术的欣赏之外，还带来对艺术创作的启发和学习，同时将非物质文化遗产带进校园，拓宽学生的知识与技能，增强学生的文化自信。

三、丰富实践活动，弘扬中国精神，推动提升艺术审美力、鉴赏力

（一）组织实地考察，了解中华文化，提升人文修养，进行爱国主义教育。艺术系组织每届学生前往南京大屠杀纪念馆、雨花台烈士纪念馆、耿长锁纪念馆、武强年画博物馆等实地考察学习，拓展学生思维、夯实专业基础，同时开展思政实践课堂，加强爱国主义教育。学生利用毕业考察教学，奔赴拥有中华文化的城市实地考察。在南京感受古都的风采、在上海感受古今中外文明的交会、在北京感受传统文化的魅力、在苏州体会江南古典园林的内涵、在乌镇感受江南小镇的建筑和人文特色。这一系列实地考察使得学生亲身感受，深入了解中华文化，提升了人文修养和艺术审美力、鉴赏力。

（二）开展"风景写生"实践活动，感受民俗文化，用画笔描绘祖国大好河山，激发爱国情怀。艺术系每年组织学生深入太行山腹地的写生基地，了解太行山区民俗文化，绘画传统建筑，了解中国元素在建筑上的应用，积累经验，学习设计。通过绘画太行山自然风光，感受祖国大好河山，激发爱国情怀。

（三）建设民族技艺传承示范基地，传承中国文化，开展社会服务。2020

年 7 月，艺术系与河北明兰家庭教育签约，艺术系内画大师工作室、武强木版年画大师工作室、剪纸大师工作室成为该组织的教育示范校区。我校工艺美术品设计专业已经逐渐发展成为衡水市民族技艺传承教育的示范基地，社会服务能力日益增强。

（四）鼓励学生参加公益活动，传递正能量，树牢正确价值观。组织开展师生"三下乡"活动。学生社团"新思想艺绘社""党史学习实践团"以习近平新时代中国特色社会主义思想、中国共产党百年历史为宣传主题，进行暑假"三下乡"实践活动，服务新农村建设，手绘爱国墙 500 余平方米，听老党员讲述艰苦年代的奋斗经历，在实践中践行习近平新时代中国特色社会主义思想的同时，自身也受到教育。

（五）组织"手执画笔，守望相助，共抗疫情"活动。学生参加"抗疫非遗人在行动"活动，创作《武汉加油》《共同战"疫"》两幅抗疫年画和多幅招贴海报作品为祖国加油，向广大医务人员致敬。歌颂前线的白衣战士，不怕传染与病毒做抗争，年画以苹果形状为主体，海报的设计采用了多种元素和方法，祈愿前线的医务工作者、志愿者和人民平安。通过宣传抗疫精神，坚定了"四个自信"，以及广大师生毫不畏惧战胜一切困难和挑战的信心和决心。

（五）组织致敬"最美逆行者"活动。艺术系组织学生参加衡水市致敬"最美逆行者"活动。自 2021 年 9 月开始，学生积极投入创作，经过反复构思、打磨、修改，历经一个多月的时间，最终完成 10 幅抗疫主题的画作并赠送给衡水 101 名支援辛集核酸采样的医护人员。这些作品种类多样，包括动漫、速写、彩铅等，围绕抗疫主题内容，融入国旗、党旗、医者等元素，颂扬了抗疫工作者闻令而动、白衣执甲、逆行出征的大爱精神。

（执笔：于成才、高磊）

"红镰工作坊"广渗厚积育人载体
红色薪火代代相传

——生物工程系思想政治工作创新案例

为全面贯彻党的教育方针，以立德树人为根本任务、以学科专业建设为载体，推进全员育人、全过程育人、全方位育人。2018 年，生物工程系成立"红镰工作坊"，以工作坊作为系部综合育人载体，将党建和思政教育融入渗透学生工作的方方面面，构建"三全育人"格局，培养德智体美全面发展的社会主义建设者和接班人，保障红色薪火代代相传。在此过程中，以"一系一品"思政品牌建设为主要抓手，结合专业发展，探索建立了"一工坊，二平台"（即红镰工作坊，活动平台+学习平台）的大思政工作格局。

一、成立红镰工作坊，开展特色育人实践活动

在校党委的指导下，生物工程系经过广泛调研论证，积极完善"三全育人"的工作平台和工作机制，将日常工作、专业建设、课程实施和学生工作有机结合起来，结合系部"思政+"的工作思路，成立了以推动"三全育人"为主要目的，以课程思政、师德建设和学风建设为主要工作内容，以专项内部讨论或扩大讨论为主要工作形式的"红镰工作坊"。"红镰工作坊"作为生物工程系综合育人载体，将党建和思政教育工作渗透日常工作的方方面面，构建了全方位育人格局。

"红镰工作坊"根植冀中南革命大地，广泛汲取中华传统农耕文化，挖掘农业生产中的红色精神，培养新时代又红又专的现代农业人才。2022 年 3 月，为丰富学生生活，缓解封闭期间学习的压力，"红镰工作坊"结合我系涉农专业发挥专业特长，将学生工作与专业教育结合起来，将思政教育与专业实践结合起来，开展了以"弘扬耕读文化·彰显抗疫精神"为主题的一系列压花群体心理辅导活动。

一是开展"采花草之美，品自然之韵"的主题压花活动。组织学生利用课

余时间收集校园中的花草素材，经过修型、压花、干燥、贴花、塑封之后，形成最终的花艺卡片。鼓励学生用自己的劳动成果装点校园、教室和宿舍，与其他同学共同分享校园之美。

二是开展"聆听心灵声音，放飞快乐心情"团体心理辅导活动。以班为单位，大家分享并评价彼此的花艺卡片。利用学生发言展现出的积极与否，现场发现学生的心理问题。由事先安排的积极学生带动帮助特殊学生，通过"马上赞扬"环节引导有消极心理的学生将精力聚焦到花艺卡片作品中来。通过团体心理辅导，达到了帮助同学、团结班级、消除心理健康隐患的效果。

三是开展"你我共评，快乐共享"作品评比和分享活动。组织学生将自己最心爱的作品拿出来参与作品评比，并将优秀作品送给对自己最有帮助的人。今年有200多名涉农专业在校生送出花艺卡片或其他植物标本作品70余份，每位任课教师、辅导员和管理教师都收到了学生的劳动成果和衷心祝福。通过评比活动激励学生主动参与专业活动，通过分享，让学生们更有成就感和获得感。

"红镰工作坊"成立以来，开展人才培养方案修订会8次，课程思政经验交流会6次，多次组织多形态、具特色的教学和学生活动。通过系列活动的顺利举行，缓解了学生的不安情绪，满足了学生的动手欲望，达到了"知行合一""手随心动"和"耕读传承"，提升了学生的专业素质，帮助学生发现自然和校园之美，得到了教师、学生的一致好评。

二、以活动平台为抓手，着力提升人才培养质量

（一）诗文朗诵系列活动传承红色薪火

截至2021年，生物工程系诗文朗诵活动已连续开展15年，成为本系面向全系学生开展思想政治教育的大型平台。此项活动渗透全年的学生思政管理工作中，根据每年的思政热点选定活动主题，围绕主题开展从班到专业、到年级、到系部的体验式思想政治教育活动。严密的赛程保证了每名学生都能张口诵读中华名篇，每名学生都能亲耳聆听红色经典。学生们体验到了经典诗文的艺术美感，更传播了爱党、爱国、爱社会主义，不忘初心、牢记使命的正能量。

例如，2021年，为迎接中国共产党成立100周年，从党的百年奋斗历程中汲取智慧和力量，激励当代大学生坚定理想信念，将活动主题定为"红心向党·礼赞百年"；2020年，为纪念抗美援朝战争胜利70周年，缅怀革命烈士，增强学生们对祖国的热爱之情，将活动主题定为"歌唱祖国—纪念中国人民志愿军抗美援朝出国作战70周年"。

（二）社会实践体验助力乡村振兴

生物工程系拥有三个涉农专业，相当多的毕业生未来将加入乡村振兴的大军中。因此，为促进学生体验农业生产、了解产业形态，生物工程系开展了"假期走家乡"系列实践活动，鼓励学生在寒暑假期间走访自己家乡的乡村、田野、农产品加工厂、博物馆等。在学期初召开假期实践汇报会，交流假期见闻，介绍自己家乡的特色，提升职业使命感。

为服务乡村振兴，推广先进技术，锻炼党员学生，系党总支在暑期组建了"乡村兴·党旗红"实践分队，前往石家庄赵县任庄村开展大学生暑期"三下乡"社会实践活动。5 天的实践活动，由 8 名预备党员学生组成的实践分队深入梨园，了解学习有关知识，推广先进果树生产技术，帮助果农进行果实套袋、梨树保护、果实采摘、装箱入库等，并面向果农开展病虫害防护知识的宣讲，进行田间指导，切实保障果树种植效益。

（三）岗课赛证融通培育工匠精神

在人才培养体系层面，生工系各专业岗位对应人才培养方案，课程内容对应岗位需求，实训模块对应技能比赛和 X 证书，截至 2021 年，省级重要技能比赛全部有对应的实训周。在实训平台搭建方面，建设有园林景观工作室 1 个、小动物手术及美容实训室 1 个，在实训中讲解国家标准，选拔参赛队员，迎战 X 证书考试。

三、以学习平台为引领，积极丰富学生课余文化生活

（一）"三学三提"学习活动向学生群体渗透发展

为引导学生坚持党的领导，坚持共同的理想信念、价值理念和道德观念。生物工程系扩大了"三学三提"主题读书活动的学习范围，将学生纳入学习活动中来。在集中学习阶段，组织部分学生干部、宿舍长等学生群体一起加入进来；在心得分享阶段，师生齐聚一堂，共同分享。在此过程中，不仅让教师了解到了学生的内心动态，更统一了师生思想，促进了各项工作的顺利开展。

（二）学生社团丰富课余文化生活，新媒体小组放大系部特色

生工系学生自发成立了跆拳道社和滑板社两个业余体育社团，定时开展兴趣交流和技术切磋，丰富课余文化。在学管教师的指导下，系团学会成立了"生工光影小组"，专职系部动态的采集拍摄编辑，目前建设有规律更新的抖音号一个。

（三）学术讲座突出系部特色

由专业教师挂帅面向相关专业师生开展高级别学术讲座，将教研活动与学生活动结合起来，突出人才培养的学术高度。目前常规活动有"一师一讲"和"一师一思政"双系列讲座活动。

四、思政融入做保障，凸显"工作坊+平台"育人成效

（一）思政教育全面渗透专业建设

专业建设强化育人功能、彰显专业特色、突出价值导向。从人才培养方案的制定到课程内容的选取，生物工程系均开展专门的教学研究会议，讨论思政元素植入的内容和形式。通过落实任课教师和辅导员听课制度，抽查任课教师课堂思政的开展情况。在教学内容上，注重知识内容与德育内容相互渗透。专项教研会上，辅导员教师汇总本周时事热点，教师轮流分享经典思政元素和"四史"故事。专项教研活动保证了德育内容的鲜活性，让学生们更容易接受，实现了专业教育与思想政治教育的渗透与融合。

（二）资助工作始终贯穿育人理念

学生资助工作是保障学生权益的重要形式，生物工程系全系一盘棋，严守政策红线，严密组织架构，严肃资助流程，在资助工作中始终贯穿育人理念。在宣传引导上，辅导员下到每个班级，开展政策和程序解读，宣讲党和国家的温暖，引导学生们诚信申报；在组织安排上，不分解班级、专业或年级名额，采取全系大汇总、大筛选、大认定的方式开展资助工作，保证学生资助工作的客观性、公平性和严密性。

比如，2019级风景园林设计专业学生李抒笑，入校时为吉林省长春市城镇户籍学生，不是建档立卡家庭学生，从地域分析，该生经济困难的可能性较小。在资助工作中，该生也未提交相关申请。但在全系大资助过程中，辅导员和班级团支书均发现李抒笑同学生活简朴，学习努力。结合事先摸底，了解到该生属于父母双亡特殊家庭，跟随亲戚生活，性格孤僻，不愿意透露自己真实的生活状况。借助全系一盘棋的资助体系，生物工程系资助领导小组在申请材料提交截止日期前全面详细了解了该生的情况，并由辅导员反复做思想工作，动员李抒笑同学把心里话讲出来，将资助给予了最需要的人。在整个资助过程中，全盘统筹、不设小名额、反复审查、解决个体问题的工作思路保障了资助工作的科学公正。经过这次"量身定制式"的学生资助，学生李抒笑感受到了组织和系部的温暖，整个人也变得积极乐观开朗。资助工作不仅可以解决学生的经

济窘境，更可以作为"三全育人"工作的有利抓手，暖化学生的心灵。

（三）"双师"引导持续贯通育人全程

在育人过程中，对学生群体实施辅导员、任课教师的"双师"引导。辅导员每周向全体教师汇报一次学生卫生、防疫、跑操和其他纪律数据；任课教师随时向辅导员及学管教师反馈学生或班级纪律数据和学风情况。围绕学生发展，专任教师与学管教师分工合作，相向而行，并肩作战。

2019级畜牧兽医（宠物方向）班共32人，来自河北各地市和吉林部分地市。学生生源地复杂，语言习惯、生活习惯差异很大。新生开学未满一周就因为寝室上下铺的分配问题而发生口角，大一上半学期的考勤情况也不理想。鉴于此，该班被定为系内"双管班"试点班级。在具体工作上，要求任课教师了解每名学生的详细信息和学习特点，要求辅导员教师对班级每个学生进行单独谈心谈话。每两周开展"双管"专项会议，分析研判班级动向，适时调整工作方案。针对该班级活泼好动的特点，组织他们集中学习相关技能比赛赛程和评分标准，让学生从"有事做"的目标出发，逐步转变为"想做事"。结合学习平台，挑选班级积极分子参与"三学三提"读书学习活动，挑选积极上进的学生开展技能大赛的训练。在辅导员和专业课教师的同心协力下，该班学生不仅取得了全国多项学生技能大赛的大奖，更有5名学生通过团员推优光荣地成为中共预备党员。经过"双管"实践，该班的学风班风明显好转，各方面面貌焕然一新，2021年上半年，该班被评为省级红旗团支部。至毕业季，该班所有学生都签订了实习协议，走向了实习岗位，经就业跟踪反馈，用人单位十分满意。

（四）发挥学生能动性，强化学生干部作用

学生干部的培养是大思政体系中的重要一环，为此，生物工程系将学生干部纳入学生思政教育的日常活动中来，在学生干部的培养上下足了功夫。

一是提升学生干部的理想信念。教师党员担任学生干部的入党培养人，每两周见面谈心一次，引导学生干部做社会主义核心价值观的信仰者、传播者、践行者。在团总支建设上做文章，组织召开"学党史、强信念、感党恩、跟党走"主题生活会。全体团员认真学习习近平新时代中国特色社会主义思想和党史故事，认真查摆突出问题，严肃开展批评与自我批评。

二是提升学生干部的工作能力。每学期面向团学会干部和团支部干部开展不少于3次的业务能力培训，每学期固定培训有：《办公软件使用技巧》《安全应急处置技巧》《团结能力训练》等。

三是培养学生的"笃学"意识。辅导员主动联系任课教师，关心关注学生干部专业成绩，不断鞭策激励，帮助学生干部做表率、树榜样。通过规律性的培训和指导，生物工程系学生管理实现了自我管理、自我教育、自我服务、自我发展。

（执笔：廖智慧、李晓）

开辟"互联网+思政"新阵地
拓展立德树人新渠道
——计算机系思想政治工作创新案例

党的十八大以来，以习近平同志为核心的党中央高度重视高校党的建设和思想政治工作，办好中国特色社会主义教育事业，必须加强党对教育工作的全面领导。当前，"00后"大学生成为校园的主体，各种不良信息的侵入让缺乏判断能力的年轻人迷失了方向，思政教育肩负着比以往更加艰巨的历史使命。计算机系为拓展立德树人新渠道，积极抢占网络新阵地，结合当代大学生特点和计算机专业特色，创新学生思想政治教育，开辟"互联网+思政"教育新阵地，拓宽立德树人渠道，使网络环境下成长起来的新一代大学生接受良好的教育。

一、抓关键、强组织，发挥支部战斗堡垒作用

党的十九大提出了新时代党的建设总要求，强调要"以提升组织力为重点，突出政治功能"，加强基层党组织建设。对照新时代党的建设总要求，计算机系党总支在校党委的领导下，从理顺支部工作机制、强化组织制度建设、抓实组织生活、优化平台建设等方面探索党支部建设的有效路径，充分发挥支部战斗堡垒作用，落实立德树人这一根本任务。

计算机系创新性地加强教师支部和学生支部建设，探索把党支部建在学生社团、实训基地上，建在学习平台、实践中心和课题项目组中，充分发挥党组织在专业建设、素质教育、技能训练中的战斗堡垒作用。积极把优秀师生培养发展成党员，特别是注重把教师党员培养成教学科研和管理服务能手，发挥党员教师的先锋模范作用。

此外，通过全面实施党员、积极分子先锋队工程，提高学生党员的整体素质，发挥学生党支部的战斗堡垒作用，加强学生党员、预备党员的培养教育，增强了学生党员的宗旨意识、责任意识，提高了学生党员的党性修养，在给学

生党员分任务、加担子过程中，真正发挥党员先锋模范作用。

二、转角色、强能力，建设素质过硬教师队伍

鼓励全体教师转变角色、强化职能，把自己塑造成为适应时代需要、具有计算机专业技术的高素质教育者。首先要求各任课教师摸清学生的思想脉搏与兴奋点，有针对性地对学生进行教育和指导；其次要在网络教育中学习先进的管理知识和经验，全面了解国内思想政治工作以及教育教学的先进理念；最后建立一支素质好、能力强、效率高的优秀网络教育队伍，充分发挥思想政治工作的作用，对学生进行生动活泼的思想政治教育。

加强课堂主渠道建设，突出课程思政育人作用。紧紧围绕我系发展需求，结合学校发展定位和人才培养目标，构建全面覆盖、类型丰富、层次递进、相互支撑的课程思政体系，着力提升学生的学习实效。近年来，我系开展计算机专业教育课程坚持立足系内特色和优势，结合不同课程特点、思维方法和价值理念，把课程思政元素与课程教学有机融合。为加强课程思政育人建设，建立"理实一体"课程体系，我系鼓励各科任教师从主观努力度、行为实践度、知识掌握度等方面对学生进行综合考核，培养学生知行合一、崇德尚能的思想道德素质。制定专业课的教学、育人双大纲，建立"学业导师辅导员"制度，在专业教学和班级管理过程中，切实做到既授业，又树德。

建设"1+N"导师制思政队伍。一是创新"三全育人"形式。积极运用新技术手段，组织教师参加微课大赛，壮大思政工作力量，丰富党建思政工作新载体。通过比赛活动，督促各专业课教师积极参与到学生思想政治教育中来，开创了"三全育人"的良好局面。二是在此基础上实行"1+N"导师制。即以一名辅导员为主，加上若干名导师组成全员育人导师团队，从学生入学到毕业离校，全过程对学生在品德修养、专业学习、创新创业、职业生涯规划等方面进行全方位指导。计算机系打造成立以辅导员为主、企业导师与专业教师共同参与的导师团队，充分发挥职业教育产教融合优势和导师团队在学生培养过程中的主导与指导作用，打造党建文化、师德师风、竞赛文化、专业文化、文体活动"五个模块"，将"三全育人"理念融入人才培养全过程，在不同学习阶段各有侧重地对学生成长成才进行更具针对性的、多维度的指导，形成思政课堂、课堂思政、工作思政的大思政教育工作格局。

三、双主体、新技术，搭建网络思政教育平台

转变教学方式，强化双主体育人。在高校课堂中，将传统的以教师和书本

为主的授课方式与现代高科技手段相结合是比较流行的教学方式。突出师生双主体，构建网络思想引领新机制，着重充分发挥教师的主体作用，组建以辅导员、专任教师和学生干部为主体的网络思政工作队伍，广泛征集了解学生们的喜好和建议，通过网络空间研判学生思想动态，借助网络平台主动发声发言，以此来开展思想政治教育工作，用正确的舆论引导学生分析社会，结合互联网热点时事引出授课内容，让学生有充分的时间独立思考，有益于思想政治教育工作更上一层楼。另外，加强发掘大学生在自我教育中的主体作用，组织学生团队开展大学生思想政治状况调研，指导学生社团、学生骨干建立学生乐于参与、充满正能量的网络互动平台，形成学生在亲身参与和实践中提高认识、砥砺品格、朋辈相携、为人师表的新型育人机制。

借助大数据新技术，及时掌握学生思想动态。利用网络调查问卷、网络行为数据等技术手段，持续对学生政治观点、思想动态、心理健康、学习状况、关注热点、生活需求等方面的数据进行系统采集、动态观测与综合分析，实现数据结果对大学生的思想、学习与生活状况进行追踪分析。目前我系已实现互联网的全覆盖，通过建立和完善系部网站，实现了资源共享，体现了校园文化特色和学生特点，突出了思想政治教育的亮点，我系网站设有"学生风采""学生活动""理论学习""党建信息"等栏目，旗帜鲜明地宣传习近平新时代中国特色社会主义思想，为系内的学生思政教育创新发展提供精神动力，为学生的全面健康成长注入新的活力。

嵌入生活微时间，开发网络思想政治教育新资源。信息技术的发展赋予了网络新媒体平台更多功能，也让用户有了更多期待。"有用"成为一个平台增强粉丝黏度的因素之一。计算机系充分利用新媒体的技术优势，在传播信息的同时提供服务，从而提升自身形象，增强粉丝黏度，解决师生困难，寓思想政治工作于无声处。例如，我系针对大学生日常生活中大量碎片化时间和网络实时传播、无缝衔接的特点，大力推进"互联网+教学资源"建设，围绕党的创新理论成果和计算机专业实践要求，开发和建设精品课程、专业教学案例以及基于学习、实习、实践的再生性学习资源。结合学校校史、各类典礼、文化艺术活动、优秀师生案例等传统思政教育资源，转换开发为视频、卡通动漫等文化产品。

四、立足专业特色文化活动，实施"三四五"月度工程

积极探索搭建与计算机专业特点相适应的思政教育新平台是计算机系思政教育的一大创新。将思政教育工作渗透精彩纷呈的校园文化活动中，将学生活

动与我系的专业特点相结合，以此吸引学生的广泛参与，使其在参与活动中启迪和提高品德修养，这一创新途径成为计算机系做好思政教育工作的有效途径。通过开展各种各样的学生文化活动，丰富学生生活，结合抖音直播、网站宣传、表彰等多种途径，扩大活动覆盖面，加深活动影响力，加强活动的思政教育性。

计算机专业特色文化活动创新工程，可以概括为"三四五"月度工程。三月，开展"学雷锋志愿服务"活动，深化互帮互助的志愿服务意识，践行"学习雷锋、奉献他人、提升自己"的志愿服务理念，营造良好的文明校园环境；四月，开展计算机专业技术技能比赛、计算机网络安全知识竞赛等活动，端正"先修身、后修路"的职业态度，激发"蜀道天堑变通途"的职业信念。五月，开展"职教周"系列活动，计算机系学生利用所学的专业知识和技能服务在校生，帮助大家解决电脑相关问题，从而展现计算机系学生的专业能力和当代风貌。

五、开展"互联网+思政"教育的特色和成效

计算机系运用"互联网+思政"教育平台，将"三全育人"理念作为学生思政工作的目标，以推动学生工作建设为抓手，切实加强师德师风建设，深度设计、推进学生思想政治教育，在思想价值引领、学风班风建设、专业技能提升等方面出成效、见实效。

（一）见实效

计算机系结合新媒体时代特征，以"微信、微视频、微公益"为载体，依托"抖音短视频""校园官网""微信公众号"等，线上、线下有效互动，创新了思政教育工作的新途径，拓展了教育空间，学生可以随时通过互联网了解相关信息。与此同时，借助互联网，师生可以与教师充分沟通交流，学生可以获取理论知识和主流价值思想，教师可以了解学生思想动态、帮助答疑解惑。

（二）呈亮点

计算机系积极开展"计算机专业特色文化活动"，将思政教育工作延伸到学生学习、生活的点点滴滴，在学生自我教育、自我管理、自我服务过程中，提高其"学会做人、学会做事、学会合作、学会生存"的意识和能力。将互联网与思政教育相结合，实现了擦亮思政教育底色，探索了高职学生思政教育体系创新新途径，拓展了思政教育阵地，打造了"线上+线下"思政教育互融共进新局面，帮助学生扣好人生第一粒扣子，把大学生培养成社会主义合格建设者和可靠接班人。

（三）可传承

计算机系特色文化活动旨在服务青年学生成长，坚持正确育人导向，让互联网思政教育在校园落地生根。按照习近平总书记的要求，坚持正确的育人导向，为培养社会主义建设者和接班人服务，在"落细、落小、落实"上下功夫。计算机系开展的一系列具有专业特色的思政教育活动均是围绕学生的关注焦点、以学生喜欢的方式，引导学生积极践行社会主义核心价值观，守护好学生的网络精神家园。我系在学生思政教育工作中形成的图片、视频等汇集成作品集、资源库，在线上、线下宣传推广，扩大影响面，形成思政教育案例进行普及和推广。

（四）深渗透

计算机系运用新媒体思维"精耕细作"，打造有态度、有深度、有温度的"互联网+思政"教育体系，切实提高育人成效。通过系部网站设置的各项栏目，结合学生工作日常，用党的初心使命感召青年，通过创新内容、形式，突破以往的单一线下思政教育，在强调课程思政育人的同时，配以互联网教育，让学生在轻松愉悦的氛围中接受思想教育、党性教育，引导学生从中感悟和增强文化自信，各类活动、多种形式深入学生生活、学习，令学生思政教育渗透在每一处、扎根在每一天。

总之，计算机系坚持正确的育人理念，立足专业特色，积极探索拓宽立德树人新渠道，引导师生强化网络意识，提升网络文明素养，创造优秀互联网文化氛围，开辟"互联网+思政"教育新阵地，提高了大学生的专业技能和综合素质。

（执笔：王希更、于志宏）